望道 教学文库

马克思主义基本原理

教学讲义

韩欲立　刘少明　主编

復旦大學出版社

本书得到全国高校思政课建设项目：全国高校思政课“手拉手’集体备课中心
（复旦大学-上海市）（项目批准号：21SZJS31024609）的资助。

前　言

在多年教学实践和经验积累的基础上，复旦大学马克思主义基本原理教研室集体编写了《马克思主义基本原理教学讲义》一书。本书内容既依托中央“马工程”统编《马克思主义基本原理》教材，同时也体现了在实际教学过程中，教师们将教材体系向教学体系转化的个性化应用。本书既突出了教材的重点难点讲授，也回应了学生关心的重要理论问题，力图在体现出马克思主义基本原理整体性知识体系的同时，引导和培养学生应用马克思主义基本原理独立思考和批判的能力。

本书的框架设计和内容安排，并不局限于统编教材章节的章节安排，突出马克思主义基本原理中的重点和难点，不求面面俱到，同时也要考虑实际教学过程中的学时要求以及实践教学的要求。全书分十七讲展开课程内容。在教学讲义集的编写过程中，我们注重以下几个方面的特点。

一是系统性。本书涵盖了马克思主义哲学、政治经济学和科学社会主义等多个领域的基本原理，形成了一个完整的知识体系。我们按照统编教材的逻辑顺序，设计各个章节的重要问题和教学内容，对于学习者来说，利用本书能够循序渐进地掌握马克思主义的基本原理，对于教师来说，利用本书能够更有效率地进行备课和课堂讲授。

二是理论性。本书在阐述马克思主义基本原理时，注重理论分析和逻辑推导，力求揭示其内在规律和本质特征。我们运用丰富的历史资料和现实案例，对马克思主义的基本原理进行了深入剖析和解读，使读者能够深刻理解和把握其理论精髓。

三是实践性。马克思主义是一门实践性很强的科学，因此本书在阐述理论的同时，注重联系实际，分析当代中国的社会发展和改革实践，展示马克思主义基本原理在指导实践中的巨大威力。我们希望通过这种方式，激发读者对马克思主义基本原理的学习兴趣和实践热情。

四是创新性。在坚持马克思主义基本原理的基础上，本书也注重吸收和借鉴当代学术研究的最新成果，体现时代精神和创新思维。我们鼓励读者在掌握基本原理的基础上，勇于探索、敢于创新，推动马克思主义基本原理在新的历史条件下不断发展。

此外，为了体现出教学讲义在马克思主义基本原理教学过程中的实用性，每一讲设计了教学目标、教学重点、教学难点、教学方法、教学内容、案例分析、教学总结、板书设计、作业设计和推荐阅读书目等教学环节。在实际使用过程中，任课教师可以根据实际情况灵活调整以上教学环节。通过本书，我们期望能够深化马克思主义的学习者对马克思主义的认识和理解，掌握马克思主义的基本原理的知识体系，更好地认识世界、改造世界，坚定共产主义理想和信念；同时也期望能够帮助马克思主义的讲授者们掌握马克思主义基本原理的教学规律，推动马克思主义基本原理教学研究的进一步深入，提高马克思主义基本原理教学水平和教学效果。

复旦大学马克思主义基本原理教研室

2024 年 4 月

目　录

绪论

“千年第一思想家”马克思

一、教学说明

1. 教学目标

本讲主题为“马克思主义基本原理”课的第一个专题，在整个课程中起导入性作用，主要讲授究竟什么是马克思主义基本原理以及马克思主义的当代价值，使大学生对马克思和马克思主义有一个总体性了解，引导学生树立起学习本课程应有的态度，掌握学习方法，从而为全书的学习打下良好基础。

2. 教学重点

(1) 究竟什么是马克思主义

(2) 马克思主义的当代价值

3. 教学难点

(1) 消除学生对马克思主义的成见

(2) 多角度理解马克思主义的本质

(3) 马克思主义何以深刻地改变了世界

4. 教学方法

综合运用课堂讨论、案例分析、e-learning 网络学习平台等教学方式。通过课堂讨论，引导学生思考究竟什么是马克思主义，为何说马克思是我们同时代的人。通过案例分析为学生讲解具体的知识点。通过 e-learning 网络学习平台实现线上线下同步教学。

5. 学时安排

3 学时

二、教学内容

【教学导入】

案例导入：世纪之交“千年最伟大思想家”评选活动。

旨在从一个侧面展现马克思在当今世界的巨大影响，体现马克思主义的真理威力，表明马克思主义对人们认识世界、改造世界和创造美好生活具有不可替代的作用。

(一) 马克思何以成为“千年第一思想家”

【案例】

1999 年恰值千年之交、世纪更替之际，西方媒体和一些大学开展评选千年最伟大思想家的活动。例如，英国在 1999 年下半年就有过三次评选活动。第一次是 1999 年 7 月，由剑桥大学几位教授发起，评选人类纪元第二个千年的第一思想家，马克思荣登榜首。第二次是 1999 年 10 月，由英国广播公司在网上开展，评选千年“最伟大的思想家”。经过几个礼拜的评选，该公司宣布：人们评选的“最伟大的思想家”是卡尔・马克思。第三次是 1999 年 12 月，英国路透社组织政治、商业、学术、艺术四界的名人评选“千年伟人”，结果马克思同爱因斯坦、甘地入选。

【教师讲授】

在人类思想史上，没有哪一种思想理论，能够如马克思主义一样在现代世界史上产生如此深刻的影响。它在俄国和中国的传播、发展、实践已百余年，从根本上影响、决定和支配了十几亿人和好几代人的命运，从而影响了整个人类的历史进程。

1. 马克思——“千年第一思想家”

1999 年下半年，一些西方媒体和大学开展过三次评选千年最伟大思想家的活动。

第一次在 1999 年 7 月，由剑桥大学文理学院几位教授发起，评选人类纪元第二个千年的第一思想家。评选结果，马克思荣登榜首。

第二次在 1999 年 10 月，英国广播公司在网上开展评选千年“最伟大的思想家”活动。最终当选的是卡尔·马克思。爱因斯坦、牛顿和达尔文分列第二、三、四名。评选结果指出：“马克思作为一个哲学家、社会科学家、历史学家和革命者所取得的成果，在今天仍然得到学术界的尊重。”

第三次在 1999 年 12 月，英国路透社组织政治、商业、学术、艺术四界的名人评选“千年伟人”，马克思同爱因斯坦和甘地入选。1999 年 12 月 19 日，《澳门日报》报道了这个消息，并刊登了三位“千年伟人”的大幅照片。该报说：“这样的调查当然不能十分科学地反映广泛的民意，但这次调查可以让我们看看一些名人的想法。”

1999 年 12 月 25 日，台湾《中国时报》指出：“马克思有关资本积累及资本集中的说法，放在当今大并购潮的背景之下似乎更具意义，苏联瓦解、中国大陆也已采用社会主义市场经济多年，这么多学者肯定马克思，的确有些出人意料”，“马克思对资本主义的洞见应该再度获得重视，他不应为其他人对其学说所作的引申背黑锅。”西方思想界所开展的这些评选活动和中国澳门、台湾报纸的报道是客观、公允的。这些活动不是在社会主义制度媒体，而是在资本主义制度媒体开展的，就更加发人深省。

2. 其他九位思想家的主要贡献和影响

除了马克思以外，我们先看看其他九位思想家的主要贡献和他们对人类的重大影响，然后我们再反观马克思，从中理解马克思何以成为“千年思想家”之首。

在千年“最伟大的思想家”评选活动中，排在第二位的是德裔物理学家爱因斯坦(1879—1955)。爱因斯坦的主要科学贡献有三：一是 1905 年提出光量子论，二是在同一年创立狭义相对论，三是 1916 年创立广义相对论。爱因斯坦在思想史上的地位：从大的方面来说，完成了一次思想革命或科学革命即研究“范式”的转换；从小的方面来说，则实现了“时空观的革命”，以“相对时空观”取代了“绝对时空观”。爱因斯坦在社会影响方面，其所创立的相对论使人类开始进入“核能时代”，不仅如此，他对20世纪的科学、哲学、宗教、道德、教育都有着重要影响。譬如，对于教育，1952年爱因斯坦为《纽约时报》撰文说，仅仅“用专业知识教育人是不够的。通过专业教育，他可以成为一种有用的机器，但是不能成为一个和谐发展的人。要使学生对价值有所理解并且产生热烈的感情，那是最基本的。他必须获得对美和道德上的善有鲜明的辨别力。否则，他——连同的专业知识——就更像一只受过很好训练的狗，而不像一个和谐发展的人”①。这就是说，大学教育除了给人一定的专业知识以外，还应该让学生养成一个清醒的头脑，一颗热烈的心。只有这样，他才能对社会有所了解，对是非有所判断，对价值有所欣赏。因此，正如20世纪三四十年代清华大学校长梅贻琦反复强调的那样，大学教育最大的目的原在培植通才，其最大的效用，确乎是不在养成一批一批限于一种专门学术的专家或高等匠人。通识教育的目的在于培养和提升大学生的科学人文综合素养。马克思主义既是科学的理论，也是为人类求解放的理论，是科学性与人文性的高度统一，具有不可替代的育人功能。

排在第三位的是英国物理学家牛顿(1643—1727)，其主要科学贡献是运动三定律、万有引力定律和微积分。牛顿在思想史上的地位可以概括为：经典力学的建立实现了近代科学发展史上的第一次“知识大综合”，即把天体运动与地面物体运动做了统一的描述，认为它们是服从同一规律的。英国诗人亚历山大·波普(1688—1744)盛赞牛顿对人类的伟大贡献：Nature and Nature's laws lay hid in night：God said，Let Newton be！and all was light。在社会影响方面，牛顿力学的创立标志着近代科学革命的最终完成，近代科学革命的直接后果是引发了欧洲工业革命(第一次产业革命)。另外，在牛顿力学基础上形成的机械时空观深刻影响了后来科学和哲学长达300年的发展。

排在第四位的是英国博物学家达尔文(1809—1882)。1859年，达尔文科

① 《爱因斯坦文集》(第三卷)，许良英、赵中立、张宣三编译，商务印书馆1979年版，第310页。

学巨著《物种的起源》的出版标志着生物进化论的创立，并且为马克思恩格斯新唯物主义的出场奠定了重要的自然科学基础。生物进化论的创立，在人类思想史上完成了一次思想革命，“进化”观念取代了“神创”观念。在社会影响方面，“进化”的观念成为自有文明以来人类最重要的思想之一，以致哲学家怀特海将 19 世纪称为“过程思想”的世纪。此外，欧洲出现社会达尔文主义，中国人对科学的理解以及社会进化观念的广泛传播也深受达尔文进化论的影响。

排在第五位的是意大利宗教哲学家托马斯·阿奎那（约 1225—1274）。阿奎那生活于欧洲文艺复兴前夕的时代，他吸收了亚里士多德自然观的主要内容，并将其改造成适合于基督教的教义，他把理性引进神学，用“自然法则”来论证“君权神授”说，是自然神学最早的提倡者之一，成为天主教长期以来研究哲学的重要根据。阿奎那是西欧封建社会基督教神学和神权政治理论的最高权威，经院哲学的集大成者。他所建立的系统的、完整的神学体系对基督教神学的发展具有重要的影响。

排在第六位的是英国物理学家霍金（1942—2018），他在宇宙学、黑洞理论方面做出了重要贡献，为统一 20 世纪物理学的两大基础理论——相对论和量子力学方面迈出了重要一步，其《时间简史》是 20 世纪最畅销的科学著作之一。虽然霍金是现代最伟大的物理学家之一、20 世纪享有国际盛誉的伟人之一，但其能否作为千年以来“最伟大的思想家”之一仍需时间的考验。

排在第七位的是德国哲学家康德（1724—1804），其主要科学贡献是 1755 年提出太阳系起源的“星云假说”，恩格斯给予高度评价。作为哲学家的康德建立了他的庞大“批判哲学”体系，并围绕以下三个问题展开他的哲学批判：我能认识什么（认识论）？我应该做什么（伦理学）？我可期望什么（宗教观）？康德晚年将上面三个问题归结为一个问题：人是什么？康德哲学在整个西方哲学史的地位好比一座“桥”：无论你从哪个方向来，又往哪个方向去，都必须经过这座桥。有人说，“研究哲学，略过康德肯定是一种坏的哲学，超越康德才是一种好的哲学”。康德的“先验论哲学”（人为自然立法），突出地强调了人的主体地位，它对后世哲学和人类思想的发展有极其深远的影响。

排在第八位的是法国哲学家笛卡儿(1596—1650)。笛卡儿是近代欧洲哲学的奠基者,其“我思故我在”的命题被广为传颂,在认识论上他是“唯理论”的代表人物,倡导数学方法和演绎方法,创立了“数学—演绎”方法论。笛卡儿的“主客二分”思想,即主体是改造者、征服者,客体是被改造者、被征服者,是近代欧洲“工业革命”和“工业文明”的思想基础。

排在第九位的是英国物理学家麦克斯韦(1831—1879),其主要科学贡献是建立了麦克斯韦方程组——用一组优美的数学方程概括了整个电磁学理论。在人类思想史上,麦克斯韦电磁理论实现了一次知识大综合,即实现电、磁、光的统一理论描述。在社会影响方面,麦克斯韦电磁理论直接引发了电力革命,即第二次产业革命。

排在第十位的是德国哲学家尼采(1844—1900)。尼采是存在主义哲学的先驱,其强力意志哲学(“超人”哲学)是20世纪人文主义思潮的重要源流。如果说马克思是从经济层面批判资本主义的话,那么尼采则是从价值层面批判资本主义的。尼采哲学的积极意义在于,对资本主义文明(基督教文明宣扬自卑、怯懦、屈服)做出深刻批判,他说“上帝死了,人还活着”,旧的价值体系崩溃了,为此需要建立新的价值体系。尼采的思想颠覆了西方的道德思想和传统的价值,揭示了在上帝死后人类所必须面临的精神危机。雅斯贝尔斯说,尼采和克尔凯郭尔给西方哲学带来战栗。

3. 马克思为何被评为“千年第一思想家”

马克思的历史影响超越其他思想家,被评为“千年第一思想家”的原因何在?为什么马克思会产生如此持久而深刻的影响?评选活动的主办者是这样评价的:“马克思是出现于19世纪的最有影响的社会主义思想家和共产主义的创始人之一……马克思作为哲学家、社会科学家、历史学家和革命家的工作,在今天依然深受学者们的敬佩。”我们知道,马克思最重要的三部著作是《共产党宣言》《1844年经济学哲学手稿》《资本论》,其中《资本论》曾被美国前全国图书馆协会主席罗伯特·唐斯列为“改变世界历史的16本书”之一,与牛顿的《自然哲学之数学原理》、达尔文的《物种起源》、爱因斯坦的《相对论》等科学巨著齐名。

对于马克思为何被评为“千年第一思想家”,英国学者切蒂认为,马克思排第一名的原因是人们认识到在这个资本主义化程度越来越高的世界上，马克思提供给我们认识世界的最好的图景。2002 年 12 月 21 日，英国《经济学人》发表题为《共产主义后的马克思》的文章，追述了 1999 年秋天评选千年最伟大思想家的活动。文章指出：“在今天的欧洲和美国，以大学生和非专家为对象的关于马克思的书一直销量稳定，而且这方面的新书还在不断问世。”文章列举了 2001 年 8 月牛津大学出版社出版的《今天为什么要读马克思》。文章认为马克思以下四个方面的思想至关重要。第一，马克思认为社会将遵循某些既简单又包罗万象的运动定律，因而可以对其发展方向做长期的预言。第二，马克思认为这些规律无一例外都是经济性质的规律；塑造社会的唯一力量就是“物质生产的力量”。第三，马克思认为这些规律的表现形式始终是阶级斗争，直到历史的终结。第四，马克思认为在历史终结时，阶级和国家必将消亡，地球上将出现一个人间天堂。

马克思主义是科学的思想体系，也是一种强大的社会运动，并且这种社会运动最终导致了一种崭新的社会制度。列宁 1917 年领导俄国十月革命，在世界上建立了第一个社会主义国家，马克思和恩格斯的社会理想成为现实。

十月社会主义革命具有深远的社会意义，它打破了资本主义一统天下的局面，形成“一球两制”的世界格局，标志着世界由资本主义向社会主义过渡的伟大时代的到来。

马克思主义在同中国实际相结合的过程中实现了三次历史性飞跃，中国共产党人创立了毛泽东思想、邓小平理论、“三个代表”重要思想、科学发展观和习近平新时代中国特色社会主义思想。党的二十大报告指出：“马克思主义是我们立党立国、兴党兴国的根本指导思想。实践告诉我们，中国共产党为什么能，中国特色社会主义为什么好，归根到底是马克思主义行，是中国化时代化的马克思主义行。拥有马克思主义科学理论指导是我们党坚定信仰信念、把握历史主动的根本所在。”①

习近平总书记在纪念马克思诞辰 200 周年大会上的讲话中指出：“马克思

① 习近平：《高举中国特色社会主义伟大旗帜　为全面建设社会主义现代化国家而团结奋斗——在中国共产党第二十次全国代表大会上的报告》，人民出版社 2022 年版，第 16 页。

是全世界无产阶级和劳动人民的革命导师,是马克思主义的主要创始人,是马克思主义政党的缔造者和国际共产主义的开创者,是近代以来最伟大的思想家。两个世纪过去了,人类社会发生了巨大而深刻的变化,但马克思的名字依然在世界各地受到人们的尊敬,马克思的学说依然闪烁着耀眼的真理光芒!"① 习近平总书记高度评价了马克思光辉的一生:是胸怀崇高理想、为人类解放不懈奋斗的一生,是不畏艰难险阻、为追求真理而勇攀思想高峰的一生,是为推翻旧世界、建立新世界而不息战斗的一生。"马克思给我们留下的最有价值、最具影响力的精神财富,就是以他名字命名的科学理论——马克思主义。这一理论犹如壮丽的日出,照亮了人类探索历史规律和寻求自身解放的道路。"②马克思主义的产生和发展极大地改变了人类历史发展进程,极大地推进了人类文明进程,至今依然是具有重大国际影响的思想体系和话语体系,马克思至今依然被公认为"千年第一思想家"。

(二) 究竟什么是马克思主义

【案例】

对于究竟什么是马克思主义,我们可以从多个维度或不同层面来回答这一问题,可以是语义学的分析,也可以是本质论的分析,还可以是整体论的分析。例如,从本质论上分析:有观点认为马克思主义是"科学世界观体系",也有观点认为马克思主义是"关于人的自由而全面发展的学说";有学者认为马克思主义是"人的解放学",也有学者认为马克思主义是"关于人类社会发展规律的学说";等等。这些观点,都有它的合理性,但不能只是抓住马克思主义某个方面的特质,而是要从整体上对马克思主义进行全面地理解和把握。

【教师讲授】

对于什么是马克思主义,可以从多个角度来回答这一问题。

从语义学上分析,马克思主义可以是作为文本解读对象的"马克思主义",可以是作为欧洲劳工运动旗帜的"马克思主义",也可以是作为社会主义国家

---

① 习近平:《在纪念马克思诞辰200周年大会上的讲话》,人民出版社2018年版,第1—2页。
② 同上书,第6页。

意识形态的“马克思主义”。

从本质论上分析,学界大致有以下观点。[①]

第一种观点,认为马克思主义是“科学世界观体系”。这种观点突出了马克思主义哲学世界观的特质,是一个具有明显哲学特征的关于马克思主义本质的理解,因而是一个更具根本性和高度概括性的关于马克思主义的理解。然而,把马克思主义只看作一个马克思主义哲学的、世界观的体系当然是不全面的,认为马克思主义体系不包括它的理论应用部分也是不全面的。

第二种观点,认为马克思主义是“关于人的自由而全面发展的学说”。马克思主义学说有一个产生、发展和成熟的过程,不同时期的思想观点存在一些差异,但追求人的自由全面发展是贯穿整个马克思主义的一条主线。就其性质和宗旨来说,把马克思主义理解为“人的自由而全面发展的学说”是完全正确的;但是无论从马克思主义的产生过程还是从它的结构来看,都不能把马克思主义仅仅理解为关于“人的自由而全面发展的学说”。马克思主义之所以成为指导无产阶级革命实践的科学世界观和方法论,不在于对“自由人的联合体”这一无产阶级斗争目标的认识,而在于马克思和恩格斯关于人类社会发展规律的科学发现。有了它,也才有了所谓马克思主义,才有所谓马克思主义的基本原理。

第三种观点,认为马克思主义是“人的解放学”。这种观点突出了马克思主义革命和解放的性质,但关于马克思主义是“人的解放学”的判断是一个内容不够全面的和不能反映马克思主义的实质意义的判断。也就是说,它没有反映无产阶级对于人的解放的决定性意义。人的解放与无产阶级解放是统一的。

第四种观点,认为马克思主义是“关于人类社会发展规律的学说”。这种观点应该说是把握住了马克思主义的主要内容和特征,强调了马克思主义唯物史观的重要地位。但就马克思主义理论内容的完整性来说,这个定义缺乏马克思主义的价值内容,也缺乏马克思主义的哲学自然观基础。马克思主义是科学与价值的统一。马克思主义关于客观世界发展的一般规律的科学思想

---

① 参见梁树发:《马克思主义整体性与马克思主义定义问题》,《党政干部论坛》2005 年第 3 期。

表明了马克思主义的科学意义，而马克思主义关于无产阶级和人类解放思想则表明了它的价值意义。

第五种观点，认为马克思主义是“关于资本主义的科学”。在马克思主义研究中，许多学者尤其是西方马克思主义研究者把马克思主义理解为“关于资本主义的科学”。坚持这种看法，有的学者是为了给马克思主义的适应性加一个限制，目的是所谓保持马克思主义的科学性；也有的学者把坚持这种看法视为现时代马克思主义继续保持其批判性的理论根据。但是把马克思主义仅仅理解为“关于资本主义的科学”是不正确的。在这个问题上，正确的观点是，马克思主义不仅仅是关于资本主义的科学，而是首先包括关于资本主义认识的整个人类社会的科学。

可以说，上述这些观点，都有其合理性，但只是抓住了马克思主义某个方面的特质。

从整体论上分析，我们可以认为，马克思主义是由马克思和恩格斯创立并为后继者所不断发展的科学理论体系，是关于自然、社会和人类思维发展一般规律的学说，是关于社会主义必然代替资本主义、最终实现共产主义的学说，是关于无产阶级解放、全人类解放和每个人自由而全面发展的学说，是指引人民创造美好生活的行动指南。

马克思的思想理论源于那个时代又超越了那个时代，既是那个时代精神的精华又是整个人类精神的精华。习近平总书记在纪念马克思诞辰200周年大会上的讲话中从整体上科学概括了马克思主义的理论特质：马克思主义是科学的理论，创造性地揭示了人类社会发展规律；马克思主义是人民的理论，第一次创立了人民实现自身解放的思想体系；马克思主义是实践的理论，指引着人民改造世界的行动；马克思主义是不断发展的开放的理论，始终站在时代前沿。

（三）马克思主义的当代价值

【案例】

对马克思主义在现时代的作用和生命力的评估，一直是国际学界的热门话题，一些西方学者对马克思主义的评价虽非主流，但也是颇有分量的见解。

【教师讲授】

马克思主义自诞生以来，在世界上产生了巨大的影响，改变了世界的尤其是中国的历史进程。时代在变化，社会在发展，马克思主义基本原理依然是科学真理。马克思主义在当今世界不但没有过时，而且日益焕发出旺盛的生命力。

英国学者伊格尔顿在其《马克思为什么是对的》一书英文版前言中不无幽默地写道，《共产党宣言》被认为是毫无疑问的19世纪最具影响力的作品。与政治家、科学家、军人和宗教人士不同，很少有思想家能真正改变历史的进程，而《共产党宣言》的作者恰恰在人类历史的发展进程中发挥了决定性的作用。历史上从未出现过建立在笛卡儿思想之上的政府，用柏拉图思想武装起来的游击队，或者以黑格尔的理论为指导的工会组织。马克思彻底改变了我们对人类历史的理解，这是连马克思主义最激烈的批评者也无法否认的事实。

马克思主义的当代价值主要体现在以下三个方面。

1. 马克思主义是观察当代世界变化的认识工具

马克思主义给予我们观察当代世界的宏大视野。我们不仅生活在当代中国，也生活在当代世界；中国不仅是世界的一部分，而且正日益走近世界舞台中央。我们需要立足中国、放眼世界，用更加宏大开阔的视野来观察社会。对我们来说，这种宏阔视野的形成和培养，离不开马克思主义理论的帮助。马克思主义是科学的世界观和方法论，是无产阶级和全人类解放的科学指南，它能够站在科学和时代的制高点上观察事物和现象，从而具有极为广大的视野。

马克思主义给予我们透视时代风云的锐利目光。当今世界风云变幻，世界格局正处在加速演变的进程之中，产生了大量深刻复杂的现实问题，提出了大量亟待回答的理论课题。要把握和澄清这些问题，就必须学会马克思主义观察和分析问题的方法原则。习近平总书记指出：“我们看世界，不能被乱花迷眼，也不能被浮云遮眼，而要端起历史规律的望远镜去细心观望。”[①]马克思

---

① 《习近平谈治国理政》(第二卷)，外文出版社2017年版，第442页。

主义掌握了人类社会发展的规律，具有唯物辩证的科学方法，善于透过现象看本质，能够从扑朔迷离的复杂现象中把握住问题的实质，从众多支流中找到主流，从局部的变幻中把握住总体和大局。

马克思主义给予我们展望未来世界的长远眼光和战略定力。观察当今世界局势和社会发展，不仅要看到现状，更要看到未来；不仅要把握变化脉络，更要观察演化趋势。只有眼光超前、先行一步，才能在世界变化中掌握主动，立于不败之地。运动、变化、发展是唯物辩证法的关键词，从运动中看到变化，从变化中看到发展，这是马克思主义辩证思想的深邃目光。用这样的目光来观察当今世界，就会将世界的变化和发展尽收眼底，从中发现其运行和演化的趋势和方向。

2. 马克思主义是指引当代中国发展的行动指南

习近平总书记在庆祝中国共产党成立100周年大会上的讲话中指出："马克思主义是我们立党立国的根本指导思想，是我们党的灵魂和旗帜。中国共产党坚持马克思主义基本原理，坚持实事求是，从中国实际出发，洞察时代大势，把握历史主动，进行艰辛探索，不断推进马克思主义中国化时代化，指导中国人民不断推进伟大社会革命。中国共产党为什么能，中国特色社会主义为什么好，归根到底是因为马克思主义行！"①

马克思主义是指引当代中国发展的精神旗帜。马克思主义传入中国，使中华民族在精神上从被动转入主动。中国共产党在马克思主义指导下，带领中国人民取得了革命、建设、改革的伟大胜利，我国社会发生了翻天覆地的历史性变化，中国人民实现了从站起来、富起来到强起来的伟大转变，中华民族伟大复兴呈现出光明灿烂的前景。我国现代化建设取得的举世瞩目的伟大成就，是马克思主义的现实指导作用和当代价值最直接、最可靠的证明。在当代中国，马克思主义仍然是指引我们发展的旗帜。

马克思主义是推动当代中国发展的精神动力。人民有信仰，民族就有希望，国家就有力量。对马克思主义的信仰是中国革命、建设、改革的强大精神动力。习近平总书记指出："广大党员、干部理想信念坚定、干事创业精气神

① 习近平：《在庆祝中国共产党成立100周年大会上的讲话》，人民出版社2021年版，第12—13页。

足，人民群众精神振奋、发愤图强，就可以创造出很多人间奇迹。”[①]党的十九大强调了“不忘初心、牢记使命”的意义，指出：“中国共产党人的初心和使命，就是为中国人民谋幸福，为中华民族谋复兴。这个初心和使命是激励中国共产党人不断前进的根本动力。”[②]

马克思主义是引领当代中国实践的行动指南。马克思主义是我们的“看家本领”，掌握了这一本领，就能够以更宽广的视野、更长远的眼光来思考和把握未来发展面临的一系列重大问题，应对重大挑战，抵御重大风险，克服重大阻力，解决重大矛盾。正是在马克思主义的指导下，中国共产党领导全国各族人民持续走向繁荣富强，我国综合国力和人民生活水平大幅提升。没有马克思主义的思想武器，就不会有我国改革开放和现代化建设的成功。今天，马克思主义已深深扎根于中国，它指导实践的威力已经得到了充分的证明，并将继续指引我们走向更加光明的未来。

3. 马克思主义是引领人类社会进步的科学真理

人类历史发展到今天，与马克思所处的时代相比已经发生了巨大而深刻的变化，但从人类历史发展的大视野来看，世界仍然处于马克思主义所指明的从资本主义走向社会主义的大时代。马克思主义仍然是当今时代的真理，其所揭示的资本主义基本矛盾仍然存在，而且在近年来西方的金融危机和社会危机中呈现出某种激化的趋势。

资本主义国家一些有识之士重新到马克思主义中寻求答案，马克思的《资本论》等著作在一些西方发达国家出现热销，关于马克思主义的研究和讨论也出现热潮。联系当代资本主义的变化和社会主义的发展，透过纷繁复杂的社会现象，我们看到：马克思主义所揭示的人类社会发展规律，所揭示的社会主义代替资本主义的历史趋势，依然存在并发生作用。英国学者伊格尔顿指出：马克思第一个提出了“资本主义”这种历史现象，他向我们展示了资本主义如何兴起、如何运行，以及它可能的结局。像牛顿发现万有引力定律和弗洛伊德发现潜意识一样，马克思揭示了我们日常生活中一个一

---

① 习近平：《论党的宣传思想工作》，中央文献出版社 2020 年版，第 127 页。
② 习近平：《决胜全面建成小康社会　夺取新时代中国特色社会主义伟大胜利——在中国共产党第十九次全国代表大会上的报告》，人民出版社 2017 年版，第 1 页。

直为人所忽略的事物，那就是资本主义的生产方式。

人类的未来仍然需要马克思主义的启迪和指引。社会是在矛盾中进步的，每一个时代的社会进步总是伴随着相应的社会问题，而不同时代的人们都面临着人类社会向何处去的困惑。当今世界科技发展日新月异，人类文明加速进步，但同时社会面临着贫困、生态恶化、恐怖主义等尖锐复杂的问题。人类社会怎样面对和处理这些问题，怎样才能走向更加美好的明天？回答和解决这样的根本性问题，还是需要到马克思主义中寻找智慧。马克思主义致力探寻人类社会的奥秘，揭示人类历史的规律，指明人类前进的方向，它的基本结论和方法中所蕴含的历史洞见和历史智慧，所展现的真理魅力和真理光芒，对于人类走向未来具有不可缺少的启示和引领价值。

【教学总结】

第一，世纪之交"千年最伟大思想家"评选活动结果，从一个侧面展现了马克思在当今世界的巨大影响，体现了马克思主义的真理威力，表明了马克思主义对人们认识世界、改造世界和创造美好生活具有不可替代的作用。习近平总书记指出："马克思给我们留下的最有价值、最具影响力的精神财富，就是以他名字命名的科学理论——马克思主义。这一理论犹如壮丽的日出，照亮了人类探索历史规律和寻求自身解放的道路。"马克思主义的产生和发展极大地改变了人类历史发展进程，极大地推进了人类文明进程，至今依然是具有重大国际影响的思想体系和话语体系，马克思至今依然被公认为"千年第一思想家"。

第二，对于"究竟什么是马克思主义？"，可以从多个角度来回答这一问题。从整体论上分析，我们可以认为，马克思主义是由马克思和恩格斯创立并为后继者所不断发展的科学理论体系，是关于自然、社会和人类思维发展一般规律的学说，是关于社会主义必然代替资本主义、最终实现共产主义的学说，是关于无产阶级解放、全人类解放和每个人自由而全面发展的学说，是指引人民创造美好生活的行动指南。

第三，马克思主义的当代价值主要体现在以下三个方面。其一，马克思主义是观察当代世界变化的认识工具。马克思主义给予我们观察当代世界的宏大视野，马克思主义给予我们透视时代风云的锐利目光，马克思主义给予我们展望未来世界的长远眼光和战略定力。其二，马克思主义是指引当代中国发展的行动指南。马克思主义是指引当代中国发展的精神旗帜，马克思主义是推动当代中国发展的精神动力，马克思主义是引领当代中国实践的行动指南。其三，马克思主义是引领人类社会进步的科学真理。马克思主义致力探寻人类社会的奥秘，揭示人类历史的规律，指明人类前进的方向，它的基本结论和方法中所蕴含的历史洞见和历史智慧，所展现的真理魅力和真理光芒，对于人类走向未来具有不可缺少的启示和引领价值。

三、板书设计

- **什么是马克思主义**
  - 马克思何以成为千年第一思想家
  - 究竟什么是马克思主义
    - 语义学
    - 本质论
    - 整体论
  - 马克思主义的当代价值
    - 指引当代中国发展的行动指南
    - 观察当代世界发展的认识工具
    - 引领人类社会进步的科学真理

四、作业设计

有人说“马克思仍然是我们同时代的人”，也有人说作为19世纪一代思想家的马克思在当代其实“已经悄然退场”，结合20世纪以来世界和中国的发展以及你自身的观察对这两种观点做出评论。

五、延伸阅读

(1) 列宁：《卡尔·马克思》，载《列宁全集》(第26卷)，人民出版社2017年版。

（吴海江　夏　巍）

第一章
世界的物质性及发展规律

第一讲　世界的本质是什么?

一、教学说明

1. 教学目标

理解物质与意识的辩证关系,把握世界物质统一性原理,理解实践在世界的二重分化中的作用和世界的物质统一性原理,处理好尊重客观规律性和发挥主观能动性的关系。

2. 教学重点

(1) 物质的本质

(2) 意识的本质、起源和作用

(3) 物质与意识的辩证关系

3. 教学难点

(1) 对哲学物质范畴与自然科学物质概念的区别与联系、物质客观实在性的分析

(2) 对意识的起源、人脑的机能以及意识是主观与客观的统一的辨析

(3) 对物质与意识的辩证关系原理的全面理解和正确把握

4. 教学方法

积极利用现代自然科学，特别是神经科学、脑科学的研究成果，将科学与哲学叙述相结合，运用历史思维和辩证思维方法，通过文献分析、案例分析、图片和短视频、课堂提问讨论等教学形式，引导学生追溯唯物主义"物质"认识的历史演变过程，揭示物质的本质属性，探讨意识的起源、本质和作用，正确认识和把握物质与意识的辩证关系。

5. 学时安排

2 学时

二、教学内容

【教学导入】

哲学作为系统化、理论化的世界观，涉及许多领域（如自然、社会和人类思维），包含许多方面（如世界观、人生观和价值观，本体论、认识论和方法论），但其中有一个问题，它就像一根红线，贯穿各个领域和方面，它决定整个哲学体系的性质，并对解决各种哲学问题具有支配作用，这个问题就是"哲学基本问题"。（提问：什么是哲学基本问题？这个问题在内容上包含哪几个方面？）恩格斯在《路德维希・费尔巴哈和德国古典哲学的终结》一书中，总结和概括了哲学发展，特别是近代哲学发展的历史事实，第一次明确指出："全部哲学，特别是近代哲学的重大的基本问题，是思维和存在的关系问题。"①并认为哲学基本问题在内容上包括两方面：第一，物质与意识（或者说存在与思维）究竟谁是世界的本原，到底哪一个是第一性的？（进一步提问：哲学上的基本派别的划分标准是什么？）对这个方面的不同回答，哲学上划分为唯物主义和唯心主义两个对立的基本派别。唯物主义把世界的本原归结为物质，主张物质第一性，意识第二性，物质决定意识，意识是物质的产物；而唯心主义把世界的本原归结为精神，主张意识第一性，物质第二性，物质是意识的产物。哲学基本问

---

① 恩格斯：《路德维希・费尔巴哈和德国古典哲学的终结》，人民出版社 2018 年版，第 17 页。

题在内容上包括的第二个方面，就是物质与意识有没有同一性，也就是说，意识是否能够正确认识物质。对这个方面的不同回答，哲学上划分为可知论和不可知论。可知论认为世界是可以被认识的；不可知论认为世界是不能被认识或不能被完全认识的。任何一种哲学，只要它是哲学，它是以哲学方式来思考，那么，它就必然面对物质与意识的关系问题，都会以不同的方式，直接地或间接地、旗帜鲜明地或躲躲闪闪地对这个问题作出自己的回答。这也就是所谓“哲学基本问题的不可超越性”。所以，对哲学基本问题的回答，是划分唯物主义和唯心主义的标准或者说是试金石，也是解决其他一切哲学问题的前提和基础。

（在师生的问答后，教师导出今天的讲授主题）那么，什么是物质？什么是意识？它们之间又是一个怎样的关系呢？这就是我们今天一起来讨论的话题——物质与意识的辩证关系。

（一）物质

世界上的种种事物和现象是纷繁复杂、千变万化的，它们的本质是什么、有没有统一的基础？这是哲学家们一直在探讨并试图作出回答的问题。唯物主义哲学的基本立场是，世界就它的本质来说是物质的，世界统一于物质。物质范畴是唯物主义哲学关于世界本原和统一性问题的最高抽象，是唯物主义世界观的理论基础。但是，唯物主义对于物质的认识却经历了一个漫长的历史演进过程。（教师从历史视角，结合科技发展水平，通过唯物主义对“物质”认识的演变过程，分别论述古代朴素唯物主义物质观、近代形而上学或机械唯物主义物质观的基本思想、形成原因、主要特点及历史局限性；论述马克思主义如何在批判继承历史上旧唯物主义物质观的合理因素的基础上，总结和汲取近现代科学研究的积极成果，形成了辩证唯物主义的物质观。）

1. 辩证唯物主义物质观的形成

在马克思主义哲学产生之前，所有的唯物主义哲学家都把世界的本质归结为物质，但他们对“什么是物质”并没有作出正确科学的理解和解释。

古代朴素唯物主义哲学家大多凭着感官直觉和主观臆断认识到世界的物

质本原，并把它归结为某种或几种具体的物质形态。比如，古希腊的泰勒斯，据说他是世界上第一个“自然哲学家”，他看到自然界万物都离不开水，于是就认为物质就是水，水是世界的本原。中国春秋时期的《管子》在《水地篇》中也说：“水者，何也？万物之本也。”古希腊的阿那克西米尼则认为，气是万物之本原；而在赫拉克利特看来，世界本质上是一团永恒的“活火”，万物生于又终归于火。他说，世界不是由任何神或任何人所创造的，它的过去、现在和将来都是按规律燃烧的、按规律熄灭着的永恒的活火。也有人认为世界万物是由几种具体实物组成。比如，在古代中国，西周时就已盛行“五行说”：“以土与金木水火杂，以成百物。”古印度有水、火、风、地所谓“四大”构成万物之说。古希腊恩培多克勒等人则认为，世界万物是由水、火、气、土所谓“四元素”构成的。

古代朴素唯物主义物质观的最高成就可以说是古希腊的“原子论”和中国的“元气论”。德谟克利特认为，世界是由不可再分的原子和无限的虚空构成的。原子论尝试从物质内部组成的结构方式去把握其外部可感觉的形态和属性，成为现代物质层次结构论的思想渊源。我国东汉时期的王充则认为，“天地合气，万物自生。犹夫妇合气，子自生矣”。天地和自然界的万物都是由元气自然构成的，元气是自然界原始的物质基础。

古代朴素唯物主义物质观具有人类童年时代的纯真与幼稚。一方面，古代朴素唯物主义一开始就执着追求从自然本身探究其本原，从物质本身来说明物质，而不是把物质看成是精神或是神所创造的，因而从本质上说是正确的，为唯物主义哲学的发展开辟了道路；另一方面，朴素唯物主义物质观缺乏科学的基础，只是一种根据感性直观的猜测和推论，它用一种或几种具体的物质形态来说明丰富多彩、千变万化的物质世界，是笼统的、粗糙的、模糊的，具有直观性、思辨性、猜测性，因而无法解释物质的真正本质，也很难理解物质世界的无限多样性。当然，这是由当时社会生产力水平低下，缺乏科学方法，以及人类的实践能力、认识能力都非常有限等造成的。

随着资本主义经济和近代自然科学的产生和发展，近代机械或形而上学唯物主义物质观开始取代古代朴素唯物主义的物质观，它继承了古代朴素唯物主义物质观的唯物论传统，在自然科学实证基础上又克服了古代朴素唯物主义物质观的直观性、思辨性和猜测性。从牛顿“粒子说”在经典物理学中的支配地位，到道尔顿化学原子论的实验基础上的创立，自然科学物质结构理论的成就和方法给近代唯物主义物质观以重大影响。它认为，物质就是原子，原子的特性也就是一切物质的特性，原子是世界的本质。这是以一定的自然科学材料为根据来解释世界的物质性，在说明世界的物质统一性方面前进了一大步。

但是，由于科学发展水平的限制，再加上缺乏辩证思维和实践的观点，近代形而上学唯物主义物质观仍然存在很大的缺陷：它把原子这一物质的具体形态结构看作是一切物质的一般属性。这就必然经受不住自然科学发展的考验和唯心主义的进攻。另外，由于不了解人类实践活动的意义，近代形而上学唯物主义物质观不能把唯物主义贯彻到历史领域，不能解释社会的物质性。因此，这种唯物主义不能科学地说明物质世界是多样性的统一，在历史领域必然陷入唯心主义。这种唯物主义的物质观，经不起实践和自然科学发展的考验和唯心主义的进攻。

2. 辩证唯物主义物质观与“实践优先性”

青年马克思最初怀着一种理性的理想主义抱负，试图用康德和费希特等人的思想来构建法哲学体系。而后，他转到黑格尔的理性现实主义立场，从理性出发，按照思维与存在统一的原则来解释整个世界。这一时期马克思的哲学思想以理性为核心，形成了理性世界观。

从《莱茵报》时期开始，马克思发现物质利益比理性原则更能影响人们的行为，费尔巴哈以人本主义代替理性主义的口号深深地打动了他。马克思开始由理性追溯到感性，认为感性比理性更基本。这个时期的马克思秉持感性（人本主义）世界观，认为现存的一切都是人的异化的本质之外化的形态，从而通过批判异化、主张扬弃异化来批判现实。

《关于费尔巴哈的提纲》体现了马克思世界观的又一次转变，而且是革命性的转变，正是这次转变使得物质范畴发展到实践唯物主义阶段。马克思开始把感性区分为感性直观和感性活动两个层次，并由感性直观追溯到感性活动，即实践。然后，马克思以实践作为出发点来建构他的哲学思想的体系。在

《关于费尔巴哈的提纲》和随后的《德意志意识形态》中，马克思把人与环境，或主体与对象的关系问题作为他的历史哲学的基本问题，认为主体与对象的关系包括实践、感性和理性三个层次，其中，主体与对象的实践关系是感性关系的基础，感性关系又是理性关系的基础。马克思从实践出发，用实践来说明感性的人和人的感性世界，说明人的意识，说明市民社会、阶级、国家和法。而这种实践也被马克思具体化为人类物质生活的生产和再生产，他后来的政治经济学也是对这种实践观的完善。

当发现人的感性生活处于理性范围之外，从而不能用理性来解释整个世界的时候，理性主义的体系就崩溃了。既然理性必须用感性来说明（简言之，是“认识必须用生活来说明”），从理性追溯到感性就顺理成章了。但感性是人的感性，而人的生活与动物的生存显然是不同的。马克思认为，造成人与动物的区别的根本原因在于动物直接依赖自然界，而人则在生产自己的物质生活条件，人对自然界的依赖是间接的。人所直接信赖的是人类社会。动物没有社会，只有人才生活在社会之中，人是社会存在者。不能说明社会，便不能说明感性，因为社会使人的感性不同于动物的感觉。而全部社会生活在本质上是实践的。这使马克思从感性（实际上是感性直观）追溯到实践（实际上是感性活动）。只有把实践作为最终的基础，才能说明整个世界。

因此，实践具有根本的优先性，只有在实践中，在思维与存在、主体与客体的辩证关系中才能理解物质概念（马克思通常称为自然、对象、现实、感性）。

3. 辩证唯物主义物质观的科学性

马克思认为“和唯物主义相反，唯心主义却把能动的方面抽象地发展了，当然，唯心主义是不知道现实的、感性的活动本身的”。① 主体性哲学的历史应当是从笛卡儿的“我思故我在”开始的，这也是主体性原则确立和认识论主客分野的肇端；而在笛卡儿之后，贝克莱认为“存在即感知”，将事物观念（主体）

① 《马克思恩格斯选集》（第一卷），人民出版社 2012 年第三版，第 133 页。

化并将观念(主体)客观化;休谟将一切存在都还原为主观的知觉,把因果规律归结为人的习惯和联想。但是这三位哲学家都没有摆脱"知识符合客体"的前设,而康德自觉地发展了经验论和唯理论哲学中的主体性内容,他认为不是客体规定主体,而是主体规定客体,现象总是同我们的感性直观和知性范畴相符合,这就是"人为自然立法"。由此,康德实现了对认识论主体的客观性改造,极大地发扬了主体性,他还将现象界之外作为人实践的领域,为人的实践自由留下空间。但是,这些思想具有一定的局限性:第一,康德和之前的哲学家们对主体性的论证,都是在认识的层面,也就是认识论的范围中进行的;第二,康德的"人为自然立法"的前提是对物质本身——自在之物的放逐;第三,康德的实践自由最终只是人心中一种必然的道德律。这三个问题在马克思那里被克服了。第一,马克思的实践观超越了旧的认识论,是对主体性的真正实现,他在《关于费尔巴哈的提纲》中指出:"人的思维是否具有客观的真理性,这不是一个理论的问题,而是一个实践的问题。人应该在实践中证明自己思维的真理性,即自己思维的现实性和力量,自己思维的此岸性。关于思维——离开实践的思维——的现实性或非现实性的争论,是一个纯粹经院哲学的问题。"①第二,虽然马克思和康德都是从感性领域着手,寻求主客统一的主体性基础,但是马克思哲学的主体性基础是感性活动(实践)而不是感性直观,实践所不能接触到的是不具备对象性的存在,这种存在并不是不可消解的:从逻辑上讲这种存在本身就是不存在,因为"非对象性的存在是非存在物";从现实的角度看,这一存在可以理解为人化自然之外的自在自然,这种自然或者是人类社会之前的自然,或者是人类尚未认识和踏足的自然,而无论是哪一种自然,随着历史和实践的发展,人们都能够逐渐认识并掌握其规律。实践对自在自然的"克服"关键在于现实而不是逻辑,这种"克服"是一种过程,是在历史中不断实现的。第三,马克思的实践是对人的自由的充分保证:抽象地讲,实践是一种自由自觉的生命活动;从现实层面具体来看,实践作为现实中人们的劳动和生产方式,创造着社会存在和经济基础,即主体自己创造决定自己的客观条件,因而是自由的;从宏观的历史角度去把握,实践最终要创造的是每个人都能够

① 《马克思恩格斯选集》(第一卷),人民出版社 2012 年第三版,第 134 页。

得到全面发展的自由王国。

(二) 意识

正确认识世界的物质本性,还必须进一步认识它的对立又统一的另一面——意识及其与物质的关系,因为人的意识现象也是现实的存在。每个正常的人,都能够感知所接触到的事物,能思考问题,有自己的情感和思想等。这些意识现象是不是从来就有的呢?它是怎样产生的呢?这个问题是科学上和哲学上长期争论的问题。历史上不少科学家、哲学家就这个问题作了种种猜测和探讨,为正确解释意识的产生提供了丰富的思想资料。但是,以往的哲学都未能科学地回答这个问题。

1. 意识的起源:物质世界长期发展的产物

马克思主义哲学根据科学研究成果,认为世界统一于物质,意识也是物质的产物和表现。意识不是从来就有的。作为人的精神活动,意识是物质世界发展到一定阶段的产物,是伴随着人类社会的产生而出现的。

现代科学研究表明,意识既是自然界长期发展的产物,又是人类社会的产物。在地球这个自然物质世界上,意识的产生经历了漫长而复杂的辩证发展过程。这大致可分为三个阶段。

一是从非生命物质的反应特性到低等生物的刺激感应性。自然界的非生命物质都具有机械的、物理的或化学的反应特性,即物体由于其他物体的作用而产生机械状态、物理状态或化学状态的改变。地球上非生命物质经过长期发展,产生了有生命物质,出现了低等生物的反映形式,即刺激感应性。刺激感应性是低等生物,包括原始动物、植物都具有的一种对外界的反映形式。这种反映形式虽然很简单,但它已包含感觉的萌芽,感觉就是在刺激感应性的基础上发展起来的。在物质自身的发展过程中,从非生命物质的反应形式到低等生物的刺激感应性的转变具有重要的哲学意义。它说明,从非生命物质的反应形式到低等生物的反映形式的产生,是物质世界自身矛盾运动的必然结果。这样,就驳倒了一切唯心主义从物质世界之外去寻找生命和意识的根源的观点。

二是从低等生物的刺激感应性到动物的感觉和心理。动物的感觉有自己的物质基础，这就是专门反映外界刺激的感觉器官和神经系统。随着低等动物发展到高等动物，高等动物的感觉器官和神经系统进一步复杂化，而且有了神经系统的指挥中心——大脑，于是其反映形式由感觉进一步发展为动物心理。由哺乳动物进化到猿猴，它们的大脑已相当发达，动物的心理发展到了最高阶段。猿猴已具有意识的萌芽，但这种意识的萌芽还不是人的意识，但人类意识正是在这个基础上发展起来的。

三是从动物的感觉和心理到人类意识的产生。高等动物的进一步发展，是人类的出现；对物质的反映形式也从动物心理发展到了人类意识。这是一次巨大的质变。促使动物心理发展为人类意识的决定性环节是人自身的最基本的实践活动——劳动。人类意识是从动物心理发展而来的，但意识的形成绝不是一个单纯的生物学过程，它同时又是社会的产物。自然界的进化只是为人类意识的产生准备了自然前提，人类意识的最终形成则离不开人的社会劳动。正如马克思、恩格斯在《德意志意识形态》中所说："意识一开始就是社会的产物，而且只要人们存在着，它就仍然是这种产物。"①

（课前要求同学阅读案例文本《狼孩》，教师结合"狼孩"的案例从三个方面加以论述，并组织同学讨论）

> 1972 年 5 月，印度居民那尔辛格穿过森林时，看见一个用四肢走路的 3 岁小孩正与 4 只小狼游戏。这个小孩赤身裸体，身上有很多伤口和伤疤，手上脚上长着长而弯曲的指甲。他有着野兽般的锋利牙齿，那尔辛格在捉他的时候，被他咬得两手鲜血淋淋。他喜欢与狗在一起，能活活撕吞小鸡；他只吃生肉，用舌头舔饮生水。这个世界上唯一活着的狼孩被命名为"巴斯卡尔"。现在已经锻炼得能够用双腿走路。人们期望这个已经 10 岁的狼孩能够恢复说话与记忆，来讲述他的狼孩生活。但是，这个期望是渺茫的。因为事实已经证明：在野兽中度过自身发展的最重要时期的小孩，是永远不能恢复到在人类社会中生长的小孩的智力水平。

① 《马克思恩格斯选集》（第一卷），人民出版社 2012 年第三版，第 161 页。

> 文献记载，自 18 世纪末到今天，世界上为野兽所抚养的人孩大约有 30 多个。其中有一个豹孩、几个熊孩和十几个狼孩。这些狼孩中，印度的“卡玛拉”最引人注目。1919 年，印度居民在加尔各答东北部的一个洞穴里，赶走了 2 只公狼，打死了 2 只母狼，在洞的深处找到了 2 只小狼和 2 个裸体的小女孩，大的约 8 岁，小的只有 2 岁。他们被重新带回了人类的环境里。人们发现，他们惧怕强光，白天像小狗一样依偎在一起蜷缩在角落里睡觉，晚上走出来活动，两只眼睛在夜间像狼眼一样发光，并且常常在午夜以后引吭长嚎。他们都用四肢走路，和狼一样怕水怕火，不让人们给他们洗澡，即使在很凉的天气，也不愿穿衣服。他们不吃素食，只吃生肉。
>
> 2 个狼孩中小的不到 2 年就死去了，而大的即“卡玛拉”却活到 17 岁。卡玛拉 1920 年进入孤儿院以后，经过 2 年就可以两脚直立，但又经过 4 年才学会独立行走，而且快跑时，仍然要用四肢跑。经过近 10 年人类的抚养教育，到她 17 岁死之前，已经学会了晚上睡觉，用手拿东西吃，用杯子喝水，等等，但她的智力发展远远落在普通儿童的后面，一直没有学会成句说话，只能听懂几句简单的问话和学会了 40 多个词。
>
> （唐士志等编：《哲学的自然科学例证》，吉林人民出版社 1981 年版，第 87—88 页）

本案例通过对“狼孩”生动形象的描述，说明意识不仅是自然界长期发展的产物，而且是社会历史的产物。社会实践特别是劳动在意识的产生和发展中起着决定性的作用，劳动为意识的产生和发展提供了客观需要和可能，在人们的劳动和交往中形成的语言促进了意识的发展。

教师向学生提出三个问题：

（1）在人类进化过程中，直立行走与意识产生有关系吗？

（2）意识产生和发展的决定性力量是什么？

（3）为什么说“意识一开始就是社会的产物”？

引导学生从三个方面展开思考：

（1）直立行走扩大了人的眼界，促进了身体各部分的发展，重点突出直立行走对手的解放、制造工具和劳动的意义。

(2) 劳动在人脑进化与意识产生中的决定性意义：形成并完善了意识的物质基础、产生了语言、丰富发展了意识的内容和形式。

(3) 劳动是人类最基本的社会实践活动，重点突出劳动的社会性。

通过“狼孩”这一人和动物共同生活的例外情况，说明光有人脑还不能产生人的意识，人类的意识产生和智能发展主要是后天的。意识不仅是自然的产物，而且是社会的产物。离开了社会，离开了社会实践，就不可能对意识的产生和发展作出科学的说明。

首先，劳动促使猿脑转变为人脑，从而为意识的产生提供了物质器官。其次，意识的工具——语言，也是在劳动中产生的。语言是意识的物质外壳，离开语言，意识和思维过程都无法展开。再次，劳动丰富意识的内容，推动意识的发展。劳动是一个不断发展的过程，一方面在改造自然的过程中会生产出越来越丰富、越来越精巧的物质产品，一方面在人与人的合作和交往领域，其方式也会越来越多样化、越来越复杂。这便意味着，劳动将不断赋予人的意识以新的内容，这无疑会促使人的意识的丰富和发展。

从意识的起源可以看出，物质先于意识而存在，意识依赖于物质。没有物质世界，没有物质世界的发展，就不会有人的意识。唯心主义或者把意识说成是“绝对精神”的自我意识，由它“外化”出自然界，或者把意识看作人的心灵的自由创造，事物是否存在取决于意识的感知，显然是根本颠倒了物质和意识的真实关系。一些旧唯物主义者把意识等同于所有物质都有的反应特性，不懂得物质的低级反映形式和高级反映形式间存在着本质区别，主张一切物质都有意识，这种“物活论”的观点也是不能成立的。

2. 意识的本质：人脑的机能

意识对于物质的依赖性，不仅表现在意识的起源上，而且还表现在意识的本质上，即意识是特殊的物质——人脑的机能。正是由于人脑与动物脑在结构和重量比等方面存在很大区别，使人脑具有了与动物脑在质上根本不同的功能和属性，成为人类意识的物质器官。人类意识高于动物心理，这主要在于人类意识是以人脑为物质基础的。现代高级神经生理学揭示了意识的产生是经过人脑对客观外界刺激的一系列反射活动实现的。在反射过程中，感觉器官所接收的外界刺激，包括各种实物的刺激（即第一信号系统）和语言的刺激（即第二信号系统），转化为神经冲动，通过感觉神经传达到大脑皮层，经过大脑皮层对传入信息进行分析加工，产生思维活动。现代科学对大脑的研究已经从“细胞水平”深入到“分子水平”，揭示了神经细胞之间是以电和化学的方式传递信息的，信息的传递和大脑对信息的加工过程都是以神经细胞的脉冲生物电和化学物质的变化为基础的。这就是说，意识过程是以人脑的神经反射活动这种生理过程为基础的。离开人脑的生理过程，就不会有人的意识。

3. 意识的内容：客观世界的主观映象

意识是人脑的机能，但是光有人脑还不能产生意识。人脑是意识的器官，但不是意识的源泉。人脑为意识奠定了物质基础，提供了意识过程得以进行的可能，但它不能自动、独立地产生意识。人脑好比是一个加工厂，原材料和半成品只能来源于客观世界。人们只有在社会实践中，同外在的客观世界打交道，使人脑和其他反应器官同客观世界发生联系，只有当客观对象作用于人的感觉器官，并通过神经系统传达到人脑，再经过大脑的分析加工，才能产生意识。正如马克思所说：“观念的东西不外是移入人的头脑并在人的头脑中改造过的物质的东西而已。”[①]意识就其生理机制而言，是人脑的机能；就其对象和内容而言，是人脑对客观世界的主观反映。只有把这两个方面结合起来，才能完整地把握意识的本质。

由此可见，意识作为主观映象，在形式上当然是主观的，但在内容上却是客观的，都是客观存在的反映，无论何种意识都可以在客观世界中找到它的原型。科学的理论、正确的思想是如此；错误的思想，甚至荒唐的迷信观念也是如此。区别只在于，是正确的反映，还是歪曲的、虚幻的反映。

4. 意识的作用：主观能动性

马克思主义哲学在肯定物质决定意识的前提下，承认并十分重视意识

---

① 《马克思恩格斯选集》（第二卷），人民出版社 2012 年第三版，第 93 页。

对物质世界的能动反作用。毛泽东指出:“思想等等是主观的东西,做或行动是主观见之于客观的东西,都是人类特殊的能动性。这种能动性,我们名之曰‘自觉的能动性’,是人之所以区别于物的特点。”[①]人类意识这种特有的能动性主要表现在以下几个方面:意识活动具有目的性和计划性;意识活动具有创造性;意识具有指导实践改造客观世界的作用;意识的能动性还表现在它具有调控人的行为和生理活动的作用。现代科学研究成果证明,人的意识、心理因素,譬如精神是否愉悦、心情是否舒畅等,对人的身体健康状况有非常重要的影响。俗话说的“笑一笑十年少,愁一愁白了头”多少反映了这个道理。

物质是不依赖于人类的意识而存在,又为人类的意识所反映的客观实在。意识是特殊的物质——人脑的机能,是物质世界的主观映象,是客观内容和主观形式的统一。一方面物质决定意识,主要表现在:从起源上看,意识是物质的产物;从本质上看,意识是人脑的机能,是客观存在的主观映象;从作用上看,意识的能动性必须依赖于一定的物质条件和手段。另一方面意识对物质也具有能动的反作用,主要表现在:意识活动具有目的性和计划性;意识活动具有创造性;意识具有指导实践改造客观世界的作用;意识具有调控人的行为和生理活动的作用。正确发挥意识的能动性,必须具备:一定的物质条件和手段;必须认识和遵循客观规律;必须以实践为途径。

正确认识和把握物质与意识的辩证关系,需要处理好主观能动性和客观规律性的关系。尊重客观规律是正确发挥主观能动性的前提。人们只有在认识和掌握客观规律的基础上,才能正确地认识世界,有效地改造世界。如党的二十大报告指出的,我们党正是以全新的视野深化对共产党执政规律、社会建设规律、人类社会发展规律的认识,才能取得习近平新时代中国特色社会主义思想的重大理论成果。同样,在人与自然协调发展的生态文明建设实践中,也必须遵循自然规律,正如党的二十大报告指出的:“大自然是人类赖以生存发展的基本条件。尊重自然、顺应自然、保护自然,是全面建设社会主义现代化

---

① 《毛泽东选集》(第二卷),人民出版社 1991 年版,第 477 页。

国家的内在要求”,“人与自然是生命共同体,无止境地向自然索取甚至破坏自然必然会遭到大自然的报复”。

【教学总结】

(1) 物质观主要是指对物质的本质、存在形式和发展规律的看法和观点。其中,马克思主义哲学物质观是最为经典和深入的理论之一。它强调世界是由物质构成的,物质是客观实在的,不依赖于人的意识而存在。这意味着物质是世界的基石,是一切事物的基础和源头。

(2) 物质与意识的关系是辩证统一的。这种统一性体现在物质和意识相互依存、相互作用的过程中。物质世界为意识提供了存在的基础和反映的对象,而意识则通过反映和认识物质世界来指导实践活动,推动物质世界的发展。

三、板书设计

世界的本质是什么

- 物质的本质—客观实在性
  - 古代朴素唯物主义物质观
  - 近代机械唯物主义物质观
  - 现代辩证唯物主义物质观
- 物质与意识的关系
  - 唯物主义物质观的演变
  - 辩证唯物主义物质观的意义
  - 物质世界长期发展的产物
  - 物质与意识的辩证统一
- 意识的本质
  - 客观世界的主观反映
  - 意识的主观能动性

四、作业设计

运用物质与意识的辩证关系原理,通过具体案例论述在实践中处理好客观规律性和主观能动性的意义。

五、延伸阅读

（1）恩格斯：《反杜林论》，载《马克思恩格斯选集》（第三卷），人民出版社2012年第三版。

（2）习近平：《辩证唯物主义是中国共产党人的世界观和方法论》，《求是》2019年第1期。

（刘学礼　张东辉）

第二讲　事物的普遍联系和永恒发展

一、教学说明

1. 教学目标

认识联系和发展的普遍性，准确把握联系的内涵和特点，认识事物的普遍联系原理的方法论意义，掌握发展的实质与过程，理解联系和发展的基本环节。

2. 教学重点

（1）联系的观点和发展的观点是唯物辩证法的基本观点和总特征。联系是指事物内部各要素之间和事物之间相互影响、相互制约和相互作用的关系。辩证关系是以承认事物之间的区别为前提的，相互区别的事物又通过联系而相互过渡。联系具有一系列特点。联系具有客观性、普遍性、多样性、条件性。发展是前进上升的运动，发展的实质是新事物的产生和旧事物的灭亡。

（2）联系和发展的基本环节是：原因和结果是揭示事物的前后相继、彼此制约的关系范畴，必然性和偶然性是揭示客观事物发生、发展、灭亡不同趋势的范畴，可能性和现实性是揭示事物的过去、现在和将来的相互关系的范畴，现象和本质是揭示客观事物的外部表现和内在联系相互关系的范畴，内容和形式是揭示事物内在要素同这些要素的结构和表现方式的关系范畴。

3. 教学难点

（1）了解世界的普遍联系在马克思主义中的重要意义

（2）理解联系和发展的基本内涵

（3）记住并学会使用联系和发展的基本环节

4. 教学方法

综合运用课堂讨论、案例分析、e-learning 网络学习平台等教学方式。通过课堂讨论，引导学生思考究竟什么是辩证法的联系和发展的观点，及其方法论意义。通过案例分析为学生讲解具体的知识点。通过 e-learning 网络学习平台实现线上线下同步教学。

5. 学时安排

3 个学时

二、教学内容

【教学导入】

教师结合原著引入本讲核心问题：客观存在的事物是以何种方式运动变化的？

"当我们通过思维来考察自然界或人类历史或我们自己的精神活动的时候，首先呈现在我们眼前的，是一幅由种种联系和相互作用无穷无尽地交织起来的画面，其中没有任何东西是不动的和不变的，而是一切都在运动、变化、生成和消逝。……这种原始的、朴素的、但实际上正确的世界观是古希腊哲学的世界观，而且是由赫拉克利特最先明白地表述出来的：一切都存在而又不存在，因为一切都在流动，都在不断地变化，不断地生成和消逝。但是，这种观点虽然正确地把握了现象的总画面的一般性质，却不足以说明构成这幅总画面的各个细节；而我们要是不知道这些细节，就看不清总画面。为了认识这些细节，我们不得不把它们从自然的或历史的联系中抽出来，从它们的特性、它们的特殊的原因和结果等等方面来分别加以研究。"①

① 《马克思恩格斯选集》（第三卷），人民出版社 2012 年第三版，第 790 页。

(一) 联系和发展的普遍性

1. 事物的普遍联系

【案例】

“构建人类命运共同体是世界各国人民前途所在。万物并育而不相害，道并行而不相悖。只有各国行天下之大道，和睦相处、合作共赢，繁荣才能持久，安全才有保障。中国提出了全球发展倡议、全球安全倡议，愿同国际社会一道努力落实。中国坚持对话协商，推动建设一个持久和平的世界；坚持共建共享，推动建设一个普遍安全的世界；坚持合作共赢，推动建设一个共同繁荣的世界；坚持交流互鉴，推动建设一个开放包容的世界；坚持绿色低碳，推动建设一个清洁美丽的世界。”①

【互动讨论】

所举的例子中，说明了中国和其他国家、中国和世界的什么关系？这种关系是否属于普遍联系？普遍联系有什么特点？

【教师讲授】

上面的这个例子，说明了中国和其他国家处于普遍的联系之中。中国的文化和其他国家的文化处于交流互鉴的联系之中；中国的经济和其他国家处于合作共赢的联系之中，中国的安全和其他国家处于共建共享的世界之中；中国的生态与其他国家在建设后处于清洁美丽的世界。各个国家都不能孤立存在，必然通过与其他国家的多重联系而存在，整个世界是一个互相联系的世界。因此构建人类命运共同体包含了普遍联系和发展的原理。

联系是指事物内部各要素之间和事物之间相互影响、相互制约和相互作用的关系。辩证关系是以承认事物之间的区别为前提的，相互区别的事物又通过联系而相互过渡。联系具有一系列特点。

第一，联系具有客观性。事物的联系是事物本身所固有的，不是主观臆想的，是不以人的意志为转移的。承认联系的客观性要批判唯心主义的主观联系论，唯心主义否认联系的客观性，认为事物之间的联系是由神或人的意志决定的。

---

① 习近平：《高举中国特色社会主义伟大旗帜　为全面建设社会主义现代化国家而团结奋斗——在中国共产党第二十次全国代表大会上的报告》，人民出版社 2022 年版，第 62—63 页。

【例】 中国人将“8”与“发”、“6”与“顺”相联系，西方人将“13”与“不吉”相联系等都是唯心主义的说法。

第二，联系具有普遍性，事物联系的普遍性有三层含义。

其一，任何事物内部的不同部分和要素是相互联系的，也就是说任何事物都具有内在的结构性。

【例 1】 把实施扩大内部战略同深化供给侧结构性改革有机结合起来，增强国内大循环内生动力和可靠性，提升国际循环质量和水平。

【例 2】 割下来的手就失去了它的独立的存在，就不像原来长在身体上那样，它的灵活性、运动、形状、颜色等都改变了，失去了它的整个存在。只有作为有机体的一部分，手才能获得它的地位。

其二，任何事物都不能孤立存在，都同其他事物处于一定的相互联系之中。从宏观天体到微观粒子，从无机界到有机界，从自然界到人类社会和人类思维，任何事物都处在联系之中，世界上找不到同周围无联系、孤立存在的事物。

【例】 近朱者赤近墨者黑；城门失火殃及池鱼。

其三，整个世界是相互联系的统一整体，每一事物都是世界普遍联系中的一个成分或环节。

【例】 恩格斯在谈到事物普遍联系的“辩证图景”时指出：“当我们深思熟虑地考察自然界或人类历史或我们自己的精神活动的时候，首先呈现在我们眼前的，是一幅由种种联系和相互作用的无穷无尽地交织起来的画面。”

【讨论】 是否可以认为世界上任何事物都是相互联系的？

第三，联系具有多样性。在普遍联系中，联系的形式是多样的，不同的联系对事物的发展起着不同的作用，联系的主要形式有以下四种。

一是直接联系与间接联系。直接联系没有中间环节；间接联系具有中间环节。

【例】 城门失火殃及池鱼、唇齿相依、唇亡齿寒。

二是本质联系与非本质联系。本质联系决定事物性质；非本质联系影响事物外部特征。

【例】 “种瓜得瓜，种豆得豆”表现的是本质联系；一棵瓜秧结几个瓜、一个豆荚结几粒豆子，则是非本质联系。

三是内部联系与外部联系。内部联系是在事物内部要素之间；外部联系是在一事物与他事物之间。

四是必然联系与偶然联系。必然联系是确定的、一定要发生的；偶然联系是不确定的、未必发生的。

【例】 苹果熟透了要掉落在地上，这是必然联系；但是恰好落在某人头上，则是苹果与人的偶然联系。

第四，联系具有条件性。条件是指同一事物、现象和过程相联系的，并对它的存在和发展发生作用的诸要素的总和。对条件要唯物辩证地去看待，条件对事物发展和人的活动具有支持或制约作用；条件是可以改变的；改变和创造条件不是任意的。

【例】 只有具备了氧气、水、适当的温度等必要条件，地球上的生命才能存在和发展起来。

马克思主义关于事物普遍联系的原理，要求人们要善于分析事物的具体联系，确立整体性、开放性的观念，从动态中考察事物的普遍联系。

2. 事物的变化发展

【案例】

“这些不同的条件，起初是自主活动的条件，后来却变成了自主活动的桎梏，这些条件在整个历史发展过程中构成各种交往形式的相互联系的序列，各种交往形式的联系就在于：已成为桎梏的旧交往形式被适应于比较发达的生产力，因而也适应于进步的个人自主活动方式的新交往形式所代替；新的交往形式又会成为桎梏，然后又为另一种交往形式所代替。由于这些条件在历史发展的每一个阶段都是与同一时期的生产力的发展相适应的，所以它们的历史同时也是发展着的、由每一个新的一代承受下来的生产力的历史，从而也是个人本身力量发展的历史。”①

【互动讨论】

这个例子中不断变化发展的是什么？它们为什么会不断变化发展？

---

①《马克思恩格斯选集》(第一卷)，人民出版社 2012 年第三版，第 204 页。

【教师讲授】

根据上面的案例，我们可以知道不断变化发展的是人的本身的力量、生产力、生产关系、交往形式。这些变化之所以是发展，是因为它们本身处于向上的运动之中。那么我们如何理解事物的变化和发展呢？

第一，发展的实质与过程。发展是前进上升的运动，发展有两种形式：量的增加和质的飞跃。发展的实质是新事物的产生和旧事物的灭亡；新事物是指合乎历史前进方向、具有远大前途的东西；旧事物是指丧失历史必然性、日趋灭亡的东西。

第二，新事物必然战胜旧事物的原因。新事物有新的结构和功能，能适应已经变化了的环境和条件。新生事物是对旧事物的扬弃，并添加了旧事物所不能容纳的新内容。在社会历史领域内，新生事物符合人民群众的根本利益和要求。

第三，发展与过程。一切事物只有经过一定的过程才能实现自身的发展。所谓过程是指一切事物都有其产生、发展和转化为其他事物的历史，都有它的过去、现在和未来。一切现象都是作为过程而存在、作为过程而发展的。事物发展的过程：形式上看，是事物在时间上的持续性和空间上的广延性的交替；内容上看，是事物在运动形式、形态、结构、功能和关系上的更新。

（二）联系和发展的基本规律

1. 对立统一规律

【教学案例】

“中国式现代化是人与自然和谐共生的现代化。人与自然是生命共同体，无止境地向自然索取甚至破坏自然必然会遭到大自然的报复。我们坚持可持续发展，坚持节约优先、保护优先、自然恢复为主的方针，像保护眼睛一样保护自然和生态环境，坚定不移走生产发展、生活富裕、生态良好的文明发展道路，实现中华民族永续发展。”①

① 习近平：《高举中国特色社会主义伟大旗帜　为全面建设社会主义现代化国家而团结奋斗——在中国共产党第二十次全国代表大会上的报告》，人民出版社2022年版，第23页。

【师生交流】

对立统一规律在人与自然的关系中如何表现？人与自然之间的关系如何从对抗性矛盾变为非对抗性矛盾？

【教师讲授】

人与自然和谐共生蕴含着对立统一规律。人与自然具有同一性，二者是生命的共同体。人与自然也具有差异和对立，人需要向自然索取物质生活资料。但是这种差异和对立在中国式现代化中是非对抗式的，二者是非对抗性矛盾。中国式现代化除了要处理人与自然的对立统一关系，也要处理物质和精神的对立统一关系。下面从四个方面解释对立统一规律。

第一，对立统一规律是事物发展的根本规律。对立统一规律是唯物辩证法的实质和核心。这是因为：对立统一规律揭示了普遍联系的根本内容和永恒发展的内在动力，它是联系和发展的实质；它是贯穿各个规律和唯物辩证法基本范畴的中心线索，也是理解这些规律和范畴的“钥匙”；对立统一规律提供了人们认识世界和改造世界的根本方法——矛盾分析法，矛盾分析方法是最根本的认识方法，把握对立统一规律是辩证认识的实质；是否承认对立统一学说是唯物辩证法和形而上学对立的实质。

第二，矛盾是唯物辩证法的实质和核心。规律又称矛盾规律，矛盾是辩证法的核心概念。矛盾是指事物内部或事物之间的对立和统一及其关系，简言之，矛盾即对立统一。对立和统一分别体现了矛盾的两种基本属性。矛盾的对立属性又称斗争性，矛盾的统一属性又称同一性，同一性和斗争性是矛盾的两种基本属性，是矛盾双方相互联系的两个方面。

第三，矛盾的同一性和斗争性及其在事物发展中的作用及方法论意义。

(1) 矛盾的同一性和矛盾的斗争性。矛盾的同一性是指矛盾双方相互依存、相互贯通的性质和趋势；矛盾的斗争性是指矛盾双方相互排斥、相互分离的性质和趋势。由于矛盾的性质不同，矛盾可以区分为对抗性矛盾和非对抗性矛盾两种基本形式。对抗性矛盾指自然界和社会生活中在根本性质和利益上互相对立、不可调和的矛盾；非对抗性矛盾是指自然界和社会领域中不具有对抗性，双方根本利益一致基础上产生的矛盾。矛盾的同一性和斗争性是相互联系、相互制约的；同一性不能脱离斗争性而存在，没有斗争性就没有同一性;斗争性也不能脱离同一性而存在,斗争性寓于同一性之中。同一性是相对的,是有条件的;斗争性是绝对的,是无条件的。

【例】 *有无相生,难易相成,长短相形,高下相倾,音声相和,前后相随。——《老子》*

(2) 矛盾的同一性和矛盾的斗争性在事物发展中具有重要作用。矛盾的同一性和斗争性相互联结、相互制约的原理,要求我们在分析和解决矛盾时,必须从对立中把握同一,从同一中把握对立。这是辩证认识的实质所在。矛盾是事物发展的动力,是指矛盾的对立面又斗争、又同一,由此推动事物的发展。矛盾同一性对于事物发展的作用主要有三:一是,同一性是事物存在和发展的前提,矛盾的一方可以利用另一方的发展使自己获得发展;二是,矛盾双方可以相互吸取有利于自身的因素而得到发展;三是,矛盾双方向着自己的对立面转化而得到发展,并规定着事物发展的方向。矛盾斗争性对事物发展的作用主要表现在两个方面:一是,矛盾双方的斗争推动矛盾双方力量对比发生变化,造成双方力量发展的不平衡,为对立面的转化、事物的质变创造条件;二是,矛盾双方的斗争,是一种矛盾统一体向另一种矛盾统一体过渡的决定力量,斗争促使矛盾双方地位或性质转化,实现事物的质变。矛盾双方的相互否定促成旧的矛盾统一体破裂和新的矛盾统一体产生,从而使旧事物发展为新事物。矛盾同一性和斗争性共同推动事物的发展。矛盾的同一性和斗争性不能孤立地起作用,它们对事物发展的作用只有在两者的结合中才能实现,矛盾推动事物发展是同一性和斗争性共同作用的结果。但在不同的条件下,二者所处的地位会有所不同,在一定条件下矛盾的斗争性可能处于主要的方面,而在另外的条件下,矛盾的同一性又可能处于主要的方面。

(3) 矛盾的同一性和斗争性原理的方法论意义。和谐作为矛盾的一种特殊表现形式,体现着矛盾双方的相互依存、相互促进、共同发展。和谐是相对的、有条件的,只有在矛盾双方处于平衡、协调、合作的情况下,事物才展现出和谐状态。和谐的本质就在于协调事物内部各种因素的相互关系,促进最有利于事物发展的状态。构建社会主义和谐社会就是在发展的基础上正确处理各种社会矛盾的历史过程和社会结果;矛盾推动事物的发展,说明事物发展的根本原因不在事物的外部，而在事物内部的矛盾性。事物的内部矛盾是事物发展的内因，内因是事物发展的根本原因，是变化的根据；外因是事物发展的第二位的原因，是变化的条件，外因通过内因而起作用。

第四，矛盾的普遍性和特殊性及其相互关系。

(1) 矛盾的普遍性：指矛盾存在于一切事物中，存在于一切事物发展过程始终，即矛盾无处不在，无时不有，是事物的共性，它是无条件的、绝对的，承认矛盾的普遍性是一切科学认识的首要前提。

(2) 矛盾的特殊性：指具体事物在其运动中的矛盾及每一矛盾的各个方面都有其特点，是事物的个性，它是有条件的、暂时的，因而是相对的。矛盾的特殊性的三种情形：不同事物的矛盾各有其特点；同一事物的矛盾在不同发展过程和发展阶段各有不同特点；构成事物的诸多矛盾以及每一矛盾的不同方面各有不同的性质、地位和作用。

(3) 在矛盾群中又存在着根本矛盾和非根本矛盾、主要矛盾和次要矛盾。根本矛盾贯穿事物发展过程的始终，规定着事物的性质；主要矛盾是矛盾体系中处于支配地位，对事物发展起决定作用的矛盾；非根本矛盾、次要矛盾是处于服从地位的矛盾。在每一对矛盾中又有矛盾的主要方面与矛盾的次要方面，矛盾的性质主要是由矛盾的主要方面决定的。

(4) 矛盾解决的形式：矛盾一方克服另一方；矛盾双方同归于尽；矛盾双方形成协同运动的新形式；矛盾双方融合成一个新事物。用不同的方法解决不同的矛盾是马克思主义的一个重要原则。具体问题具体分析是马克思主义的活的灵魂。

(5) 矛盾普遍性和特殊性辩证关系：矛盾的普遍性和特殊性即矛盾的共性和矛盾的个性是辩证统一的关系。矛盾的共性是无条件的、绝对的，矛盾的个性是有条件的、相对的；任何现实存在的事物都是共性和个性的有机统一，共性寓于个性之中；矛盾的共性和个性、绝对和相对的道理，是关于事物矛盾问题的精髓。

【例】“中国共产党人深刻认识到，只有把马克思主义基本原理同中国具体实际相结合、同中华优秀传统文化相结合，坚持运用辩证唯物主义和历史唯物主义，才能正确回答时代和实践提出的重大问题，才能始终保持马克思主义的蓬勃生机和旺盛活力。”①

(6) 矛盾普遍性和特殊性辩证关系的意义：矛盾普遍性和特殊性辩证关系原理是马克思主义的普遍真理同各国的具体实际相结合的哲学基础，也是建设中国特色社会主义的哲学基础。

2. 量变质变规律

【教学案例】

“电流必须达到一定的最低强度才能使电灯泡中的白金丝发光，每种金属都有自己的白热点和熔解点，每种液体在已知的压力下都有其固定的冰点和沸点——只要我们有办法造成相应的温度；最后，例如，每种气体都有其临界点，在这一点上压力和冷却能使气体变成液体。”②

【师生讨论】

这里电流的“最低强度”、液体的冰点和沸点、气体的“临界点”是量变还是质变？它们与肯定与否定有关系吗？

【教师讲授】

第一，事物存在的质、量、度的内涵。

(1) 质是一事物成为它自身并区别于它事物的规定性。事物质的规定性是由事物内部矛盾的特殊性所决定的。质和事物的存在是直接同一的。事物的质是通过属性表现出来的，属性是一物和他物在相互联系中表现出来的质。认识质是认识和实践的起点和基础。认识质，才能区别事物。

(2) 量是事物存在和发展的规模、程度、速度以及它的构成成分在空间上的排列组合等可以用数量表示的规定性，量和事物的存在不是直接同一的。认识量是认识事物的深化和精确化。

【例】马克思指出：一门科学只有能够成功地应用数学时，才算达到了真正成熟的地步。③

---

① 习近平：《高举中国特色社会主义伟大旗帜 为全面建设社会主义现代化国家而团结奋斗——在中国共产党第二十次全国代表大会上的报告》，人民出版社 2022 年版，第 17 页。

② 《马克思恩格斯选集》(第三卷)，人民出版社 2012 年版，第 904—905 页。

③ [法] 保尔·拉法格：《忆马克思》，载中共中央马克思恩格斯列宁斯大林著作编译局编《回忆马克思》，人民出版社 2005 年版，第 191 页。

（3）度是事物保持自己质的量的范围、幅度和限度。认识度才能确切地把握事物的质，认识度要掌握适度原则。

【例】“凡一切人世间的事物——财富、荣誉、权力，甚至快乐、痛苦等——皆有其一定的尺度，超越这尺度就会招致沉沦和毁灭。”①

第二，事物发展的量变和质变及其辩证关系。由于任何事物都是质和量的统一体，因而事物的变化表现为量变和质变两种运动状态。

（1）量变的含义。量变是事物数量的增减和次序的变动，是保持事物的质的相对稳定的不显著的变化，体现了事物渐进过程的连续性。量变的两种形式：一是事物数量的增减引起事物的变化；二是在一定条件下，构成事物的成分在空间关系即排列次序和结构上的变化引起事物的变化。

（2）质变的含义。质变是事物性质的根本变化，是事物由一种质态向另一种质态的飞跃，体现了事物渐进过程和连贯性的中断。质变的两种形式：一种是爆发式飞跃，是指通过对抗的形式实现的质变；另一种是非爆发式飞跃，是通过新质要素的逐渐积累和旧质要素的逐渐消亡的形式实现的质变。区分量变和质变的根本标志是事物的变化是否超出了度。

（3）量变和质变的辩证关系。量变质变相互依存，量变是质变的必要准备，质变是量变的必然结果；量变质变相互转化，量变引起质变，在新质的基础上，事物又开始新的量变，如此交替循环，形成事物质量互变的规律性，体现了事物发展渐进性和飞跃性的统一。量变质变相互渗透，一方面在总的量变中有阶段性和局部性的质变，另一方面在质变过程中也有旧质在量上的收缩和新质在量上的扩张。

【例】合抱之木，生于毫末；九层之台，起于累土；千里之行，始于足下。——《老子》

（4）掌握这一原理对于革命和建设工作具有重要的方法论意义。它揭示了事物发展过程是连续性和阶段性的统一，量变体现连续性，质变体现阶段性；它是我们分析社会发展形式的基本理论工具，对于我们正确处理社会主义改革、发展、稳定的关系具有指导意义；它是指导我们从事一切实践活动的重

---

① ［德］黑格尔：《小逻辑》，贺麟译，商务印书馆 1980 年版，第 235 页。

要思想原则。

3. 否定之否定规律

第一，辩证否定观的基本内容。事物内部都存在着肯定因素和否定因素，肯定因素是维持现存事物存在的因素，否定因素是促使现存事物灭亡的因素。辩证否定观的基本内容是：否定是事物的自我否定，是事物内部矛盾运动的结果；否定是事物发展的环节，只有经过否定，旧事物才能向新事物转变；否定是新旧事物联系的环节，新事物孕育产生于旧事物，新旧事物通过否定环节联系起来；辩证否定的实质是“扬弃”，即新事物对旧事物既批判又继承，既克服又保留。

【例】“党的自我革命永远在路上，决不能有松劲歇脚、疲劳厌战的情绪，必须持之以恒推进全面从严治党，深入推进新时代党的建设新的伟大工程，以党的自我革命引领社会革命。”①

与辩证否定观相对立的形而上学否定观则认为：否定是外在的否定，主观任意的否定；否定是绝对的否定，是不包含肯定的否定，这就既割断了事物的联系，又使发展中断。它的信条是：“是就是，不是就不是；除此之外，都是鬼话。”

坚持辩证的否定观：要对一切事物采取科学的分析态度；要同时看到事物的肯定方面和否定方面；在肯定中看到否定，在否定中看到肯定；不能肯定一切或否定一切。

第二，否定之否定规律。事物的辩证发展就是经过两次否定，出现三个阶段即“肯定—否定—否定之否定”，形成一个周期。其中否定之否定阶段仿佛是向原来出发点的“回复”，但这是在更高阶段的“回复”，是“扬弃”的结果。事物的这种否定之否定过程，从内容上看，是自己发展自己、自己完善自己的过程；从形式上看，是螺旋式上升或波浪式前进的过程，方向是前进上升的，道路是迂回曲折的，是前进性和曲折性的统一。

---

① 习近平：《高举中国特色社会主义伟大旗帜　为全面建设社会主义现代化国家而团结奋斗——在中国共产党第二十次全国代表大会上的报告》，人民出版社 2022 年版，第 64 页。

否定之否定规律及其意义。否定之否定规律揭示了事物发展的方向和道路，是新事物战胜旧事物的哲学依据。这一原理对于人们正确认识事物发展的曲折性和前进性，具有重要的指导意义。

第三，事物发展的前进性与曲折性。否定之否定规律揭示了事物发展的前进性与曲折性的统一，揭示事物的发展是螺旋式的上升和波浪式的前进。前进性是事物发展的基本趋势，前进性体现在每一次否定都是质变，都把事物推到新的阶段，每一周期都是开放的，不存在不被否定的终点。曲折性是事物发展的重要特征，曲折性体现在回复性上，其中有暂时的停顿或倒退，但是经过曲折终将为事物的发展开辟道路。

第四，坚持前进性和曲折性相统一原理的意义。坚持前进性和曲折性相统一原理，既要对未来充满信心，又要有迎战困难的思想准备。割裂事物发展的前进性和曲折性的辩证关系，会导致形而上学的循环论和直线论的错误。

(三) 联系和发展的基本环节

1. 内容与形式

【案例】

分子是由组成的原子按照一定的键合顺序和空间排列而结合在一起的整体，这种键合顺序和空间排列关系称为分子结构。由于分子内原子间的相互作用，分子的物理和化学性质不仅取决于组成原子的种类和数目，更取决于分子的结构。

【互动讨论】

分子的形式和内容分别是什么？如何理解形式和内容之间的关系？

【教师讲授】

上面的例子中，分子的形式是原子的结构，其内容是原子。显然，对于一个分子来说，作为其组成要素的原子及其空间结构缺一不可，互相依存。内容和形式是揭示事物内在要素同这些要素的结构和表现方式的关系范畴。内容是构成事物一切要素的总和，是事物存在的基础；形式是内容诸要素相互结合的结构和表现方式。

事物的形式有两类：外在形式和内在形式。外在形式是和内容不直接相关的非本质的形式，它的改变不直接涉及事物的内容。内在形式和事物的内容紧密相关，是事物的本质的形式，它的改变会引起事物内容的变化。

内容和形式的辩证关系。内容和形式是相互对立的。内容和形式又是统一的。内容和形式是相互依赖、不可分割的。任何事物的内容都有一定的形式，任何形式也都有一定的内容，没有无内容的空洞的形式，也没有无形式的纯粹的内容。事物的内容是无限丰富的，事物的形式也是多种多样的。内容和形式相互作用、相互影响。内容决定形式，形式反作用于内容。当形式适合内容时，对内容的发展起着积极的推动作用；当形式不适合内容时，对内容的发展起着消极的阻碍作用。内容和形式在一定条件下相互转化。

【例】对于人体而言，人的骨骼、肌肉、血液等是形式，而细胞是内容。但是，原子又是细胞的内容，细胞的形状和解构是细胞的形式。

内容和形式辩证关系原理的意义。根据内容决定形式的原理，我们在认识和处理问题的时候，必须首先注重事物的内容，根据内容的需要来决定形式的取舍、改造和创新，反对只注意形式而忽视内容的形式主义。

2. 本质与现象

【案例】

鱼儿在清澈的水里面游动，可以看得很清楚。然而，沿着你看见鱼的方向去叉它，却叉不到。有经验的渔民都知道，只有瞄准鱼的下方才能把鱼叉到。从上面看水、玻璃等透明介质中的物体，会感到物体的位置比实际位置高一些，这是光的折射现象引起的。由于光的折射，池水看起来比实际的浅。所以，当你站在岸边，看见清澈见底、深不过齐腰的水时，千万不要贸然下去，以免因为对水深估计不足，惊慌失措，发生危险。把一块厚玻璃放在钢笔的前面，笔杆看起来好像“错位”了，这种现象也是光的折射引起的。

【互动讨论】

上面的案例中，现象是什么？本质是什么？现象与本质的关系是什么？

【教师讲授】

在上面的案例中，现象是光的折射给出的视觉表象，本质是在真实的空间位置中的事物。比如,鱼的游动是现象,而本质是作为真实的“下方”的鱼。渔民只有抓住了“下方的鱼”这个本质才能抓住鱼。同理,看见的水深和实际的水深有差别,只有抓住实际的水深才能把握深度的本质,从而保证安全。在马克思主义中,现象和本质是揭示客观事物的外部表现和内在联系相互关系的范畴。

(1) 现象与本质的含义。现象是事物的外部联系和表面特征,是事物的外在表现。现象有真象和假象之分,真象是正面地直接地表现本质的现象,假象则是从反面歪曲地表现本质的现象。本质是事物的内部联系,是事物内部特殊矛盾造成的、并决定事物根本性质的内在依据。本质同必然性、规律性是同等程度的范畴。

【例】闪电是现象,其背后的本质是云层中的正电与负电相遇而发生猛烈放电的过程。

(2) 现象与本质的辩证关系。本质和现象有区别:其一,现象是事物的外部联系和表面特征,人们可通过感官感知,本质则是事物的内在联系和根本性质,只有靠人的理性思维才能把握;其二,现象是个别的、具体的,而本质是一般的、共同的;其三,现象是多变的,本质则是相对稳定的;其四,现象是生动、丰富的,本质比较深刻、单纯。两者也存在联系:本质和现象又是统一的,它们相互联系、相互依存;其一,任何本质都是通过现象表现出来的,没有不表现为现象的本质;其二,任何现象都从一定的方面表现着本质,现象是本质的外部表现,即使假象也是本质的表现。现象和本质是统一的,我们能够通过现象认识事物的本质;同时由于现象和本质是对立的,又要求人们必须透过现象揭示本质。人们正是通过事物现象的去粗取精、去伪存真、由此及彼、由表及里的认识过程,才不断深化对事物本质的认识。透过现象发现本质是科学研究的任务。

(3) 现象与本质辩证关系原理的意义。正确把握本质和现象的关系对于我们的认识活动和科学研究具有重要作用。科学的任务就在于准确辨别真象和假象,透过现象把握本质,为此需要掌握大量的现象,进而通过技术手段和理论分析去粗取精、去伪存真、由此及彼、由表及里,不断深化对事物的认识。

3. 原因与结果

【案例】

“如果我们用一面凹面镜把太阳光集中在焦点上，造成像普通的火光一样的效果，那么我们因此就证明了热是从太阳来的。如果我们把引信、炸药和弹丸放进枪膛里面，然后发射，那么我们可以期待事先从经验已经知道的效果，因为我们能够在所有的细节上探讨包括发火、燃烧、由于突然变为气体而产生的爆炸，以及气体对弹丸的压挤在内的全部过程。”①

【互动讨论】

上面的例子中，恩格斯说明了因果联系的什么特征？这种因果联系为什么可以被预测？

【教师讲授】

上面的例子说明了因果联系的客观性。因与果之间处于一种客观联系中，一定的因引起一定的果，从而让人得以预测。这也说明了因果联系本身不是观念想象和联系的结果，而是实在的范畴，因而也反驳了怀疑论的观点。在马克思主义中，原因和结果是揭示事物的前后相继、彼此制约的关系范畴。

(1) 原因和结果的含义。原因和结果是从引起和被引起这一侧面揭示事物、现象之间相互联系、彼此制约的一对范畴。引起某种现象的现象就是原因，被某种现象引起的现象就是结果。

(2) 因果联系往往具有时间上的顺序性，即原因在前，结果在后，也就是通常所说的“前因后果”。但并不是所有前后相继的现象都是因果联系。

【例】春夏秋冬四季交替，虽然时间上前后相继，但彼此之间并没有因果联系，因为一年四季的更替是地球绕太阳公转的结果。

(3) 原因和结果又是相互联系的，二者相互作用并在一定条件下相互转化。

【例】生产的发展，孕育并推动了科学技术的发展；而科学技术的发展反过来又极大地促进了生产的发展。

(4) 原因和结果辩证关系原理的意义。只有全面把握事物的因果关系，

---

①《马克思恩格斯选集》(第三卷)，人民出版社 2012 年第三版，第 921 页。

我们才能通过自觉的努力，消除不利的原因，使因果关系运动朝着有利于人的发展的方向运行，从而达到我们所需要的结果。

4. 必然与偶然

【案例】

“这个豌豆荚中有五粒豌豆，而不是四粒或六粒……只要我们不能证明豌豆荚中豌豆的粒数是由什么原因决定的，豌豆的粒数就依然是偶然的，而且，即使断言这件事情在太阳系的原始构造中是早就预先安排好了的，我们也没有前进一步。不仅如此，科学如果老是从因果链中去追溯这一个个的豌豆荚事例，那就不再成其为科学，而成了纯粹的游戏，因为单是这同一个豌豆荚就还具有其他无数的、独具的、表现为偶然的特性：色彩的浓淡，豆壳的厚薄和软硬，豆粒的大小，更不必说只有在显微镜下才能看到的那些独具的特点了。因此，这一个豌豆荚所要求探索的因果联系，已经多得连全世界的全体植物学家都解决不了。可见，偶然性在这里并没有从必然性得到说明，而是反倒把必然性降低为纯粹偶然性的产物。如果某个豆荚中有六粒豌豆而不是五粒或七粒这一事实，与太阳系的运动规律或能量转化规律是处于同一等级的，那实际上就不是把偶然性提高为必然性，而是反倒把必然性降低为偶然性。”①

【互动讨论】

第一，恩格斯为什么认为豌豆荚中豌豆的数量“早就安排好”的说法并不能推翻豌豆数量是偶然的事实？

第二，恩格斯为什么认为“科学如果老是从因果链中去追溯这一个个的豌豆荚事例，那就不再成其为科学，而成了纯粹的游戏”？

第三，恩格斯为什么要把“某个豆荚中有六粒豌豆而不是五粒或七粒这一事实”与“太阳系的运动规律或能量转化规律”拿出来对比？

第四，这个例子反映的偶然性与必然性的关系是什么？

【教师讲授】

恩格斯以豌豆荚中的豌豆数为例，阐明了我们在对偶然与必然进行认识

---

① 《马克思恩格斯选集》(第三卷)，人民出版社 2012 年第三版，第 917—918 页。

的时候，要把握三个要点。

第一，偶然性并不能被决定论的“必然性”所否认。决定论认为世界是通过一系列的单纯的因果链条而被展现出来的，因此任何事物的产生、存在、发展都早已经被决定了，从而一切都是必然的，世间万物没有偶然。恩格斯认为豌豆荚中豌豆的数量“早就安排好”的说法不能推翻豌豆数量是偶然的事实。原因有两个。其一，恩格斯认为这种“早就安排好”的必然性仍然是一种类似于神学的宿命论。它“还是没有摆脱神学的自然观。无论我们是用奥古斯丁和加尔文的说法把这叫做上帝的永恒的旨意，或者用土耳其人的说法把这称做天数，还是把这叫做必然性，这对科学来说差不多是一样的”[①]。宿命论的决定论是神学的假象而不是科学的探索，从唯物主义的角度要反驳这种决定论，因此它的必然性对偶然性的反驳也是站不住脚的。其二，这种对因果链条的预设实际上并没有研究因果链条，不能真实把握世界的真正的因果关系，因此并不了解哪些是因，哪些是果，反而说明了不能解释的对象是偶然的。“在这里的任何一个场合下都谈不上对因果链的探索，因此，我们在一个场合下并不比在另一场合下更聪明一些，所谓必然性仍旧是一句空话，因而偶然性依然如故。”[②]所以，决定论者并不能说清楚豌豆荚里面豌豆数是什么导致的，反而证明了它的偶然性。

第二，对偶然性与必然性的研究，不同于对因果链条的研究，二者处于不同的层面。其一，对偶然性与必然性的研究，是对规律的研究。而规律是一个层次的规律性，并非所有层次的因果性。“凡是可以纳入普遍规律的东西都被看成是必然的，凡是不能纳入的都被看成是偶然的。”[③]比如假如豌豆荚中一般来说有六粒豌豆是一个普遍规律，但是偶然有一个豌豆荚中有五粒豌豆，就说六粒豌豆是必然的，而五粒豌豆是偶然的，是一个偶然的变化。规律性是针对豌豆数的必然性，没有探讨豌豆的物理特性、化学特性等层次的规律性，因此不是研究的因果链条。因果链条需要将物理、化学、生物等多个层次全面考察才是全面的，否则没有意义。其二，对偶然与必然的研究是有意义的，但是对

① 恩格斯：《自然辩证法》，人民出版社 2015 年版，第 93 页。
② 同上。
③ 同上书，第 92—93 页。

因果链条的研究是没意义的。因为"科学如果老是从因果链中去追溯这一个个的豌豆荚事例,那就不再成其为科学,而成了纯粹的游戏"①。因为因果链条的研究只能说明一个事件的来龙去脉,不能指出普遍性必然性的东西,不能研究规律指导人的行为与认识。所以,偶然性与必然性的研究与因果链条的研究不在一个层面。所以恩格斯才说"如果某个豆荚中有六粒豌豆而不是五粒或七粒这一事实,与太阳系的运动规律或能量转化规律是处于同一等级的,那实际上就不是把偶然性提高为必然性,而是反倒把必然性降低为偶然性"②。

第三,偶然性与必然性的关系。恩格斯给出的豌豆荚案例说明了偶然性与必然性的双重关系。其一,偶然性不同于必然性。"凡是可以纳入普遍规律的东西都被看成是必然的,凡是不能纳入的都被看成是偶然的"③,因此偶然性不同于必然性假如能够找到豌豆荚中豌豆数的普遍规律,那么豌豆荚的中的数量就具有必然性。但是假如某一个豌豆荚中的豌豆数不同于普遍的豌豆荚的数量,这个豌豆荚的豌豆数就是偶然的变异。其二,偶然性与必然性相互依存。恩格斯认为因果链条式的对豌豆荚数量的研究中,"偶然性在这里并没有从必然性中得到说明",但实际上偶然性必须从必然性中得到说明。即偶然的变化需要从必然的规律性中得到说明,因此偶然性依赖于必然性。同时,由于豌豆荚的数量上的必然性又是通过它的偶然的色彩、豆壳的厚薄和软硬等偶然性因素表现出来的,因此必然性也离不开偶然性。所以偶然性与必然性相互依存。

第四,总的来说,必然性和偶然性是揭示事物发生、发展、灭亡不同趋势的范畴。

(1) 必然性和偶然性的含义。必然性,指事物联系和发展过程中一定要发生,确定不移的趋势;偶然性,指并非确定发生,可以出现、可以不出现,可以这样或那样出现的不确定趋势。

【例】种瓜得瓜种豆得豆,是事物发展的确定不移的趋势,具有必然性;分子热运动带有偶然性的不确定的趋势。

(2) 必然性和偶然性是对立统一关系。形成原因不同,必然性产生于事

① 恩格斯:《自然辩证法》,人民出版社 2015 年版,第 94 页。
② 同上。
③ 同上书,第 92—93 页。

物内部根本矛盾,偶然性产生于非根本矛盾和外部条件;表现形式不同,必然性在事物发展过程中比较稳定、时空上比较确定,是同类事物普遍具有的发展趋势,偶然性则是不稳定的、暂时的、不确定的,是事物发展中的个别表现;地位和作用不同,必然性在事物发展中居于支配地位,它决定事物的发展方向,偶然性居于从属地位,对发展的必然过程起促进或延缓作用,使发展的确定趋势带有一定的特点和偏差。必然性和偶然性相互依存和相互转化:必然性存在于偶然性之中,并通过大量的偶然性表现出来;偶然性背后隐藏着必然性,是必然性的表现形式和补充;一定条件下,两者可以互相转化。

【例】如果"偶然性"不起任何作用的话,那么世界历史就会带有非常神秘的性质。这些偶然性本身自然纳入总的发展过程中,并且为其他偶然性所补偿。但是,发展的加速或延缓在很大程度上是取决于这些"偶然性"的。

(3) 必然性和偶然性辩证关系原理的意义。在我们的认识和实践中,必须重视事物发展的必然规律和发展趋势,并以此为依据制定我们的目标和计划,同时也要充分估计到各种偶然因素的作用,善于敏锐地识别和把握机遇,在实践中达到预期的目标。

5. 现实与可能

【案例】

莱特兄弟小的时候,父亲给他们买了一个能飞的竹蜻蜓,兄弟俩十分喜欢,并开始仿制不同尺寸的竹蜻蜓,从此,兄弟俩的一生与飞行结下了不解之缘。但是,他们把人类飞行从梦想变成了现实。1903 年 12 月 17 日是一个载入人类史册的日子。在美国北卡罗来纳州,莱特兄弟先后 4 次驾驶他们经 4 年努力研制出来的"飞行者"1 号,成功飞上蓝天。最成功的第 4 次飞行留空时间达到 59 秒,飞行距离达到 260 米。人类征服天空的梦想开始变为现实。

【互动讨论】

上面的案例中,可能性是什么?现实是什么?可能与现实的关系是什么?

【教师讲授】

上面的案例说明,可能性可以通过一定的努力变为现实性,而现实性也是通过可能性不断演化而来的。因此，可能性与现实性不可分。在马克思主义中，可能性和现实性是揭示事物的过去、现在和将来的相互关系的范畴。

（1）可能性和现实性的含义。可能性是指事物发展过程中潜在的东西，是包含在事物中预示事物发展前途的趋势；现实性是指已经产生出来的有内在根据的、合乎必然性的存在。

（2）可能性和现实性的辩证关系。可能性的维度很丰富：可能性和不可能性（有无现实根据）；现实可能性和抽象可能性（现实根据是否充分，条件是否齐备）；好的可能性和坏的可能性（对人是否有益）；可能性大小（概率的大小）。现实性和可能性既有区别，又有联系。没有现实就没有可能，反过来，没有可能就没有现实，它们在一定条件下相互转化。

【例 1】“从二〇二〇年到二〇三五年基本实现社会主义现代化；从二〇三五年到本世纪中叶把我国建成富强民主文明和谐美丽的社会主义现代化强国。”

【例 2】明朝工匠万户发明“飞龙”火箭。一天，他把自己绑在“飞龙”上想像鸟一样在空中飞翔，万户起飞不久就爆炸身亡。为了纪念这位在 14 世纪就想探索宇宙奥秘的中国人，1959 年，月球上的一座环形火山被命名为“万户山”。

（3）可能性和现实性辩证关系原理的方法论意义。一方面立足现实，对可能性作出全面的分析和预判；另一方面着眼长远，防止坏的可能变为现实，同时善于创造条件，促使好的可能获得实现。

【教学总结】

（1）对立统一规律揭示了事物发展的源泉和动力，量变质变规律描述了事物发展的形式和状态，否定之否定规律则揭示了事物发展的辩证过程和内在机制。这三大规律是事物发展的基本法则，它们支配着事物的发展过程，决定了事物的发展方向和结果。

（2）内容与形式、现象与本质、原因与结果、偶然性与必然性，以及可能性与现实性。这些范畴为我们提供了一种理解和分析事物的框架，帮助我们更深入地认识事物的内在属性和相互关系。

三、板书设计

- **事物的普遍联系和变化发展**
  - 联系和发展的普遍性
    - 事物的普遍联系
    - 事物的变化发展
  - 联系和发展的基本规律
    - 对立统一规律
    - 量变质变规律
    - 否定之否定规律
  - 联系和发展的基本环节
    - 内容与形式
    - 本质与现象
    - 原因与结果
    - 必然与偶然
    - 现实与可能

四、作业设计

(1) 区分发展与变化之间的关系。

(2) 形式与内容的相对性,形式与内容的不可分性。

(3) 事物本质的相对性和绝对性。

(4) 本质是纯粹客观的吗?

五、延伸阅读

(1) 毛泽东:《矛盾论》,人民出版社 1975 年版。

(2) 柏拉图:《理想国》,商务印书馆 1966 年版。

(3) 恩格斯:《自然辩证法・导言》,人民出版社 1972 年版。

(4) 列宁:《谈谈辩证法问题》,人民出版社 1972 年版。

(刘少明　户晓坤)

第三讲　辩证法：认识世界和改造世界的根本方法

一、教学说明

1. 教学目标

在学生已经掌握马克思主义唯物辩证法的基本范畴和原理的基础上，本专题主要是帮助学生了解和认识唯物辩证法的方法论价值，了解和认识唯物辩证法是人们认识世界和改造世界的根本方法，是辩证思维方法的理论基础。掌握辩证思维能力、历史思维能力、系统思维能力、战略思维能力、底线思维能力和创新思维能力与唯物辩证法的逻辑关系，在实践中不断增强思维能力。

2. 教学重点

（1）矛盾分析法的内容和要义

（2）六种思维能力与唯物辩证法的逻辑关系以及在实践中的运用

3. 教学难点

（1）对矛盾分析方法内容的理解，引导学生运用唯物辩证法的观点和方法观察和分析问题。

（2）六种思维能力与唯物辩证法逻辑关系的正确理解和把握。

4. 教学方法

通过典型实例分析、课堂讨论等教学方式，对相关概念和理论进行阐释，阐明唯物辩证法的方法论意义。

5. 学时安排

2 学时

二、教学内容

(一) 唯物辩证法是科学的认识方法

【案例】京东方的成功逆袭

20 世纪 90 年代,我国电视机产业发展很快,国产品牌占据着国内市场前五名。但是,2003 年前后,彩色液晶显示屏开始取代传统的彩色显像管。而我国并没有生产液晶显示屏的能力,只能靠进口,这使得多年积累起来的电视机产业没有办法跟外国品牌竞争,面临着崩溃的危机。当时由国家出面邀请海外企业来我国投资建厂,从 2003 年前后一直谈到 2008 年都未成功。

2003 年,京东方在经过长期观察之后,通过海外并购正式进入液晶显示领域,同年 9 月在北京建设了第 5 代 TFT-LCD 生产线,并于 2005 年实现量产,自此,我国告别没有自主液晶屏的时代。

在完成海外并购后,京东方通过消化吸收再创新,加大研发投入,真正实现了技术为己所用。2008 年前后,京东方具备了完全的自主研发能力,推出了适应市场需求的多种产品。2008 年,在成都建了第 4.5 代 TFT-LCD 生产线;2009 年,京东方在合肥投建第 6 代 TFT-LCD 生产线,这是国内第一条高世代线,以实际行动还击了"中国不可能建高世代线"的言论,也进一步打破长期以来海外对大尺寸液晶屏的垄断。2009 年,京东方宣布在北京建设国内第一条 8.5 代 TFT-LCD 生产线。此前不愿在大陆投资的多家韩国、中国台湾企业似乎嗅到了来自中国大陆的竞争味道,相继宣布将在大陆建厂,争夺大陆市场。

2011 年,京东方在鄂尔多斯建设第 5.5 代 LTPS/AMOLED 生产线,并于 2012 年至 2015 年间,相继在合肥、重庆、福州投建了 8.5 代 TFT-LCD 生产线,在成都投资了面向柔性显示的 6 代 AMOLED 生产线。2015 年 12 月,京东方在合肥投建了全球的第一条 10.5 代线,成为全球液晶产业格局的崭新里程碑。

正是由于对科技研发的重视以及持续的高投入,瞄准市场,牢牢抓住核心技术，京东方强势崛起。这不仅改变了全球液晶显示产业格局，也推动解决了国产液晶屏的"供给侧"问题。

在国家产业政策支持引导和京东方的带动下，半导体显示产业格局发生了翻天覆地的变化，由原来韩国、日本、中国台湾的"三足鼎立"转变为当前韩国、日本、中国大陆、中国台湾的"三国四地"并立。同时，京东方在重庆等地的投资建设中，极大地提升了电子信息产品本地配套供给能力和质量，不仅迅速实现产能扩张，也带动了地方千亿级产业发展。①

【教师讲授】

矛盾分析方法是对立统一规律在方法论上的体现，在唯物辩证法的方法论体系中居核心地位。矛盾分析方法要求我们在认识事物的过程中，坚持从矛盾内部对立统一关系入手，揭示事物内部本质和发展规律，从而达到认识世界和改造世界的目的，

供给和需求是供给侧结构性改革中的一对矛盾，是辩证统一的关系。二者你离不开我，我离不开你，相互依存、互为条件。没有需求，供给无从实现，新的需求可以催生新的供给，没有供给，需求无从满足，新的供给可以创造新的需求。但是，矛盾的两个方面并不是平行存在的，在矛盾系统中，必有一个方面是主要的，事物的性质也是由占支配地位的矛盾的主要方面决定的。供给侧管理和需求侧管理作为管理和调控宏观经济的两个基本手段，放弃哪一个都是片面的，经济政策是以供给侧为重点还是以需求侧为重点，要依据一国宏观经济形势作出抉择，二者不是非此即彼，一去一存的替代关系。

自改革开放以后，我国的经济发展主要依靠投资、消费和出口"三驾马车"拉动需求带动经济发展，这种方式属于需求侧管理。但是，随着我国经济实力的不断提升，居民收入的迅速增长，我国生产力发展水平和人民对美好生活的需要发生了变化，我国社会主要矛盾已转化为人民日益增长的美好生活需要和不平衡不充分的发展之间的矛盾，例如，我国的生产能力大多只能满足中、低端、低质量、低价格要求，生产能力中大量过剩产能；供给结构不能适合需求的新变化，有效供给不足，技术创新能力不足，关键技术长期受制于人等，这些

① 改编自李斌、李荫：《解码京东方：一块屏的供给侧改革之路》，《经济参考报》2017 年 9 月 22 日。

矛盾和问题反映出来的都是供给侧方面发展的不均衡、与需求侧的不协调。这就需要在扩大总需求的同时，着力加强供给侧的改革。

供给侧结构性改革的含义是用改革的办法推进结构调整，减少无效和低端供给，扩大有效和中高端供给，增强供给结构对需求变化的适应性和灵活性，提高全要素生产率，使供给体系更好适应需求结构变化。具体说，就是要求清理“僵尸”企业，淘汰落后产能，将发展方向锁定新兴领域、创新领域，创造新的经济增长点。

京东方就是我国改革开放以来众多成功转型中的一个典型。京东方从改革之初，提出“生存为大”“生存第一”的口号，到成为显示领域的世界级企业，就是采取历时而就能、因地而变、与时俱进、不断创新的思路，在不同的发展阶段面对不同的环境变化，抓住关键、突出问题导向，提出不同发展策略，持续进行颠覆性技术创新，成功地扭转连续数年严重亏损的局面，跻身全球显示产业前列。京东方的成功逆袭可以说是矛盾分析方法在改革和发展问题上的运用。京东方也被习近平总书记称为“供给侧改革的成功案例”。

（二）以唯物辩证法为指导，不断增强思维能力

1. 辩证思维能力

【案例】古城保护：苏州的探索实践①

苏州古城的保护在全国起步最早。苏州古城，面积大，方圆 14.2 平方公里；人口多，有几十万人生活在其中；文物古迹多，堪称巨大的综合博物馆；流动性强，经济活动繁荣，地处中国最发达地区之一。在全球化的背景下，苏州人强烈地意识到，越是现代化，古城的价值越高，只有把古城保护好，才能越好地发展，才能给后人一个完整、无价的历史苏州。

自改革开放以来，苏州古城保护都是有规划地进行的，其中比较大的规划有五轮。1986 年确定了“一城、两线、三片”的历史文化名城保护范围。1996 年划定了平江、拙政园、怡园、山塘街四个历史文化街区及若干历史地段、传统

---

① 改编自郑美珍、平龙根：《苏州古城保护的实践及经验》，《江苏工程职业技术学院学报》2019 年第 4 期。

风貌地区。2003 年增加了阊门历史文化街区,明确了 39 个历史地段和拟恢复的历史河道,并首次将非物质文化遗产的物质载体纳入保护体系。2007 年增加了历史文化环境保护内容,提出了苏州历史文化名城按照各级文物保护单位、历史文化保护区、整个历史文化名城三个层次进行保护的基本思路和建立历史建筑、城市格局、宏观环境系统三级保护体系的具体要求。2013 年编制了《苏州历史文化名城保护规划(2013—2030)》,按照历史城区、城区和市区三个层次提出了保护、利用与发展三者并举的方针。2018 年编制了《苏州历史文化名城保护专项规划(2017—2035)》。多轮规划修编,加之详规、控规和专项规划,形成完备的规划体系,并有专家把关,加强监督检查,保证了规划的权威性。

为落实保护目标和规划要求,苏州还创造性地出台了一系列具有地方特色的法律法规和规章制度,这些有强制力的法律化的制度是苏州古城保护的前提保障。苏州古城保护的制度主要包括城市规划、河道保护、古建筑保护、园林保护、城市紫线管理、城市规划等若干强制性内容,以及历史文化保护区保护性修复整治消防管理、依靠社会力量抢修保护直管公房古民居、苏州市区古建老宅保护修缮、非物质文化遗产保护等相关条例和管理办法等。这些制度强化了苏州古城保护的法律地位,也明确了各部门甚至全市市民依法保护苏州古城的法律责任。

在全面保护的前提下,苏州构建了"分层次、分年代、分系列"保护体系,做到重点保护、全面保留、普遍改善、局部改造,努力实现整体风貌、历史街区和单体遗迹的完美统一。传统风貌是古城的神韵,历史街区是古城的形体,历史遗迹是古城的血肉,三者形神兼备,有血有肉,共同组成完整的苏州古城三维空间。

从 20 世纪 80 年代的街坊改造、古典园林申报世界文化遗产,到 21 世纪初启动的历史街区保护性修复;从环古城河、河道水系、老住宅小区综合整治,再到以后相继推出的虎丘、桃花坞、石湖、"两河一江"、太湖综合整治和大运河申遗、城中村改造工程,再加上轨道交通建设、苏州名人馆的建设;从持续开展的国家卫生城市、园林城市、生态城市、全国文明城市等各种类型的创建活动,到"轧神仙"、虎丘庙会等各种形式的传统民俗文化活动,不仅保护了文物古迹,还更新和优化了古城的功能,提高了人民群众的满意度。

【教师讲授】

中国是一个有着五千年的传统文化的文明古国，在中国走向现代化的过程中，曾反复出现关于中国传统文化能否走向现代化的争论，其中，如何走出一条现代化建设和古城保护和谐双赢的新路子，是一个复杂的社会经济文化的综合性问题，也是一个走向现代化必须要解决的问题。

古城保护是一个系统工程。"苏州经验"是把保护与传承放在首位，坚持真实性和完整性的原则来处理好保护与发展、保护与管理的关系，是成功案例中的典型，既看到了保护古城给经济发展和改善民生带来的困难和问题，也看到传承文脉对于推进城市未来发展的重要性。这是辩证思维能力在实践中的体现。

辩证思维是指主体在认识世界、改造世界的实践中所运用的一种科学的思维方法。这种思维方法的哲学理论基础就是马克思主义的唯物辩证法。辩证思维能力就是承认矛盾、分析矛盾、解决矛盾，善于抓住关键、找准重点、洞察事物发展规律的能力。辩证思维能力体现了主体在运用辩证思维方法发现、分析、认识、解决实际工作问题的全过程中的本领和素养。在实际工作和生活中，辩证思维方法与辩证思维能力是分不开的。主体在运用辩证思维方法的同时，其辩证思维能力便蕴含于其中，同时也是提升主体辩证思维能力的根本途径。

运用辩证思维方法，提高辩证思维能力，就是要坚持用矛盾对立统一的辩证关系原理观察事物，分析问题，善于抓住主要矛盾和矛盾的主要方面，做到抓重点，带全局，统筹协调，以点带面工作，注重在承认、正视矛盾的前提下着力抓矛盾的特殊方面，为化解矛盾、解决矛盾寻求合适的方式，始终坚持客观的、全面的、系统的、历史的、发展的、联系的观点，保持清醒的头脑与政治上的成熟，防止从一个极端走向另一个极端。

2. 历史思维能力

【案例】

"坚持和发展马克思主义，必须同中华优秀传统文化相结合。只有植根本国、本民族历史文化沃土，马克思主义真理之树才能根深叶茂。中华优秀传统文化源远流长、博大精深，是中华文明的智慧结晶，其中蕴含的天下为公、民为邦本、为政以德、革故鼎新、任人唯贤、天人合一、自强不息、厚德载物、讲信修睦、亲仁善邻等，是中国人民在长期生产生活中积累的宇宙观、天下观、社会观、道德观的重要体现，同科学社会主义价值观主张具有高度契合性。我们必须坚定历史自信、文化自信，坚持古为今用、推陈出新，把马克思主义思想精髓同中华优秀传统文化精华贯通起来、同人民群众日用而不觉的共同价值观念融通起来，不断赋予科学理论鲜明的中国特色，不断夯实马克思主义中国化时代化的历史基础和群众基础，让马克思主义在中国牢牢扎根。”①

【教师讲授】

历史思维是鉴古知今的认识方法，是以历史材料为蓝本和依据，运用马克思主义的观点、立场和方法，去解决现实具体实践中遇到的各种问题的思维活动。历史思维能力是辩证思维与历史眼光的结合，就是要培养以史为鉴，鉴古知今，善于运用历史眼光认识规律，把握前进方向，指导现实工作的能力。

提倡历史思维，就是要将一种历史的思维方法运用到现实中去。不仅以史为鉴，而且还要以史求是，探究历史规律；不仅要总结历史的经验教训，而且还要透过纷繁复杂的历史现象，寻求历史规律。提高历史思维能力，就要历史地看待问题，不忘本来才能开创未来。看待事物，要了解它的过去，观察它的现在，才能预测它的将来。知古鉴今，善于运用历史眼光认识发展规律、把握前进方向、指导现实工作。

对待历史有两种主要的态度，一种是正视历史存在的客观性，尊重历史，以史为鉴，从历史中汲取发展的力量；另一种是轻薄历史，以怀疑主义、虚无主义的态度来看待历史。提高历史思维能力，就要形成看待历史的正确态度。

运用中华传统优秀文化发展马克思主义，蕴含了丰富的历史思维。首先，以史鉴今、知古鉴今既能够传承中国优秀的传统文化，使得文化的历史能够从过去直通现在。其次，能发展中国化和时代化的马克思主义。中国化的马克思主义需要有中国的特色和中国的土壤，马克思主义也需要在中国的大地上实现历史性发展。

---

① 习近平：《高举中国特色社会主义伟大旗帜　为全面建设社会主义现代化国家而团结奋斗——在中国共产党第二十次全国代表大会上的报告》，人民出版社 2022 年版，第 18 页。

3. 系统思维能力

【案例】

“必须坚持系统观念。万事万物是相互联系、相互依存的。只有用普遍联系的、全面系统的、发展变化的观点观察事物，才能把握事物发展规律。我国是一个发展中大国，仍处于社会主义初级阶段，正在经历广泛而深刻的社会变革，推进改革发展、调整利益关系往往牵一发而动全身。我们要善于通过历史看现实、透过现象看本质，把握好全局和局部、当前和长远、宏观和微观、主要矛盾和次要矛盾、特殊和一般的关系，不断提高战略思维、历史思维、辩证思维、系统思维、创新思维、法治思维、底线思维能力，为前瞻性思考、全局性谋划、整体性推进党和国家各项事业提供科学思想方法。”①

【教师讲授】

系统是由相互联系、相互作用和相互依赖的若干要素结合而成的具有特定功能的有机整体，其具有鲜明的整体性、关联性、层次结构性、动态平衡性、开放性和时序性的特征。系统思维就是从系统与要素、要素与要素以及系统与环境的相互联系、关系结构、相互作用中去把握事物、思考问题，以处理好整体与部分、结构与功能的关系。对于当代中国的改革发展，系统思维要求领导干部要具有全局意识、协同意识、整体意识，注重调结构、补短板，把握好事物的整体性、协调性、次序性和衔接性。

习近平总书记明确指出：“系统观念是具有基础性的思想和工作方法。”坚持系统观念，提高系统思维能力，要立足现实需要，加强全局性谋划、整体性推进。党的十八大以来，党中央坚持系统谋划，统筹推进党和国家各项事业，根据新的实践需要，形成一系列新布局和新方略。从强调“注重改革的系统性、整体性、协同性”，到要求“树立‘一盘棋’思想，把自身发展放到协同发展的大局之中”，再到提出要“胸怀两个大局，一个是中华民族伟大复兴的战略全局，一个是世界百年未有之大变局”，强调要“逐步形成以国内大循环为主体、国内国际双循环相互促进的新发展格局”等，都是系统思维运用的典范。

---

① 习近平：《高举中国特色社会主义伟大旗帜　为全面建设社会主义现代化国家而团结奋斗——在中国共产党第二十次全国代表大会上的报告》，人民出版社 2022 年版，第 20—21 页。

4. 战略思维能力

【案例】

自15世纪地理大发现以来，经济全球化已成为社会发展不可逆转的趋势。经济全球化不仅是社会生产力发展的客观要求，也是科技进步的必然结果，是满足人类美好生活需要的必由之路。但是，近年来，一些国家单边主义、孤立主义、保护主义沉渣泛起，经济全球化遭遇逆风和回头浪。特别是此次蔓延全球的新冠肺炎疫情，使国际交流和人员贸易往来受到阻滞，全球产业链和供应链遭到重大冲击。有人抛出"全球化已经终结"的论调，逆全球化思潮泛起。

【互动讨论】

如何看待经济全球化趋势和"逆全球化"暗流？

【教师讲授】

战略思维是对全局性、长远性、根本性问题进行谋划的思维方式，是科学的世界观和方法论在实际工作中的具体运用，是从现象揭示本质，从局部把握全局，从当今前瞻长远，从被动化为主动的重要工作方法。战略思维能力就是高瞻远瞩，统揽全局，善于把握事物发展总体趋势和方向的能力。战略思维能力强调的是思维的整体性、全局性、长期性。从战略和全局的高度观察和处理问题，做到既抓住重点又统筹兼顾，既立足当前又放眼长远，既熟悉国情又把握世情。

世界正面临全球化与"反全球化"的博弈，一些国家实行贸易保护主义政策，改变全球化的某些规则，这将对我国的深化改革和对外开放产生影响。如何理性地认识和把握经济全球化发展的大逻辑大趋势，需要我们培养和提高战略思维能力。我们绝不能停留在批判、谴责"逆全球化"思潮层面，必须具备与当前时代相适应的"战略思维"，更好地统筹国内和国际两个大局。站在战略和全局的高度观察和处理问题，学会透过纷繁复杂的表象把握事物的本质和发展规律。

5. 底线思维能力

【案例】

1996年，世界粮食峰会提出了"粮食安全"的概念。简单而言，"粮食安全"

就是有得卖、买得起、买得到、吃得好、稳得住。粮稳天下安。对于我们这样的人口大国来说，粮食安全是治国理政的头等大事。经过40多年的改革开放，我国社会主义现代化建设取得举世瞩目的成就，社会主要矛盾由“人民日益增长的物质文化需要同落后的社会生产之间的矛盾”转变为“人民日益增长的美好生活需要和不平衡不充分的发展之间的矛盾”，但是，新时代我国粮食安全仍然面临着一定的挑战。粮食虽然连年丰收，但结构性矛盾越来越凸显。与此同时，全球贸易持续低迷，反全球化倾向、贸易保护主义倾向有所抬头，为粮食安全敲响警钟。保障国家粮食安全任重道远，要始终绷紧国家粮食安全这根弦，保持粮食安全的战略定力。2013年底召开的中央农村工作会议明确要求实施“以我为主、立足国内、确保产能、适度进口、科技支撑”的国家粮食安全战略，明确提出确保“谷物基本自给、口粮绝对安全”的国家粮食安全目标，并强调“中国人的饭碗一定要端在自己手里”。2020年7月，习近平总书记在吉林考察时再次强调指出：“要把保障粮食安全放在突出位置，毫不放松抓好粮食生产。”粮食安全是国家安全的基础，必须把保障粮食安全放在突出位置，始终筑牢国家粮食安全防线。

【教师讲授】

底线就是事物发生质变的临界点。在人们的日常生活、工作和学习中都有种种不能跨越的底线。例如，道德的底线、法律的底线、民生保障的贫困线，等等。尽管形态标准各不相同，但是它们的共性就是都有不能逾越的临界点、临界线或临界域。从唯物辩证法的角度来看，底线就是由量变到质变的一个临界值，一旦量变突破底线，即达到质变的关节点，事物的性质就会发生根本性的质的变化。底线思维，绝不是仅仅守住底线无所作为的消极、被动的思维，而是积极主动的战略思维。运用底线思维，一方面要知道什么是底线，底线在哪里，底线在整个系统中的战略地位，超越底线可能会出现的风险和挑战，可能会发生的最坏情况，如何有效远离或规避底线等问题；另一方面，还要求从底线出发，有防患未然，化解风险，变挑战为机遇，追求最佳结果的能力。底线思维能力就是客观地设定最低目标，立足最低点，争取最大期望值的一种积极的思维能力。底线思维能力体现的是对事物量变引起质变的“度”的深刻认识和自觉把握，也体现了对矛盾分析方法的自觉运用。

多年来，我国一直将粮食安全放在最突出位置，不仅保障了自给，而且储存充足。“手中有粮，心中不慌”，其实就是将“做最好的准备，做最坏的打算”落到了实处，显示了底线思维对于防患于未然的重要性。

6. 创新思维能力

【案例】中国高铁：从“跟跑者”向“领跑者”①

改革开放以来，“有一种速度叫中国速度，有一种骄傲叫中国高铁”。

截至 2017 年底，我国高铁的营业总里程已超过 2.5 万公里，“和谐号”“复兴号”成为越来越多百姓出行的首选，中国高铁成为我国“走出去”的一张靓丽名片。

高铁技术发端于西方，始于日本，兴于欧洲，盛于中国。中国高铁从“跟跑”“并跑”到“领跑”，是如何一路跑到了西方高铁先行者前面？“坚持自主创新最为关键。”

我国高铁的发展可以分为四个阶段：20 世纪 90 年代初到 2004 年为孕育阶段，主要是学习和尝试，研发了一些自己的技术，包括建成“广深准高速铁路”“秦沈客运专线”，也研发了我国第一代高铁电力动车组“大白鲨”“中华之星”；2004 年至 2008 年为引进消化吸收阶段，以引进日本、德国、法国、加拿大等国的高铁制造技术为主；2008 年至 2012 年为自主创新阶段，以科技部和原铁道部联合发起实施的《中国高速列车自主创新联合行动计划》为标志，该计划诞生了“和谐号 CRH380 系列”高速列车；2012 年至今为持续创新阶段，在“和谐号 380 系列”平台技术的基础上继续拓展创新。

2008 年前，关于如何发展我国高铁有过激烈的“路线之争”：一种流行的观点认为可以用“技术换市场”，靠外国高铁巨头在国内做合资企业的模式来推动高铁发展，而科技部和广大铁路科技和产业界则坚持我国必须在借鉴的基础上研发自己的高铁技术。

2008 年，自主创新路线最终获得认可。原铁道部与科技部启动了《中国高

---

① 改编自刘仁：《中国高铁：从“跟跑者”到“领跑者”》(2018 年 12 月 26 日)，人民网，http://ip.people.com.cn/n1/2018/1226/c179663-30487764.html，访问日期：2023 年 12 月 20 日。

速列车自主创新联合行动计划》，这是我国第一次全面系统地开展高速铁路核心装备与系统研发，涉及高速铁路全部关键系统装备。这也是我国铁路系统第一次打破封闭积习，集全国优势之力，政产学研用深度联合、协同攻关。联合行动计划如期交出了CRH380系列高速列车这份答卷。这是我国第一代拥有自主知识产权、达到世界先进水平且大规模服役的高速列车。自此，"十二五"中国高速列车科技重点专项、"十三五"先进轨道交通重点专项相继开展，中国高铁驶入自主创新快速通道。

【互动讨论】

高铁的发展给我们什么启示？

【教师讲授】

创新思维能力就是破除迷信、超越过时的陈规，善于因时制宜、知难而进、开拓创新的能力。创新思维能力体现的是思想认识的新飞跃，与时俱进，改革开放中坚持和发展马克思主义。提高创新思维能力，就是要有敢为人先的锐气，打破迷信经验、迷信本本、迷信权威的惯性思维，摒弃不合时宜的旧观念，以思想认识的新飞跃打开工作的新局面。

有人说："高铁的成就来自于引进，是引进才使我们站在巨人的肩膀上。"也有德国媒体报道"中国高铁是依赖外国帮助并获得全套技术的结果"。毋庸讳言，在我国高铁发展过程中，引进技术和产品确实为我国铁路技术的发展带来了可喜的变化。但不可忽视的是，中国高铁在消化吸收再创新基础上，早已进入自主研发创新的新阶段。

这些创新成果通过专利布局得到体现。高铁技术是一个复杂的系统，按技术体系可分为工务工程、牵引供电、运行控制与通信、高速列车、客运服务、综合维修、安全防灾和应急处理等。我国企业及研究机构在铁路基建、高速列车、通信信号、安全监控等领域的专利布局尤为集中。目前，中国已经成为世界上少数几个能够提供包括基础设施、移动装备、运营管理等高速铁路成套技术的国家之一。随着我国"一带一路"建设推进，雅万高铁、莫喀高铁项目顺利开展，如何加大国际专利布局，助力我国高铁"走出去"成为重要课题。

从高铁发展的历程来看，中国用不到7年的时间走完其他发达国家三四十年的研发之路，这是一场高铁的技术革命，更是一场科技创新的革命。在当今世界，知识经济飞速发展，创新已经成为社会进步的主导力量与重要源泉，只有善于开发和运用创新思维能力，才能紧跟时代的步伐，更好地解决时代发展所提出的问题。

【教学总结】

（1）辩证法不仅是一种世界观，也是一种方法论。它提供了一种科学的认识方法，帮助我们认识事物的本质和发展规律。同时，辩证法也是改造世界的有效手段，它指导我们正确地解决社会问题，推动社会进步。

（2）辩证法作为认识世界和改造世界的根本方法，具有深厚的哲学基础和广泛的实践意义。通过学习和运用辩证法，我们能更好地把握事物的本质和发展规律，指导我们的思维和实践活动，推动社会的进步和发展。

三、板书设计

辩证法：认识世界和改造世界的根本方法

- 辩证思维方法与现代科学思维方法
  - 唯物辩证法是客观辩证法与主观辩证法的统一
  - 唯物辩证法是伟大的认识工具
- 唯物辩证法是科学的认识方法
  - 辩证思维方法与现代科学思维方法的关系
  - 辩证思维方法与现代科学思维方法的内容
- 在实践中不断增强思维能力
  - 辩证思维能力
  - 历史思维能力
  - 系统思维能力
  - 战略思维能力
  - 底线思维能力
  - 创新思维能力

四、作业设计

依据思维方法和思维能力的关系，谈谈如何培养和提高思维能力。

五、延伸阅读

中共中央宣传部编：《习近平总书记系列重要讲话读本（2016 年版）》，学习出版社、人民出版社 2016 年版。

（刘少明　瞿晓敏）

第二章
实践与认识及其发展规律

第一讲　实践与认识的辩证运动

一、教学说明

1. 教学目标

本讲主要聚焦于马克思主义实践观、认识论和价值观的基本观点，社会历史发展的动力，使同学们学习和掌握实践、认识、真理、价值的本质及其相互关系，着重了解实践与认识的辩证运动及其规律，真理与价值的辩证统一，认识世界和改造世界的统一，旨在引导学生们树立实践第一的观点，确立正确的价值观，在改造客观世界的同时改造主观世界，努力实现理论创新和实践创新的良性互动。

2. 教学重点

（1）实践与认识的辩证运动及其规律

（2）实践是检验真理的唯一标准

（3）真理与价值是紧密联系、不可分割的辩证统一关系

（4）一切从实际出发、实事求是是中国共产党的思想路线

3. 教学难点

（1）掌握马克思主义实践观与以往实践观的区别，理解新唯物主义具有

革命的批判的本性，它以社会实践去考察人的认识活动和社会生活、用生产力和交往形式的矛盾去解释历史，它以改造世界为目的，在理论上批判现实，并在实践中改变现实。

(2) 正确理解新时代中国特色社会主义的伟大实践充分体现了真理尺度与价值尺度的辩证统一。习近平新时代中国特色社会主义思想是正确地认识世界和有效地改造世界的指导思想和行动指南。

(3) 理解认识世界和改造世界的过程是从必然走向自由的过程，建设中国特色社会主义也是一个从必然向自由不断前进的过程。

4. 教学方法

综合运用课堂讨论、案例分析、e-learning 网络学习平台等教学方式。通过课堂讨论，引导学生思考实践与认识的关系，实践何以成为真理和价值的统一基础。通过案例分析为学生讲解具体的知识点。通过 e-learning 网络学习平台实现线上线下同步教学。

5. 学时安排

3 学时

二、教学内容

【教学导入】

首先以问题为导入，请同学们思考并讨论：你是如何理解实践这一概念的？日常生活中你进行过哪些实践？

根据学生的回答，慢慢引导学生从哲学层面思考实践概念。自古以来，人类一直在追问：人能否认识世界，怎样认识世界？人能否改造世界，怎样改造世界？对客观世界的追问，是为了处理人与世界的关系。从哲学上讲，这就是认识、实践及其相互关系问题，就是马克思主义实践观、认识论和价值论要解决的问题。本讲将对以往哲学家们的实践观作大致介绍，引导学生对此问题形成基础性了解，再通过讲授马克思主义实践观的创立过程，探明马克思主义实践观何以科学地阐明了实践的本质。

(一) 科学的实践观与能动的反映论

1. 马克思主义实践观的提出

【互动讨论】

请同学们思考：你是否对以往哲学家们所提出的实践概念有所了解？马克思主义实践观与以往哲学家们的实践观究竟有何不同？

【教师讲授】

马克思主义实践观与德国古典哲学有着密切的关联。首先，我们应对德国古典哲学有一个基础性了解。德国古典哲学的主要问题是自由与必然、主体与客体的二元对立。德国古典哲学家费希特用自我来吞并非我，想要达到主客统一，但是却食而不化，未能解决主客二元对立的问题。而黑格尔用具有原始主客统一性的绝对精神、否定之否定的辩证运动来达到主客统一，正确地给出了解决问题的原则和寻求主客统一的基础。但是，绝对精神仍然具有强烈的主观色彩，最终没有解决主客二元对立的任务，没有完成破解德国古典哲学难题这一使命。德国古典哲学的体系和方法是建立在唯心主义基础上的，具有不科学、不彻底的思辨色彩，反映出德国资产阶级不敢与封建保守势力彻底斗争的软弱性和妥协性。其后，马克思则继续沿着黑格尔的思路，找到了解决问题的基础——客观又能动的实践活动，这就是马克思主义实践哲学所解决的哲学难题。

马克思主义实践观的提出经历了一个漫长的历史过程。在其 1841 年的博士论文《德谟克利特的自然哲学与伊壁鸠鲁的自然哲学的差别》中，马克思已然萌发了最初的实践思想，但此时的实践指理论批判活动，也即脱离于客观物质的精神实践。马克思认为，哲学应该具有介入现实的实践力量，应该在与世俗世界发生关系的过程中完成和实现自身。马克思在此时看到了实践在理论与现实之间的中介作用，他指出，实践可以从理论上来衡量特殊的现实。此后，在《莱茵报》和《德法年鉴》的工作时期，马克思与社会现实的直接接触让他看到了物质关系以及生产实践的重要性，在此基础上加深了对于实践的理解，认为实践是改造社会的客观物质活动，而不仅仅停留于思想层面。在《论犹太人问题》中，马克思提到工人阶级发动的革命就是实践。1844年，马克思完成了《1844年经济学哲学手稿》，在其中，他指明了实践是主体的对象性活动，生产实践是最基本的实践活动。马克思主义实践观的正式提出是在《关于费尔巴哈的提纲》和《德意志意识形态》中，这两本经典原著被学界公认为是马克思主义哲学，特别是唯物史观创立的基本标志。在这两本著作中，马克思从费尔巴哈的唯物主义和人本主义走向了以实践为基点的历史唯物主义。在《关于费尔巴哈的提纲》中，马克思批判了费尔巴哈人本主义学派对于黑格尔哲学的实践路径阐发，认为其仍然停留在唯心主义的层面，实践作为感性的活动包含着受动性和能动性的对立与统一，其在主体与对象世界的关系之中展开，这种实践观真正超越了费尔巴哈的人本主义实践观对实践的直观理解。《德意志意识形态》则是马克思和恩格斯为批判费尔巴哈、鲍威尔、施蒂纳等人所作，其中，马克思引入生产力与交往关系范畴，完整地阐释了实践概念的具体内涵，他将实践描述为一种感性的物质生产活动、交往活动和有限的活动，并将实践概念规定为哲学的最高原则。

2. 实践的本质、基本结构及形式

【案例】原著精读——《关于费尔巴哈的提纲》

《关于费尔巴哈的提纲》共11条，现在我们在学习原文的基础上逐一进行解读。（原文略）

【教师讲授】

《关于费尔巴哈的提纲》是马克思在1845年春天于布鲁塞尔写成的一个批判费尔巴哈的11条提纲，在马克思生前未公开发表。其论述的中心问题就是实践问题，马克思在批判费尔巴哈和一切旧唯物主义的基础上概述了自己的新的世界观。它被恩格斯称为“包含着新世界观的天才萌芽的第一个文件”，是“历史唯物主义的起源”。

在第一条中，马克思主要批判了费尔巴哈的唯物主义，认为其类似于法国的机械唯物主义，只看到了物而没有看到人，不能理解人和活动之间的关系，没有看到人的现实的实践活动在宗教、文化和人类社会生活实践活动中的意义。由此，马克思阐明了实践是人类能动地改造世界的感性的、对象性的物质

活动。

在第二条中可以看到马克思引入了理论和实践之关系的讨论，我们知道，实践是检验真理的唯一标准，这是我国改革开放思想解放运动中最重要的口号之一。其实这句话正是引用并精练了马克思的第二条提纲。

在第三条中，马克思继续批判了旧唯物主义的机械性对于环境和人的活动的关系的障目，指出人的实践活动不仅改变了自己，改变了人的社会关系，同时也改变了自然。这里涉及实践的基本结构。实践的主体、客体和中介是实践活动的三项基本要素，三者的有机统一构成实践的基本结构。主体客体化与客体主体化的双向运动是人类实践活动两个不可分割的方面，它们互为前提、互为媒介，人类就是通过这种运动形式不断解决着现实世界的矛盾。在马克思主义哲学体系中，人化自然是一个重要命题，在其中起关键作用的就是人的主观能动的创造性实践活动。从这个意义上，可以理解实践具有直接现实性、自觉能动性和社会历史性三个基本特征。

在第四条中，马克思揭示了费尔巴哈的缺陷，费尔巴哈虽然看到了宗教的世俗基础，但他没有对宗教进行彻底的批判，没有在世俗基础之上去扬弃宗教，而是幻想着在世俗中建立一个爱的宗教。马克思的劳动异化理论正是在批判费尔巴哈的基础上产生的，他运用并阐发了费尔巴哈关于宗教是人的本质的异化的学说，旨在说明人的劳动的异化。

在第五条中，马克思指出费尔巴哈只是从抽象的思维直观地去理解人的活动，没有看到这感性活动的关键之所在。如马克思所说，人类第一活动就是他的满足物质生活需要的这种物质生产活动，而这个生产活动恰恰是费尔巴哈所不重视的。物质生产实践是最基本的实践活动，它构成全部社会生活的基础。除此之外，从内容上看，实践还包括社会政治实践和科学文化实践。

在第六条中，马克思提出“人的本质并不是单个人所固有的抽象物，在其现实性上，它是一切社会关系的总和”这一重要论述，也就是说，在实践的生活过程中，人的本质不是固定的抽象物，而是一个开放的过程，人的活动决定了人的本质，你怎样行动，你就会成为怎样的人。同时，马克思继续批判了费尔巴哈关于人的抽象认识，正是因为他没有看到实践和人的自我生成的这种关系，所以他对宗教的批判和对人的解放的探讨是不彻底的。

在第七条中，马克思指出宗教的情感是社会的产物，费尔巴哈从人的本质和人的活动出发，都恰恰忽略了人的社会的现实性。

在第八条中，我们可以看到这句耳熟能详的“全部社会生活在本质上是实践的”。一切社会意识包括神秘主义都根源于实践，也会随着社会实践的发展而不复存在。

在第九条中，马克思继续批判直观的唯物主义，指出直观的唯物主义无论是对个人的理解，还是对社会的理解，或是对人的实践活动的理解，都是停留在表面上，没有落实到现实的社会关系中，没有看到人们活动的动力和人在实践活动中的自我生成。

在第十条中，马克思用生动的文法凝练出新旧唯物主义的区别，新唯物主义的立足点是人类社会或社会的人类，也就是我们现实中的生活，基于物质生产基础上的活生生的社会实践，马克思所塑造出来的人类社会包括人、人化自然、人类的社会关系等。

在第十一条中，马克思以一句气势磅礴的话总结了以往哲学的思辨特点，突出了其哲学思想的实践本质。马克思在中学毕业论文里就写道，他要选择最能为全人类服务的工作，而他的一生都在践行这个初心。

在对于《关于费尔巴哈的提纲》进行逐条分析之后，可以总结出该文主要阐明了四个重要问题。第一，第一次把社会实践当作辩证唯物主义和历史唯物主义的基本范畴提出来；第二，从社会实践的角度去批判旧唯物主义；第三，从社会实践的角度看待理论和实践的关系；第四，实践是社会生活的基础。

再者，《关于费尔巴哈的提纲》阐明了新唯物主义的特点：“旧唯物主义的立脚点是市民社会，新唯物主义的立脚点则是人类社会或社会的人类。”这说明旧哲学对社会现实持一种描述性的、肯定的态度，而新唯物主义（实践哲学）对社会现实的肯定理解中包含着否定理解，因为它的立足点是自由个性全面发展的人，即总体的人。新唯物主义的另一大特点是：“哲学家们只是用不同的方式解释世界，而问题在于改变世界。”可见，新唯物主义以改造世界为目的，以往的哲学家只是说明世界，而实践哲学则强调改造世界。所以，马克思主义哲学具有革命的、批判的本性。在理论上批判现实，并在实践中改变现实——这是新唯物主义不同于以往理论的根本特点。

【互动讨论】毛泽东在《实践论》中关于实践的阐述与马克思的实践概念的简要对比。

毛泽东在《实践论》中也重点阐释了实践的内涵、形式、本质及其在认识中的作用，这本著作主要针对当时党内兴盛的教条主义和经验主义思想，批判轻实践的教条主义主观主义思想。毛泽东以马克思主义哲学和中国的传统哲学为理论渊源，重点阐述了认识过程的辩证性和规律、理论和实践的关系等问题，对实践的思考在中国的革命和建设中发挥了重要的作用。与马克思的实践概念相比较，毛泽东在《实践论》中所强调的实践更多的是认识论的范畴，即知与行关系中的“行”。

3. 认识的本质及过程

【案例 1】“稻田里的守望者”——袁隆平

20 世纪 50 年代，苏联科学家米丘林和李森科的遗传学说占据着我国农业科学的权威领地，但是袁隆平却没有将其当作不容置疑的真理。当他提出杂交水稻的设想时，因与主流遗传学观点不符，遭到很多人的反对和指责，但他没有因此而退却，他坚信实践出真知，坚持在农田间精耕细作、早出晚归进行科学实践，在实践中检验理论、深化认识。“在研究杂交水稻的实践中，我深深地体会到，作为一名科技工作者，要尊重权威但不能迷信权威，要多读书但不能迷信书本，也不能害怕冷嘲热讽，害怕标新立异。”这句话足以看出他一生践行的科研理念。在辩证唯物主义实践观和认识论的指导下，经过多年的艰难探索后，袁隆平在科学的道路上脚踏实地、身体力行，成功培育出杂交水稻，有力地驳斥了曾经的传统遗传学观点，极大地缓解了我国乃至世界范围内粮食紧缺的问题，造就了农业史上的一座丰碑。

【教师讲授】

辩证唯物主义认为，认识的本质是主体在实践基础上对客体的能动反映。这种能动反映不但具有反映客体内容的反映性特征，而且具有实践所要求的主体能动的、创造性的特征。在实践和认识之间，实践是认识的基础，实践在认识活动中起着决定性的作用。具体表现为：实践是认识的来源，是认识发展的动力，是认识的目的和检验认识真理性的唯一标准。

从案例里可以看出袁隆平在科学研究过程中一以贯之的实践观。袁隆平是一位具有鲜明实践特色的科学家，在我国粮食物资严重缺乏的20世纪中期，他力图培育出杂交水稻是基于粮食缺乏的实践需要，他从实践出发，在实践中认识到传统遗传学理论的局限性，在困惑与反思中找到自己的科研选题，并将其与个人的人生价值目标紧密相连。他在实践中辩证看待已有的权威研究结论，在实践中检验自己关于杂交水稻培育的设想。同时，科研实践中的点滴进步也为他此后的深入研究提供着源源不断的力量，纵使实验总是有太多失败的可能性，但对于某一研究问题的否定也为其他的学术问题提供了新的思路和动力，支撑着他推陈出新、求问艰深科研难题的解决之道。

【案例2】培根的"经验归纳法"

中世纪晚期，自鼎盛时期的数次小规模复兴活动发展、积累而来的文艺复兴爆发，为新兴资产阶级带来更多的积极进取的思想文化，与此同时，宗教改革也打击了封建势力下天主教会的思想独裁，促进了个体精神的发展。随着资本主义萌芽的兴起与欧洲文化的发展，当时的知识分子们认识到经院哲学欲创立超自然哲学的努力对于科学发展毫无助益，甚至已严重阻碍了科学的前进，改变哲学的既有发展范式、扭转人类知识文化的发展方向已是众多学者的共识。在此背景下，培根尖锐地批判了经院哲学和神学对科学文化的阻碍，希望使人类的知识从神学和经院哲学中解放出来。他强调哲学的实用性，主张其内容应包含对于自然界的现象及规律的研究，在研究问题时擅于运用归纳法。培根说过："钻求和发现真理，只有亦只能有两条道路。一条道路是从感官和特殊的东西飞越到最普遍的原理，其真理性即被视为已定而不可动摇，而由这些原则进而去判断，进而去发现一些中级的公理。这是现在流行的方法。另一条道路是从感官和特殊的东西引出一些原理，经由逐步而无间断的上升，直至最后才达到最普通的原理。"[①]在进行科学研究时，应从事物的特殊性出发，经由"逐步而无间断的上升"，通达至普遍性，以达到对事物的本质及内在的科学认识，培根所主张的从特殊性到普遍性的认识道路也体现出认识过程的反复性和无限性。培根在批判经院哲学的逻辑和方法时，把自亚里士多德以来到中世纪经院哲学的逻辑

① [英] 培根：《新工具》，许宝骙译，商务印书馆1984年版，第12页。

一概加以批判，他主张通过实验、观察、归纳的方法，建立起新的逻辑和方法论，开创了近代哲学对认识论的新探索，其哲学思想对后世产生重大影响。

【教师讲授】

认识可分为感性认识和理性认识，理性认识是认识发展的高级阶段，是指人们在概括整理大量感性材料的基础上，运用抽象思维，认识事物的本质、内在、事物之间的相互关系及事物的自身规律。培根认为，经验归纳法蕴含着诸多基本原则，以实验和观察材料为基础，经过分析、比较、选择、排斥，最后得出正确的结论，这一基本原则体现出感性认识和理性认识的结合。同时，认识过程具有反复性和无限性。从客观方面看，事物的各个侧面及其本质的暴露有一个过程，从主观方面看，人的认识能力有一个提高的过程，因此，人们对于一个复杂事物的认识往往要经过由感性认识到理性认识，再由理性认识到实践的多次反复才能完成。对于事物发展过程的推移来说，人类的认识是无限发展的，它表现为“实践、认识、再实践、再认识”的无限循环，由低级阶段向高级阶段不断推移的、永无止境的前进运动。与传统的三段论方法不同，经验归纳法并不仅仅关注思维形式的正确无误，还要求思维的内容与客观事物的性质相符合，并且强调只有思维形式和自然事物全面的实际相吻合，才能通过归纳法的必要步骤，探索出自然客观的因果必然联系，达到揭示自然的本质和真理的目的，由此摒弃了传统的纯思辨的理论臆想。

4. 实践与认识的辩证运动及其规律

【师生交流】

对于“农村包围城市”革命道路的理解。

【教师讲授】

实践与认识的辩证运动，是一个由感性认识到理性认识，又由理性认识到实践的飞跃，是实践、认识、再实践、再认识，循环往复以至无穷的辩证发展过程。毛泽东强调：“一个正确的认识，往往需要经过由物质到精神，由精神到物质，即由实践到认识，由认识到实践这样多次的反复，才能够完成。”[①]如此“实

---

① 《毛泽东文集》(第八卷)，人民出版社 1999 年版，第 321 页。

践、认识、再实践、再认识，这种形式，循环往复以至无穷，而实践和认识之每一循环的内容，都比较地进到了高一级的程度”。[①] 这就是认识辩证运动发展的基本过程，也是认识运动的总规律，表明认识是一个反复循环和无限发展的过程。这个过程既是认识在实践基础上沿着科学性方向不断深化发展的过程，也是实践在认识的指导下沿着合理性方向不断深入推进的过程。这个过程既不是封闭式的循环，也不是直线式的发展，往往充满了曲折以至反复，因而是一个波浪式前进和螺旋式上升的过程。

在实践和认识的辩证运动中，主观必须统一于客观，认识必须统一于实践。这种统一是认识和实践的矛盾在发展中的统一，是具体的历史的统一。所谓具体的统一，是指主观认识要与一定时间、地点、条件下的客观实践相符合，它是具体的，而不是抽象的；所谓历史的统一，是说主观认识要同特定历史发展阶段的客观实践相符合。由于客观实践是具体的、历史的，所以，主观认识也应是具体的、历史的。客观实践变化了，主观认识也应当随之转变。“我们的结论是主观和客观、理论和实践、知和行的具体的历史的统一，反对一切离开具体历史的‘左’的或右的错误思想。”[②]

（二）真理与价值

1. 真理的客观性、绝对性和相对性

马克思主义认为，真理是标志主观与客观相符合的哲学范畴，是对客观事物及其规律的正确反映。真理的客观性指真理的内容是对客观事物及其规律的正确反映，真理中包含着不依赖于人和人的意识的客观内容。真理的客观性决定了真理的一元性。真理的一元性是指在同一条件下对于特定的认识客体的真理性认识只有一个，而不可能有多个。真理是一个过程。就真理的发展过程以及人们对它的认识和掌握程度来说，真理既具有绝对性，又具有相对性，它们是同一客观真理的两种属性，这是真理问题上的辩证法。任何真理都是绝对性和相对性的统一，二者相互联系、不可分割。

---

① 《毛泽东选集》(第一卷)，人民出版社 1991 年版，第 296—297 页。

② 同上书，第 296 页。

【教师讲授】

真理作为人的正确认识，当然具有人类意识的一些主观形式，它要通过主观的形式如概念、判断、知识、理论等表达出来。但是使某一种认识成为真理的决定性条件，却不在于采取何种主观形式，而在于它的客观内容。当然对于同一个客观内容，人们可以用不同的主观形式去反映它，表达它，但是真理的内容并不随之而丧失或者改变。比如，同一个物理运动的规律可以由不同的人用不同的语言文字、数学公式加以表达，只要这些表述正确地反映了这一规律，它们就具有同样的真理性。一切科学的知识、理论学说，之所以具有真理性，就在于它们反映了客观存在及运动的真实情况，是同客观实际相符合的认识。所以从内容上说，凡是真理都有客观性，即都是客观真理。

真理之所以具有客观性，首先在于作为真理性认识之对象的客体具有客观性。人的认识只有在不附加任何外来的、主观臆想的成分，如实地反映了对象本身的真实面貌的时候，才能经得起实践检验而成为真理。因此，首先正是对象的客观性决定了真理性认识的客观性。但是客观真理不等于客观对象本身，如果把二者混为一谈，就会把真理当成客观自在的，与人的认识和实践互不相干的东西。真理知识标示主体在认识中同客体的一种一致关系。

真理的客观性还在于作为真理性认识的基础的实践具有客观性。人只有通过实践才能揭示真理，才能检验和发展真理。在真理中，必然直接或者间接地包含着实践本身的条件、方式和程度的客观特征。例如，“一加一等于二”这个简单的等式中，“加”和“等于”的含义，就包含了人类在实践中把事物叠加和组合起来统一处理的活动方式的内容。没有相应的实践活动，许多复杂深刻的真理都不可能被揭示出来。而人的实践本身，特别是有效的实践本身，并不是主观的，它总要受到主体、客体和主客体互相作用这诸多方面客观因素的制约，因此它是客观的。实践的客观性，是从主客体之间的关系方面，特别是主体的存在和活动方面决定真理客观性的因素，正是这一方面的客观性，保证了对象的客观性能够深入人的意识，并且在意识中得到不断深化和扩展的反映。

坚持客观真理论，必然肯定真理的一元论。所谓真理的一元论，就是说，对于同一对象认识的真理性体系是一元的，即只有同客观对象相符合的认识才是真理性的认识。显然，这是就真理的内容和本质而论的，绝不是说同一真理性的内容的表述形式只能有一种，更不是说普遍之下古往今来只有一个结论、一种看法是真理。这是独断论，而不是真理的一元论。

当然，客观真理一元论并不否认在探索和发现真理的过程中会出现多样化的局面。例如人们对同一真理可以采用不同的表述方式；人们对不同的事物或者同一事物的不同方面的正确认识看来是相互排斥的，但却不妨碍它们在各自的范围内都是真理；等等。这些情况只是说明了主观符合客观的过程的复杂性和曲折性，从而也说明了主观只有尽可能全面、具体历史地接近客观，才能获得真理。

真理的内容是客观的，但是是否我们可以说，“上海在中国”“人不吃饭就会饿死”？这些认识的内容也是客观的，是不是这些结论也可以作为永恒真理呢？实际上这种对真理的认识是恩格斯所批评的对真理的庸俗化解释。什么意思呢？我们说真理是关于普遍必然性的认识，是能够对某种纷繁复杂的现象做出理论性的解释的认识，因而可以简洁地定义为“关于事物的规律性的正确性认识”，这就是说，称之为真理的认识只能是指关于事物的共性本质必然规律的认识，而不能是指关于事物的现象形态的认识。所以，“上海在中国”“人不吃饭就会饿死”，这些判断是我们对感性经验的一个直接陈述，而不是真理本身。

【互动讨论】习近平总书记在党的二十大报告中指出：“马克思主义是我们立党立国、兴党兴国的根本指导思想。实践告诉我们，中国共产党为什么能，中国特色社会主义为什么好，归根到底是马克思主义行，是中国化时代化的马克思主义行。拥有马克思主义科学理论指导是我们党坚定信仰信念、把握历史主动的根本所在。”从真理的客观性的角度，讨论马克思主义真理为什么科学解读了中国半殖民半封建国家的现状，并为中国革命未来指明了方向？中国革命的出路除了新民主主义革命和社会主义革命是否还有别的前途？（讨论过程中，教师注意引导学生从历史事实出发，科学认识到晚清以来的中国只有在中国共产党的领导下走社会主义的道路才能最终赢得民族解放和独立）

真理的绝对性是指人们对客观事物及其规律正确的认识，即确定性、无条件性。从真理的内容看，真理的客观内容，即正确的反映是绝对的，无条件的；从人的认识本性和认识任务看，认识能够正确反映无限发展的客观世界是绝对的，无条件的。承认世界的可知性，也就承认了真理的绝对性。真理的相对性是指人们对客观规律的认识都是在一定条件下的认识，即不确定性，有条件性。首先在广度上，真理有特定的适用范围，认识只是对客观事物一个部分的正确认识，承认理性认识有待发展，就承认了真理的相对性；其次，在深度上，任何真理都是对客观事物一定深度、一定层次近似的正确认识，是有限的、近似的。承认真理有待深化扩展，就承认了真理的相对性。

马克思主义真理观不是抽象真理观，不是绝对主义真理观，不是教条主义也不是泥古不化。习近平总书记在党的二十大报告中告诉我们如何用马克思主义的态度对待科学和真理："以科学的态度对待科学、以真理的精神追求真理……不断拓展认识的广度和深度。"同时他又强调新时代的中国马克思主义要"以更加积极的历史担当和创造精神为发展马克思主义作出新的贡献，既不能刻舟求剑、封闭僵化，也不能照抄照搬、食洋不化"。

党的二十大报告中的这段话鲜活地体现出马克思主义真理观。科学和真理在条件具备的前提下，是具有绝对性的，也就是说，它的成立是不以人的意志为转移的，是必然发生的。因此，真理绝对性在于：第一，真理与谬误有原则界限，这决定了我们必须坚持实事求是，用科学的态度探索自然界、人类社会和思维的一般规律，最大限度地揭示其中蕴含的科学真理，坚持科学精神；第二，人的认识可以正确认识无限发展的物质世界，每一真理的发现都是对无限发展着的物质世界的接近，这是无条件和绝对的。真理的相对性在于，具有绝对性的真理总是在一定条件和前提之下的绝对性，无数相对真理的总和构成绝对真理，真理本质上来说不是一种绝对的状态，而是一个历史过程，也就是说，人的认识不断深化和拓展的认识过程，这也就使得我们要了解人类认识的限度，避免普遍主义或绝对主义的真理观。

【互动讨论】

(1) 绝对主义真理观在现实中都有哪些表现?

(2) 相对主义真理观的危害是什么?

真理的绝对性和相对性是辩证统一的。其一，二者相互依存。即人们对于客观事物及其本质和规律的每一个正确认识，都是在一定范围内、一定程度上、一定条件下的认识，因而是相对的和有局限的；但是，在这一定范围内、一定程度上、一定条件下，它又是对客观对象的正确反映，因而它又是无条件的、绝对的。其二，二者相互包含。一是真理的绝对性寓于真理的相对性之中。任何真理所包含的客观内容都只能是人们在特定历史条件下所把握到的，都只是对客观世界及其事物的一定范围、一定程度的正确反映。二是真理的相对性包含并表现着真理的绝对性。任何真理都与谬误有本质的区别，标志着人们在一定范围内和一定层次上达到了对于无限发展着的物质世界的正确认识，包含着确定的客观内容。毛泽东把真理的绝对性与相对性的关系比喻为长河与水滴的关系，“马克思主义者承认，在绝对的总的宇宙发展过程中，各个具体过程的发展都是相对的，因而在绝对真理的长河中，人们对于在各个一定发展阶段上的具体过程的认识只具有相对的真理性。无数相对的真理之总和，就是绝对的真理”。

在这个问题上，马克思主义有着坚定的真理观，由于马克思主义采取了辩证法的立场，因此，与思想史上的任何派别不同的是，马克思主义真理观超越了相对主义真理观和绝对主义真理观的对立，将真理的绝对性和相对性辩证地统一起来了。因此，在实践中，马克思主义真理观既反对将权威或者专家意见当作绝对和永恒不变的真理来对待，走上僵化和教条的自我封闭之路；也反对将真理视为多元的，随着不同人和阶级对真理价值的主观判断不同而发生变化的相对真理观，避免走上虚无主义的邪路。

2. 实践是检验真理的唯一标准

【案例】

1978 年 5 月 11 日，《光明日报》发表本报特约评论员文章《实践是检验真理的唯一标准》，由此引发了一场关于真理标准问题的大讨论。这场讨论，冲破了“两个凡是”的严重束缚，推动了全国性的马克思主义思想解放运动，是党的十一届三中全会实现新中国成立以来我党历史上具有深远意义的伟大转折的思想先导，为我们党重新确立马克思主义思想路线、政治路线和组织路线，做了重要的理论准备。

这篇重要文章的产生和关于真理标准问题的讨论，不是偶然的。1977 年 4 月 10 日，邓小平同志在给中央的一封信中提出：“我们必须世世代代地用准确的完整的毛泽东思想来指导我们全党、全军和全国人民，把党和社会主义的事业，把国际共产主义运动的事业，胜利地推向前进。”此后，对“两个凡是”提出了批评，并多次提出了坚持“实事求是”的问题。1977年12月，中央党校研究编写一个党史材料时，当时主持党校工作的胡耀邦同志明确提出编写要求：一个是完整、准确地运用毛泽东思想，一个是实践是检验真理的标准。在校学习的不少高、中级干部进行了讨论，当时正在党校高级班学习的杨西光同志参与了这些讨论。

在真理标准问题讨论以前，《人民日报》和不少报纸以及社会舆论已经就教育上“两个估计”问题、所谓“文艺黑线”问题、老干部和“走资派”问题、知识分子问题，特别是天安门群众运动等，强烈地提出拨乱反正的要求，展开了争论与斗争。《光明日报》参加了这些争论。不少同志感到有必要根据邓小平、胡耀邦同志的思想，写一篇比较全面的关于解放思想、拨乱反正的文章。1977年，《光明日报》《哲学》专刊组组长王强华出差去南京开会，会上，请南京大学哲学系副主任胡福明为《哲学》专刊撰稿。胡福明翻阅了大量资料，大约在1977年秋季，完成了两篇稿子，其中一篇是《实践是检验真理的标准》。理论部对《实践是检验真理的标准》一文作了多次修改。到1978年4月，经过作者和编辑部反复修改的这篇文章在《哲学》专刊上准备发表。总编辑杨西光在审阅大样时决定，将文章撤下来，进一步修改后在一版发表。发表前，杨西光将作者胡福明和中央党校理论研究室孙长江、《光明日报》理论部主任马沛文、《哲学》专刊负责人王强华召集到一起研究修改。文章经他们反复修改，再经中央党校副教务长吴江同志修改，于4月27日定稿，由吴江同志送胡耀邦同志审阅。在修改过程中，杨西光与吴江同志商定，为扩大文章影响，先在中央党校的内部刊物《理论动态》上发表，第二天在《光明日报》发表。这个考虑，经吴江同志请示胡耀邦同志，得到胡耀邦同志批准。5月10日，中央党校内部刊物《理论动态》发表《实践是检验真理的唯一标准》一文，5月11日《光明日报》以本报特约评论员名义公开发表了这篇文章，第二天新华社向全国转发，一场关于真理标准问题的大讨论，在全国轰轰烈烈地展开。

关于真理标准问题的大讨论，是在我们党和国家处于重大历史性转折的背景下，在邓小平等老一辈革命家领导和支持下开展起来的。邓小平同志以巨大的理论勇气和政治魄力，有力地推动了这场讨论的深入。针对当时一些同志对这场讨论不理解、不接受、不赞成的情况，邓小平同志在各种场合反复强调，要坚持实事求是、一切从实际出发、理论与实践相结合这样一个马克思主义根本观点、根本方法。在1978年12月13日中央工作会议上所作的《解放思想，实事求是，团结一致向前看》的讲话中，高度评价了这场讨论的伟大意义。12月22日通过的十一届三中全会公报说："会议高度评价了关于实践是检验真理的唯一标准问题的讨论，认为这对于全党同志和全国人民解放思想，端正思想路线，具有深远的历史意义。一个党，一个国家，一个民族，如果一切从本本出发，思想僵化，那它就不能前进，它的生机就停止了，就要亡党亡国。"①

【教师讲授】

检验真理的标准是什么，是认识论中长期争论的重大问题，也可以说是政治领域中的重大问题。人类认识史上有四种主要的真理检验标准。

（1）权威标准。所谓权威标准就是把权威人物的意见作为检验真理的标准。我国有两千多年的封建帝制历史，自秦汉以后，儒家成为帝王统治全国的主导意识形态，为了维护封建帝国的稳定，在意识形态领域树立了以孔孟学说为核心的儒家意识形态和一整套政治制度，在政治领域树立了"普天之下，莫非王土；率土之滨，莫非王臣"的权威治理体系，在社会领域也建立了以封建士绅为基础的社会统治结构。所以说，以权威为认识和实践的标准和圭臬，这是封建时期被普遍奉行的思想原则。事实上，在欧洲也有着长达1 000年的理性的黑暗时代——中世纪，在漫长的中世纪，亚里士多德和《圣经》被当作真理的标准，甚至被当作科学探索不可置疑的绝对标准，如果科学观察发现了与《圣经》不同的事实，那么不是《圣经》或者亚里士多德错了，而是科学本身错了。据说中世纪曾经发生过这样一个荒诞的故事。有一个神学院的学生对他的老师说，他看见了太阳上有黑斑，这位老师非常紧张，赶紧对他说，孩子啊，快别说下去了，无论是亚里士多德还是《圣经》都没有说过太阳上有黑斑！所以，无论古今中外，人类认识史上都有这样的阶段，把权威意见当作认识和实践的至高标准。

① 《发表〈实践是检验真理的唯一标准〉》(2009年6月1日)，《光明日报》网上报史馆，https://www.gmw.cn/history/2009-06/01/content_933695.htm，访问日期：2022年4月27日。

（2）众人意见标准。这种标准就是认为大多数人都认同的真理，就可以被称作是真理。这种真理标准看上去似乎更客观一点，因为拥护真理的人数似乎比“权威”标准更多了一些。实质上，众人标准也仍然是一种主观标准，只不过是把主观的范围从个别权威扩大到了大多数人的意见，但是这并不能改变其主观的缺陷。在科学史上，有很多时候，一个科学真理的提出最开始往往是只有少数人掌握，知识随着实践的深入，逐渐被社会所接受，并成为真理。例如科学史上著名的达尔文的进化论在刚开始提出的时候，遭到了宗教界和社会保守人士的激烈批判，由于欧洲宗教人口占有绝大多数，因此大多数人并不相信进化论的真理性。甚至有一些激进的宗教保守派咒骂达尔文居然认为人和猴子是同一个祖宗，说达尔文的祖上都是丑陋的猴子。而错误的上帝创世说却被当作永恒的真理被大多数人所捍卫。但是我们也都知道，随着时代的发展，科学实践的进一步深入，进化论也逐渐被大多数人所接受，而上帝创世则被认为是一种谬论。所以，我们也要对众人标准有所警惕，如果以众人意见为标准，有时候会否定真正的真理，而信奉虚伪的真理。

（3）实用标准。也就是把真理的有用性作为检验真理的标准，这典型地表现在实用主义真理观中。实用主义哲学家詹姆士提出“有用即真理”的观点，中国哲学家胡适在美国留学也受到了实用主义哲学的影响，认为：真理原来是人造的，是为了人造的，是人造出来供人用的，是因为它们大有用处，所以才给它们以“真理”的美名。实用主义真理观实质上是把真理的客观性和价值性混淆起来了，以真理的价值性取代了真理的客观性，它否认了真理的客观本质，因而是错误的。真理是有用的，但有用的并不都能成为真理，例如，谎言对骗子是有用的，但谎言永远成不了真理。

（4）实践标准。实践是检验真理的唯一标准是马克思主义的真理观，也是马克思主义者在实践中坚持的认识论路线。马克思曾经说过：“人的思维是否具有客观的真理性，这并不是一个理论的问题，而是一个实践的问题。人应该在实践中证明自己思维的真理性，即自己思维的现实性和力量，亦即自己思维的此岸性，关于离开实践的思维是否具有现实性的争论，是一个纯粹经院哲学的问题。”

实践之所以能够作为检验真理的唯一标准，是由真理的本性和实践的特点决定的。

第一，从真理的本性看，真理是人们对客观事物及其发展规律的正确反映，它的本性在于主观和客观相符合。检验真理就是检验人的主观认识同客观实际是否相符合以及符合的程度。主观认识本身不能自称正确而将自身作为检验真理的标准，因为用一种认识去检验另一种认识，仍然是在主观范围内兜圈子，达不到检验的目的。即使是已经被实践证明为正确的理论，尽管对于人们新的认识活动具有重要的指导意义，也不能成为检验真理的标准，因为它的正确性和适用范围最终都依赖于实践。相对于实践，它依然是第二位的。不承认这一点，依然会陷入主观真理标准论。同样，检验主观认识同客观实际是否相符合，在认识的客观对象的范围内也无法解决，因为客观事物作为认识的对象，其自身不会也不可能回答人的认识是否同它相符合的问题。可见，检验真理的标准，既不能是主观认识本身，也不能是客观事物。只有那种能够把主观认识与客观事物联系和沟通起来，从而使人们能够把二者加以比较和对照的东西，才能充当检验真理的标准。具有这种特性的东西，只能是作为主客观联系的桥梁、纽带或"交错点"的社会实践。

第二，从实践的特点看，实践具有直接现实性。实践的直接现实性是它的客观实在性的具体表现。列宁指出："实践高于（理论的）认识，因为它不仅具有普遍性的品格，而且还具有直接现实性的品格。"实践能够把一定的认识、理论变成直接的、实实在在的现实，把主观的东西变为客观的东西。如果实践的结果与实践之前的认识和预想相符合，那么之前的认识就得到了证实，成为真理性的认识，正如毛泽东所指出的，"人们达到了思想中所预想的结果时，人们的认识才被证实了"；相反，则是谬误性的认识。实践的直接现实性的品格，是实践能够成为检验真理唯一标准的主要根据，也使实践成为最公正、最有权威的"终极审判官"。在实践检验真理的过程中，逻辑证明可以起到重要的补充作用。所谓逻辑证明，是指运用已知的正确概念和判断，通过一定的推理，从理论上确定另一个判断的正确性的方法。逻辑证明是探索真理、论证真理的方式，是正确思维和表达的必要条件，也是建立科学理论体系的重要途径。但是，逻辑证明只能回答前提与结论的关系是不是符合逻辑的问题，而不能回答结论是不是符合客观实际的问题。已被逻辑证明了的东西，还必须经过实践的检验，并最终服从实践检验的结果。所以，逻辑证明也不能取代实践作为检验真理的标准。实践,只有实践,才是检验真理的唯一标准。

3. 真理与价值的辩证统一

【案例】视频:2018 年度《感动中国》十大人物之“钟扬——绽放在高山砾石的藏波罗花”。

钟扬是复旦大学生命科学学院的著名植物学家,钟扬把生命奉献给了生物多样性和保护工作,为中国和世界建立种子库殚精竭虑,不仅如此,钟扬还有极强的社会责任感,长期在西藏支持西藏大学的科学研究工作,培养了大量的科研人员,为西部少数民族地区的人才培养、学科建设和科学研究做出了不可磨灭的贡献。2018 年度《感动中国》节目给予钟扬的评价是“超越海拔 6 000 米,抵达植物生长的最高极限,跋涉 16 年,把论文写满高原,倒下的时候,双肩包里藏着你的初心,誓言和未了的心愿,你热爱的藏波罗花,不求雕梁画栋,只绽放在高山砾石之间”。钟扬的一生就是将对真理的无止境的追寻与自我价值和社会价值的实现有机结合的完美典型。

【互动讨论】

如何理解任何成功的实践都是真理尺度和价值尺度的统一?

【教师讲授】

人类社会生活在本质上是实践的,任何社会个体都无法脱离实践活动而独立存在。个体的活动必然与社会实践发生密切关系,作为社会生活基本内容的真理和价值的统一,由于实践的发展而具有动态的性质,因而是以实践为基础的具体的历史的统一。

人们的实践活动总是受着真理尺度和价值尺度的制约。实践的真理尺度是指在实践中人们必须遵循正确反映客观事物本质和规律的真理。只有按照真理办事,才能在实践中取得成功。实践的价值尺度是指在实践中人们都是按照自己的尺度和需要去认识世界和改造世界。这一尺度体现了人的活动的目的性。

任何实践活动都是在这两种尺度共同制约下进行的,任何成功的实践都是真理尺度和价值尺度的统一,是合规律性和合目的性的统一。例如,我国科学家屠呦呦因发现“抗疟神药”青蒿素获得诺贝尔生理学或医学奖,她采用科学的实验方法探寻疟疾的新疗法,符合真理尺度;其目的是拯救成千上万患者的生命，符合价值尺度。

真理与价值或真理尺度与价值尺度是紧密联系、不可分割的辩证统一关系。一方面，价值尺度必须以真理为前提。要想达到实践的目的以满足人类自身的需要，就必须“认识真理，掌握真理，信仰真理，捍卫真理”。脱离了真理尺度，价值尺度就偏离了合理的、正确的轨道。另一方面，人类自身需要的内在尺度，推动着人们不断发现新的真理。科学发明、技术创新、经典思想理论的形成，都是人类为了实现更美好的生活而进行的社会实践。脱离了价值尺度，真理就缺失了主体意义。

基于实践的具体性和历史性，真理尺度与价值尺度的统一也是具体的、历史的，二者的统一会随着实践的发展而不断发展到更高级的程度，真理由相对向绝对转化，人的需要和利益也日益多元。真理尺度与价值尺度是否达到了具体的、历史的统一，必须通过实践来验证。

【教学总结】

（1）实践与认识的辩证运动及其规律揭示了人类认识世界的本质和过程，强调了实践在认识发展中的重要地位和作用。通过深入理解和把握这一知识点，人们可以更好地指导实践活动，推动社会进步和发展。

（2）真理与价值是人类认识和实践活动中不可或缺的两个要素。真理为价值提供基础和指导，价值则使真理得以体现和深化。它们相互依存、相互作用，共同推动着人类社会的进步和发展。

三、板书设计

- **实践与认识的辩证运动**
  - 科学的实践观与能动的反映论
    - 马克思主义实践观的提出
    - 实践的本质、基本结构及形式
    - 认识的本质及过程
    - 实践与认识的辩证运动及其规律
  - 真理与价值
    - 真理的本质、特性及检验标准
    - 真理与价值在实践中的辩证统一

四、作业设计

请运用马克思主义认识论，结合新中国 70 多年砥砺前行的辉煌历史，谈谈中国道路的合理性。

五、延伸阅读

(1) 特约评论员：《实践是检验真理的唯一标准》，《光明日报》1978 年 5 月 11 日，第 1 版。

(2) [法] 加斯东·巴什拉：《科学精神的形成》，钱培鑫译，东方出版中心 2022 年版。

(3) [美] 傅高义：《邓小平时代》，生活·读书·新知三联书店 2013 年版。

(4) 陈芳、陈聪：《种子钟扬：一个新时代奋斗者的人生答卷》，北京联合出版有限公司 2018 年版。

(郭丽双　韩欲立)

第二讲　认识世界和改造世界：从必然走向自由

一、教学说明

1. 教学目标

本讲聚焦于认识世界与改造世界的关系问题，使同学们学习和把握认识世界与改造世界的过程，理解如何在新时代进行理论创新与实践创新的辩证统一。

2. 教学重点

（1）认识世界与改造世界的辩证关系

（2）实现理论创新和实践创新的良性互动

3. 教学难点

（1）理论创新与实践创新的辩证关系

（2）对必然与自由的理解

4. 教学方法

综合运用课堂讨论、案例分析、e-learning 网络学习平台等教学方式。通过课堂讨论，引导学生思考是什么在推动社会发展。通过案例分析为学生讲解具体的知识点。通过 e-learning 网络学习平台实现线上线下同步教学。

5. 学时安排

1 学时

二、教学内容

【教学导入】

根据前面所讲认识、真理、实践等概念，提出问题：认识世界与改造世界之间存在怎样的关系？如何表现为“两次飞跃”？根据学生的回答，慢慢引导学生探寻人们认识事物如何是一个从实践到认识，再从认识到实践的过程。

（一）认识世界和改造世界相结合

【案例】

改造世界是一个过程而不是一个瞬间所发生的事情，任何一次对于世界的改造都是要经历无数次也许起初看来是没有意义的偏执和对无知未来的上下求索。而青年毛泽东正是经历了这样的一个过程。

毛泽东出生于湖南一个小山村的农民家庭中，十三岁的他在家中担任全工的职责，白天在家中帮忙干活，晚上还要帮父亲记账。而他每到深夜就把窗户给遮住，如饥似渴地阅读除经书以外一切书籍。和当时的很多年轻人一样，毛泽东也关注着国家命运。机缘巧合下他读到了《盛世危言》和一本关于瓜分中国的小册子，让青年时期的毛泽东对于国家的前途感到沮丧，意识到国家兴亡、匹夫有责。

而和当时很多年轻人不一样的是，青年毛泽东看待问题的视角很特殊，他能看到纷繁现象背后的本质问题。在阅读中国旧小说的过程中，毛泽东意识到，书中的主人公有武将、文官、书生，却从来没有一个农民。他觉得为这些人民的统治者、土地的所有者们而劳动的农民，是不应该被历史无视的。毛泽东以这样的视角，观察身边那些为尊严和生存而不得不“造反”的老百姓，自然产生了对农民的深厚情感和改造世界的强烈愿望：“这时，湖南发生了一件事件，影响了我的一生”，“我觉得造反的人也是些像我自己家里人那样的老百姓，对于他们受到冤屈，我深感不平”。

有一次，毛泽东在《民力报》报纸上得知了黄兴领导的广州起义和七十二烈士殉难的消息。这些勇于改造世界的人深深触动了青年毛泽东，令他想要继续他们未完成的革命道路，所以他在长沙选择了参军入伍。但历史并没有给作为士兵的毛泽东建功立业的机会，随着所在部队预备战争的取消，毛泽东也结束了他一年半的从军生涯，他重新回到社会，继续寻找着属于自己的社会角色……在认真思考了自己的“前途”后，他津津有味地读着湖南师范学校动人的广告：不收学费，膳宿费低廉。于是毛泽东义无反顾地选择了湖南师范大学。

虽然来到湖南省立第一师范学校多少是无奈的选择，但恰恰是造成这种窘境的不停求索，令毛泽东在这里找到了足以改变世界的历史自觉。听从恩师杨昌济的建议，毛泽东得以从这里继续出发来到北京大学，并从此走向了共产主义。①

【互动讨论】

（1）观看《走近毛泽东》纪录片。

（2）同学们怎样认识青年毛泽东经历数次人生抉择后才走上的改造世界的道路？请谈一谈你为什么选择了现在的专业。

【案例】

毛泽东在童年时期，受到一些阅读的书目的影响，产生了对于农民阶级的关心和迫切改造世界的强烈愿望。但是却没有切实可行的办法。在童年时期毛泽东的概念里面，改造世界的唯一途径就是“造反”，但在当时的实际情况中，这样的一种方式并未能够担任起改造世界的功能。这样一种站在农民的视角上来理解世界，为后期毛泽东在土地革命时期提出农村包围城市、武装夺取政权的革命道路扎下了根。

当毛泽东意识到自己的认知不足以支撑起自己宏大的愿景的时候，便想要通过往外拓宽、通过认识更多世界的可能性来探索改造世界的路子。他这时候还不知道自己未来的方向在哪里，所有做出的尝试和决定也许都是基于当时的现实状况所妥协的产物，但是在这样的妥协里又包含着他对未来探索始终如一的努力。后来面对赴法留学的机会，毛泽东在接触到了共产主义早期的传播者后，毅然决然地放弃了这样的一个机会。他明白了改造世界、改变中国的问题是需要有一个人对于中国的国情进行具体的把握的。而与赴法留学相比，留下来了解清楚中国，把时间都花在中国自己身上，从改造世界的角度来说，是更具有现实可操作性的改造世界的办法。

---

① ［美］埃德加·斯诺：《红星照耀中国》，胡愈之等译，人民教育出版社2023年版，第92—95页。

【教师讲授】

不是所有的伟人生来就是伟人的，改造世界的过程必然伴随着不断认识世界的过程中所带来的阵痛，而真正能做到改造世界的人，必然经历了无数偏执的努力和无畏的牺牲。这个案例选取了毛泽东在毛泽东思想形成之前的三个时期的有趣故事，通过他的人生求索经历深刻体现出改造世界就是在一次次推翻所认识的那个世界的过程中完成的。这体现出认识世界与改造世界两者之间相互依赖、相互制约的辩证关系。

1）认识世界和改造世界及其辩证关系

认识世界和改造世界是人类创造历史的两种基本活动。认识活动的任务不仅在于解释世界，更重要的在于为改造世界提供理论指导，实现主观与客观、认识与实践的统一。坚持这种统一，归根到底要将认识世界和改造世界密切结合起来。

认识世界，就是主体能动地反映客体，获得关于事物的本质和发展规律的科学知识，探索和掌握真理。改造世界，就是人类按照有利于自己生存和发展的需要，改变事物的现存形式，创造自己的理想世界和生活方式。认识世界和改造世界是相互依赖、相互制约的辩证统一关系。一方面，认识世界有助于改造世界，正确认识世界是有效改造世界的必要前提；另一方面，人们只有在改造世界的实践中才能不断地深化、拓展对世界的正确认识。认识世界和改造世界的统一，决定了理论与实践必须相结合。认识世界和改造世界是一个充满矛盾的过程。主观和客观的矛盾是人类认识和实践活动中的基本矛盾，也是人类认识世界和改造世界的根本动力，正是这一矛盾的驱动，使认识世界和改造世界呈现出不断深入和扩展的过程。

在新时代中国特色社会主义的伟大实践中，习近平新时代中国特色社会主义思想是正确地认识世界和有效地改造世界的指导思想和行动指南。以开辟马克思主义中国化时代化新境界为例，就是一个不断认识世界和改造世界相结合的辩证过程，推进马克思主义中国化时代化是一个追求真理、揭示真理、笃行真理的过程。十八大以来，国内外形势新变化和实践新要求，迫切需要我们从理论和实践的结合上深入回答关系党和国家事业发展、党治国理政的一系列重大时代课题。我们党勇于进行理论探索和创新，以全新的视野深化对共产党执政规律、社会主义建设规律、人类社会发展规律的认识，取得的重大理论创新成果，集中体现为习近平新时代中国特色社会主义思想。

2）改造客观世界和改造主观世界及其辩证关系

认识世界的目的是改造世界，而改造世界又包括改造客观世界和改造主观世界。毛泽东明确提出并论述了改造主观世界的问题，他指出："改造客观世界，也改造自己的主观世界——改造自己的认识能力，改造主观世界同客观世界的关系。"①这一论述对于我们深化理解"改造世界"具有重要意义。

在人的实践活动中，世界分化为客观世界和主观世界两个方面。客观世界的运动规律与主观世界的运动规律具有同一性，客观世界与主观世界可以相互转化。

改造客观世界与改造主观世界是辩证统一的。只有认真改造主观世界，才能更好地改造客观世界；只有在改造客观世界的实践中，才能深入改造主观世界。改造主观世界既包括提高人的认识能力，也包括丰富人的情感世界和提升人的意志品质，而核心是改造世界观，即观察和处理问题的立场、观点、方法。

马克思主义关于在改造客观世界的同时改造主观世界的观点具有重要意义。

3）认识世界和改造世界的过程是从必然走向自由的过程

马克思主义认为，自由是标示人的活动状态的范畴，是指人在活动中通过认识和利用必然所表现出的一种自觉自主的状态。"自由是对必然的认识和对客观世界的改造。"②人不能摆脱必然性的制约，只有在认识必然性的基础上才有自由的活动，这就是人的自由限度，也是自由和必然的辩证规律。必然性即规律性，指的是不依赖于人的意识而存在的自然和社会发展所固有的客观规律。

认识必然和争取自由，是人类认识世界和改造世界的根本目标，是一个历史性的过程。任何实践都是一定历史阶段的具体实践，由主客观条件制约的自由也必然是历史的、具体的，超越社会发展阶段、超越实践能力与实践发展水平的自由是不可能实现的。

---

①《毛泽东选集》(第一卷)，人民出版社 1991 年版，第 296 页。

②《毛泽东文集》(第八卷)，人民出版社 1999 年版，第 306 页。

必然与自由的关系贯穿于人类存在和发展的始终，并成为人类存在和发展的永恒矛盾，因此也是人类存在和发展的永恒动力。人类在不断追求自由中完善自己，也在不断解决必然与自由的矛盾过程中实现发展。建设中国特色社会主义是一个从必然向自由不断前进的过程，经过改革开放和现代化建设的不懈探索和经验积累，我们党逐步深化了对中国特色社会主义建设与发展规律的认识，并自觉运用规律推进中国特色社会主义事业。我们将更有能力妥善解决必然与自由的关系，更有能力推进社会全面进步和人的自由而全面的发展。

(二) 一切从实际出发，实事求是

【案例 1】

1917 年，俄国十月革命胜利，苏俄作为协约国，仍在第一次世界大战中与同盟国处于交战状态。然而，新生的苏维埃政权面临的是极其险恶的国内外环境，在国内，有数百万白俄的大肆反扑和孟什维克与社会革命党的强烈反对；在外部，沙俄协约国正在与西线同盟国血战，此时新生的苏维埃政权可以说正面临着内外交困的形势。而当时第一次世界大战已经打了三年，让俄国人民饱受战争苦难，深陷水深火热之中。他们痛恨战争，急切希望和平。为了顺应民意，退出战争，保住新生的社会主义政权，新生的苏维埃政权在彼得格勒起义胜利的第二天就通过了和平法令，建议所有交战国开始和平谈判。协约国对此予以拒绝。而德奥集团为减轻或摆脱两线作战的不利局面，同意和谈。

1917 年 12 月 15 日，苏俄与德奥集团达成停战协定。……此时党内存在着几种不同的观点。第一，以布哈林为代表的拒绝签订兼并性和约、主张进行革命战争的意见。第二，以托洛茨基为代表的主张“不战不和”的意见，即“宣布结束战争状态，复员军队，将士兵遣散，但不签订和约”。第三，以列宁为代表的主张立刻缔结单独和约的意见。列宁一针见血地指出了不同意见的主要分歧点，“我们的分歧在于：德国人会怎样，会不会进攻；我们是否本来应该宣布战争状态已经结束；为了革命战争的利益，是否应该在实际上退却，让出领土，以便赢得时间。战略和政治要求我们签订最屈辱的和约。如果我们承认这个策略，我们的分歧就会完全消失”。

经过几轮激烈的争论,列宁不懈地对布哈林与托洛茨基进行劝说,最后,托洛茨基转而支持列宁,会议结果以7票赞成、5票反对、1票弃权的结果通过了列宁的提案。苏俄连夜通知德国方面,同意签约。……2月24日苏俄重新派出了谈判代表团与德国进行谈判。3月3日,《布列斯特和约》正式签订。

德国战败后,苏俄政府立即宣布废除《布列斯特和约》。原来似乎要付出的代价一下子就消失了。这是苏俄以空间换时间的成功外交。它充分地利用了帝国主义的矛盾,使新生的社会主义国家政权得到了喘息机会。布列斯特和约在党内的通过,完全是民主的方式,列宁作为党的领袖,充分表现了在领导集体中平等一员的身份和民主的作风。

现在看来,签订了《布列斯特和约》是列宁为首的布尔什维克党为保存新生的苏维埃政权的权宜之策,从而使苏俄尽早退出第一次世界大战,既顺应了民意,更为巩固苏维埃政权,恢复和发展经济、建立红军赢得了时间,也为后来消灭国内反对武装和击败14国家的武装干涉奠定了基础。这次外交策略的成功,列宁的个人声望大增。①

【案例2】

党的二十大报告指出,中国式现代化,是中国共产党领导的社会主义现代化,既有各国现代化的共同特征,更有基于自己国情的中国特色。中国式现代化与西方现代化有根本不同。

回顾18世纪工业革命以来的人类社会发展历史,从经济增长到科技进步,从人口规模到生活方式……西方式的现代化产生了深刻而重大的影响。事实是,西方开启的世界现代化进程,从一开始便具有强烈的扩张性和残酷性。为了得到国际市场、原料供应和廉价劳动力,他们不惜一切对世界其他地区进行血与火的扩张。英国48家集团俱乐部副主席基思·贝内特在谈及中国式现代化和西方国家现代化的不同之处时指出,历史上,一些西方国家的现代化建立在对他国剥削、压迫和殖民的基础上。中国的发展不是通过剥削他国,中国通过发展自己实现现代化,同时帮助他国发展。"这是本质区别。"他

---

① 崔庆君:《列宁在签订布列斯特和约过程中同党内反对派的斗争》,《西伯利亚研究》2016年第6期;孙兰芝:《列宁与布列斯特和约的签订》,《求索》2017年第4期。

还认为，与西方国家现代化加大贫富差距不同的是，中国式现代化强调共同富裕；西方国家现代化以牺牲自然环境为代价，而中国想要推进人与自然和谐共生的现代化。

中国式现代化是基于中国国情出发的现代化道路。一方面，中国式现代化是基于中国共产党多年探索的主动选择。辛亥革命后，中国只能被动接受西方的现代化模式，表现为经济上完全效仿西方工业化路径，政治上完全照搬西方政治体制，文化上完全尊崇西方文明，是外源式的现代化，而非根据本国国情和历史背景选择的内生性的现代化。中国共产党经过多年探索，走出一条适合中国的现代化道路。新民主主义革命时期，推翻帝国主义、封建主义、官僚资本主义"三座大山"的压迫，建立了中华人民共和国；社会主义革命和建设时期，对农业、手工业、资本主义工商业进行社会主义改造，进行社会主义革命，推进社会主义建设；改革开放和社会主义现代化建设新时期，不断解放和发展生产力，为中国式现代化提供了体制保证和物质基础；进入中国特色社会主义新时代，"四个全面"战略布局、"五位一体"总体布局协同推进，中国式现代化取得新的伟大成就。纵观中国的现代化历程，改革、探索、开拓与创新始终立足时代背景和自身国情，走出一条中国式现代化的新道路。

另一方面，中国式现代化是基于14亿多人口国情的主动选择。我国是世界上人口最多的国家，据世界银行统计，1960年，我国人口占世界人口比重为22％；1974年，我国人口占世界人口比重为22.6％，此后这一比例有所下降；2021年，我国人口占世界人口比重为18％。截至目前，有近30个国家基本实现现代化（以发达国家为主），但覆盖范围不超过10亿人口。人口规模巨大的国家如何实现现代化，是自现代化萌芽以来未曾出现的重大课题。中国式现代化就是要实现人口规模巨大的现代化，既为推进世界现代化作出巨大贡献，又为广大发展中国家和人民实现现代化奉献中国智慧。[①]

【互动讨论】

（1）在列宁所处的历史背景中，世界局势和时代特征如何？列宁又是如

① 杜鹃、许凤：《中国式现代化与西方现代化有"本质区别"》，《新华每日电讯》2022年11月7日，第8版；丁志刚、熊凯：《理解中国式现代化的四重逻辑：基于中西方现代化的比较》，《新疆师范大学学报（哲学社会科学版）》2023年第2期。

何从实际出发，结合现实进行革命斗争决策的？

（2）请结合党的二十大报告，谈谈中国式现代化基于怎样的实际国情？

【案例】

苏德签订《布列斯特和约》之前，苏俄正处于内外交困的国情之中，因为当时苏维埃国家尚未建立起自己的军队，只靠"工人赤卫队"和起义士兵无法与德军抗衡；同时，西欧革命何时能够爆发还无法测定。所以要以空间换取时间，暂时割让领土和赔款以赢得喘息时间，加紧建立国防军，恢复国民经济，以后再收回领土。列宁曾痛斥对德国爆发革命的幻想。列宁尖锐地指出："如果仅仅因为德国革命可能在近期内，即可以用星期来计算的短时间内开始，就拿俄国已经开始的社会主义革命的命运孤注一掷，这是完全不能容许的策略，这种策略将是一种冒险。我们没有权利这样去冒险。"列宁还警告说：如果现在不签订条约，将来签约的将不是社会主义政府，而是其他政府。正是基于对国情和世界形势的正确判断，列宁坚持一切从实际出发，才做出了签订和约的正确决策。事实证明，布哈林和托洛茨基对德国不敢进攻苏俄的估计完全落空了。德国革命左派势单力薄，根本无力发动革命，德国社会民主党右派代表工人支持政府的对外战争，好战的德国政府没有后顾之忧，因而不断施加压力，不容俄军拖延谈判。托洛茨基等人对德国现状的预判是不切实际的，寄希望于德国不敢进攻苏俄的想法是完全脱离现实的，走中间路线更是不可能。他们缺乏对国情和世情的正确认识，所得出的判断也必然是错误的。

【教师讲授】

列宁是无产阶级伟大的革命家和工作者，他始终坚持一切从实际出发，实事求是，这是人类正确认识世界和改造世界的科学道路。他在领导俄国进行革命和建设的过程中，也始终坚持这一科学道路。进行科学决策必须了解实际、掌握实情，这一方法论在签订《布列斯特和约》事件中得到了充分的体现。

认识与实践的统一，是马克思主义认识论的本质规定。在实际工作中运用这一重要原理，就必须做到一切从实际出发，在实践中坚持真理和发展真理，正确认识世界和改造世界。全面贯彻辩证唯物主义和历史唯物主义的思想路线。马克思主义认识论揭示了人类认识的本质和发展的一般规律，为人类正确认识世界和改造世界指明了科学的道路，它是中国共产党思想路线的理论基础。

（1）一切从实际出发是世界物质统一性原理的基本结论。一切从实际出发，就是要从客观事物存在和发展的规律出发，在实践中按照客观规律办事。这与第一章的基本主题——世界的物质统一性是一致的。

（2）一切从实际出发是马克思主义认识论的根本要求。一切从实际出发，就是把客观存在的事物作为观察和处理问题的根本出发点，这是马克思主义认识论的根本要求和具体体现。从实际出发，关键是要注重事实，从事实出发。只有注重事实，才能真正做到从实际出发。

（3）实事求是是中国共产党思想路线的核心。实事求是是中国共产党人的根本思想方法、工作方法和领导方法，是党领导人民推动中国革命、建设、改革事业不断取得胜利的重要法宝。实践反复证明，坚持实事求是，就能兴党兴国；违背实事求是，就会误党误国。

（三）实现理论创新和实践创新的良性互动

【案例】

在人类的历史长河中，疟疾一直是一种危及生命具有毁灭性的全球性传染病。它是一种虫媒传染病，疟原虫通过按蚊叮咬或输血传播，从而引发疟疾。据统计，2016 年全球仍有约 2.16 亿疟疾病例，70%～80%的患者是 5 岁以下的儿童。非洲是疟疾重灾区，在 44.5 万死亡病例中，90%来自非洲。

虽然早期的青蒿有效抗疟成分的筛选和动物实验都取得了突破性进展，但药物开发远未完成。在进行临床试验前毒性试验时，个别动物表现出了疑似的毒副作用。为了保证用药的安全，药理学的同事认为需要反复试验以更清楚地了解青蒿提取物的毒性。然而，多次重复试验后青蒿素的疑似毒性问题仍未能有定论。由于疟疾防疫任务的紧迫性，为了让广大感染患者能够更早地接触到更好的抗疟药物，屠呦呦和科研团队成员以身试药并最后确定了青蒿提取物对人的安全性。1972 年 3 月，屠呦呦代表中药所在南京召开的全国“523”抗疟药物会议上报告了青蒿提取物对鼠疟和猴疟的结果。同年8～10月，青蒿乙醚提取物的临床研究得以开展，其结果表明青蒿素乙醚提取物对30例恶性疟和间日疟患者全部有效。这一振奋人心的结果在1972年11月北京召开的全国会议公布，并由此拉开了青蒿抗疟研究全国大协作的序幕。

至20世纪80年代，青蒿素及其衍生物已成功地治愈了成千上万的中国疟疾患者，数十年的临床结果和数据统计都证明了青蒿素的疗效和安全性。2005年世界卫生组织正式推荐三天的青蒿素联合疗法（Artemisinin-based Combination Therapies，ACTs）作为抗击疟疾的新疗法。截至目前，青蒿素联合疗法仍是最有效的抗疟疗法。①

【互动讨论】

（1）科学研究中理论与实践的互动有怎样的辩证关系？

（2）请各位同学结合自己的专业背景，举出其他例子。

【案例】

青蒿素的提炼起源于医药学古籍《肘后备急方》。《肘后备急方》中，有这样的记载，“青蒿一握，以水二升，渍绞取汁，尽服之”，可以治疗疟疾。《肘后备急方》传世已千年，是屠呦呦把现代科学方法与传统中医理论相结合，才获得了青蒿素。通过大量的试验甚至以身试药，使古药方焕发出了新的生机，青蒿素提取物在海南昌江疟区临床试用于间日疟11例，恶性疟9例，混合感染1例，共21例病人，结果用药后40℃高烧很快降至正常，血疟原虫被大幅度杀灭到转阴，药效明显优于氯喹。以上结果在“523”内部会议上报告，既带动了全国对青蒿提取物的抗疟研究，也开创了中药抗疟药物发现之先河。屠呦呦发明青蒿素的过程体现出理论创新与实践创新的良性互动。

【教师讲授】

2019年英国广播公司发起“20世纪最伟大人物”评选，屠呦呦成为与居里夫人、爱因斯坦、艾伦·图灵并列的科学巨人。入选的理由是：“如果用拯救多少人的生命来衡量伟大程度，那么屠呦呦无疑是史上最伟大的科学家

---

① 王继刚、朱永平、徐承超等：《青蒿素的研究历程与价值》，《新发传染病电子杂志》2019年第4期。

之一！”她“用一株小草改变了世界”。屠呦呦青蒿素的发现过程启示我们，人类认识世界和改造世界的过程是辩证统一的，搭建起二者的平台正是实践。

人类认识世界和改造世界的过程，是一个包含着创新的发展过程。创新就是破除与客观事物进程不相符合的旧观念、旧理论、旧模式、旧做法，在继承历史发展成果的基础上，发现和运用事物的新联系、新属性、新规律，更有效地进行认识世界和改造世界的活动。创新是社会发展的不竭动力，人类发展进步的历史就是不断创新的历史。人类的创新活动具有丰富的内容和表现，包含着知识创新、制度创新、科技创新、文化创新等各方面创新。归结起来讲，主要是理论创新和实践创新两个基本方面，它们集中体现了人类在认识世界和改造世界中的创新活动。

1）实践创新为理论创新提供不竭的动力源泉

在理论创新与实践创新的相互关系中，实践创新具有基础性的意义。理论创新应建立在实践创新的基础之上。理论创新不是空穴来风，不是主观任意，而是实践创新对理论的发展提出了与时俱进的新要求。时代变化和实践发展是理论创新的源头活水，要根据时代变化和实践发展，进行理论总结和理论创新。因此，要学习掌握认识和实践辩证关系的原理，坚持实践第一的观点，不断推进实践基础上的理论创新。理论创新始于问题，因为问题是时代的声音，是实践过程中不断涌现的新矛盾。从理论发展史来看，世界上伟大的理论成果都是在回答和解决人与社会面临的重大问题中创造出来的。可以说，“问题倒逼”是不断进行理论创新的助推器。

2）理论创新为实践创新提供科学的行动指南

理论创新不仅要以实践创新为基础，还要发挥科学的指导作用“反哺”实践。理论必须同实践相统一，“理论一旦脱离了实践，就会成为僵化的教条，失去活力和生命力。实践如果没有正确理论的指导，也容易‘盲人骑瞎马，夜半临深池’。理论对规律的揭示越深刻，对社会发展和变革的引领作用就越显著”。理论创新是社会发展和变革的先导，要使党和国家的事业不停顿，首先理论创新不能停。理论的生命力在于创新。创新是理论发展的永恒主题，也是社会发展、实践深化、历史前进对理论的必然要求。

3）努力实现理论创新与实践创新的良性互动

理论创新与实践创新的良性互动，指理论创新与实践创新之间存在良好的、积极的相互作用和相互影响，或者说二者之间形成相互激发、共同促进的因果关系。它们各自的创新都不是孤立进行的，而是在与另一方的互动中完成的。理论创新和实践创新辩证统一、互动互存，它们的良性互动使二者之间呈现出一幅无穷无尽的和谐画卷。理论创新与实践创新的互动不仅有良性的互动状态，还有恶性的互动状态，如果理论创新脱离了实际，继而用脱离了实际的理论指导实践，就会错上加错，产生坏的结果，导致理论创新与实践创新之间的恶性互动。

【互动讨论】

（1）结合毛泽东的《实践论》，谈谈如何理解实践与认识的辩证关系。

（2）结合叩诊法的发明故事，谈谈实践创新与理论创新的关系。

【叩诊法的故事】叩诊法是奥地利医生奥恩布鲁格发明的。他的父亲是个酒商，装酒的大木桶放在黑咕隆咚的地窖里，判断酒桶里有多少酒，方法是用手指敲酒桶，声音越清脆酒越少，声音越沉闷酒越多。

有一天，奥恩布鲁格接诊了一个病危的小女孩。她身患肺结核，不停吐血，已病入膏肓。奥恩布鲁格无力回天，不过心中暗想：要是早发现，也许情况不至于此。怎样早发现呢？病灶在胸腔，胸腔里有脏器、有血液、有积液……突然，奥恩布鲁格想起父亲用手指敲酒桶听声音测酒量的做法，他也轻轻敲打小女孩的胸部，并将耳朵贴上去听里面的回声，再听健康人的，结果发现，病人和健康人的胸腔回声确实不同。

从此，奥恩布鲁格常常敲打病人的胸部，倾听声音的变化。后来，又敲打病人的腹部。日复一日、年复一年地敲打检查，使他练就一手绝活，能准确诊断病情。1761年，奥恩布鲁格写成了《新的诊断方法》一书，总结了肺气肿、胸腔积液、心包积液、主动脉瘤、肺癌等疾病的敲打回声的不同，并将这一诊断方法命名为“叩诊法”。

当时的医生都不相信这种新的诊断方法，嘲笑说：“简直是儿童游戏，荒唐!”但是奥恩布鲁格坚持叩诊法50年，在他去世的前一年，法国皇帝拿破仑的御医高尔维沙对叩诊法大加推崇，叩诊法才被越来越多的医生采用。如今，叩诊已成为每个临床医生必须具备的基本功之一。

【教学总结】

（1）认识世界和改造世界是人类创造历史的两种基本活动。

（2）一切从实际出发，实事求是。

（3）认识世界和改造世界是相互依赖、相互制约，是辩证统一的。马克思主义理论与具体实际相结合，是达到正确地认识世界和有效地改造世界的根本途径。

（4）认识世界和改造世界的过程，既是认识和改造客观世界的过程，也是认识和改造主观世界的过程。

（5）自由与必然的关系。

三、板书设计

- **认识世界和改造世界：从必然走向自由**
  - **认识世界与改造世界的辩证关系**
    - 认识世界是改造世界的前提和基础
    - 改造世界是认识世界的目的和归宿
    - 认识世界和改造世界的过程是从必然走向自由的过程
  - **一切从实际出发、实事求是**
    - 一切从实际出发是指按照事物的本来面目认识事物
    - 实事求是是指按照事物的本来面目认识事物
  - **实现理论创新和实践创新的良性互动**
    - 理论创新是指在认识世界和改造世界的过程中，不断提出新的理论
    - 实践创新是指在认识世界和改造世界的过程中，不断提出新的实践方法
    - 在认识世界和改造世界的过程中，理论创新和实践创新相互促进、相互发展的关系

四、作业设计

如何理解习近平新时代中国特色社会主义思想同中国特色社会主义进入新时代这个重大政治论断相呼应，实现了理论创新与实践创新的又一次良性互动？

五、延伸阅读

（1）列宁：《唯物主义和经验批判主义》（节选），载《列宁选集》（第二卷），人民出版社 2012 年第三版修订版，第二章 1、4、5、6。

（2）邓小平：《解放思想、实事求是，团结一致向前看》，载《邓小平文选》（第二卷），人民出版社 1994 年版。

（3）习近平：《不断推进实践基础上的理论创新》，载《论党的宣传思想工作》，中央文献出版社 2020 年版。

（刘华初）

第三章
人类社会及其发展规律

第一讲　历史观基本问题：社会存在与社会意识

一、教学说明

1. 教学目标

学习和把握社会存在与社会意识的辩证关系，社会存在与生产方式的关系，引导学生关注什么才是社会历史发展中决定性的力量，要求学生把握和深刻理解历史唯物主义基本原理的基础概念。

2. 教学重点

(1) 社会存在的内涵

(2) 物质生产方式在社会发展中的作用

3. 教学难点

(1) 社会存在、经济基础、生产方式三个概念之间的辨析

(2) 正确认识自然地理因素、人口因素以及生产方式对于社会发展的作用

4. 教学方法

综合运用课堂讨论、案例分析、e-learning 网络学习平台等教学方式。通

过课堂讨论，引导学生思考什么是社会存在。通过案例分析为学生讲解具体的知识点。通过 e-learning 网络学习平台实现线上线下同步教学。

5. 学时安排

2 学时

二、教学内容

（一）自然地理环境

【案例】

黑格尔在《历史哲学》中提出“海洋文明论”，将世界根据不同地理特征分为三类，并认为地理特征的差别也体现出思想本质的差别。地理的差别有如下三种：“干燥的高地，同广阔的草原和平原”；“平原流域，——是巨川、大江所流过的地方”；“和海相连的海岸区域”[①]。在上述三类区域里，黑格尔最看重海岸区域，视古希腊精神为海洋文明的典范和西方文明独特品质的代表。他认为希腊精神基本的性格是“善变化”，“每个人都保持他自己的地位，并不从开始就依靠家长制那样团结于‘自然’的约束之下”[②]。以古希腊为代表的海洋民族与“大江平原流域上的种族”不同，因为后者的“天边永远显出一个不变的形态，因此习于单调，激不起什么变化”[③]。黑格尔十分推崇海岸区域的航海活动，认为这种活动极其特殊，体现了人的意志和智慧的最高境界。在黑格尔看来，海洋环境以及航海活动造就了海洋民族“善变化”（既独立又开放）的特点，与包括大陆（大江平原流域）民族在内的其他民族相比，海洋民族的这个特点独一无二，在世界历史进程中起到了关键作用。他的这一理论被视为大陆-海洋文明二元论的理论源头，中西方则分别属于大陆型文明和海洋型文明。

【教师讲授】

从五四新文化运动以来，黑格尔上述关于大陆型文明与海洋型文明的思

---

① ［德］黑格尔：《历史哲学》，王造时译，上海书店出版社 2006 年版，第 81 页。

② 同上书，第 211 页。

③ 同上。

想一直是中国学术界对中国文明展开自我反思与批判的主要学术范式。

不过，从文明比较的角度来讨论地理环境对人类文明的重大影响，并不始于黑格尔。18世纪的法国启蒙运动思想家孟德斯鸠在他的名著《论法的精神》一书中，曾经发表这样的"高论"：黑种人生活的地区气候炎热，而炎热的气候通常会影响或迟滞大脑的思考，这就导致黑种人没有思想，不能产生高度的文明，适合当奴隶；白种人生活的欧洲气候寒冷，相对寒冷的气候会激发或促进大脑的思考，因而欧洲的白种人富有思想，适合当主人。这可能是最早的、也是最粗鲁的地理环境决定论。黑格尔与孟德斯鸠的不同之处，主要在于他是从客观唯心主义的立场来阐述地理因素对于文明的重大影响。他认为，世界历史无非是"客观精神"的自我展开，"客观精神"要展开自身，不仅需要有个人、民族、国家作为工具或手段，而且需要有特定的自然环境作为其展开的舞台，这舞台便是世界历史的地理基础。

按照马克思主义的基本原理，地理环境是社会存在的重要因素，对社会发展具有重大影响，但地理因素并不是起决定作用的因素，因为地理因素既不能决定社会的性质，也不能说明社会系统更迭的规律性，更不是社会革命的主导因素。地理环境在社会发展中的作用主要表现在三个方面。首先，它是社会生产和发展的必要条件。马克思、恩格斯指出，一切关于人的活动的历史研究都要从"地质条件、山岳水文地理条件、气候条件以及其他条件"出发，从"它们在历史进程中由于人们的活动而发生的变更出发"。① 人类的产生本身就是环境变化的结果，人类的存在与发展永远也离不开地理环境。其次，它提供社会生产和生活资料的来源。马克思在《哥达纲领批判》中指出，单有劳动还不能创造财富，只有劳动和自然界一起才是一切财富的源泉。最后，它在一定程度上影响生产的发展，从而影响社会的发展。地理环境能够影响产业部门的分布和发展方向，地理环境能够通过对劳动生产率的影响而影响到社会发展的速度。在当前的历史背景下，对自然环境因素的强调显得尤为重要，只有唤起我们关于自然环境是人类生存和发展之根基的意识，只有对自然环境保持足够的敬畏，坚决维护和保持它们的多样性和丰富性，人类才能够拥有明天和未来。

---

① 《马克思恩格斯选集》(第一卷)，人民出版社2012年第三版，第146—147页。

(二) 人口因素

【案例】

马尔萨斯是首位对人口与经济关系进行系统阐述的学者和公认的人口学创始人之一。马尔萨斯在《人口原理》一书中提出了我们所熟知的三个命题,即:第一,人口的增加必然受生活资料的限制;第二,当生活资料增加的时候,人口总是增加;第三,较强的人口增殖为贫困和罪恶所抑制,因而实际人口同生活资料保持平衡。其中,命题一和命题二构成了所谓的"人口原理",二者相互作用导致了人口发展与倒退的运动,并引发了贫困与富足的周期性波动,而这种波动产生的根本动因在人口一方,因此消除贫困就必须抑制人口增长,使人口增长与生活资料增长趋于平衡。马尔萨斯的人口论引发了两个世纪以来的持久论争。19 世纪 70 年代新马尔萨斯主义者继承了其衣钵,仍然坚持认为过剩人口和贫困的产生是人口自身增殖造成的。而在 20 世纪下半叶出现的以罗马俱乐部为代表的现代马尔萨斯主义者,尽管其研究视野已经不再局限于人口与经济关系的探讨,而是进一步拓展到人口与资源、人口与环境等更广阔的领域,并采用了更为先进和科学的研究方法,但其理论本质仍然是马尔萨斯的"人口决定论",认为不仅贫困、战争、相当数量的人口营养不足等传统问题是人口激增所致,而且环境污染、资源耗竭、能源危机等现代问题的原因也在于"人口爆炸",主张将人口问题作为世界头等问题来对待。这些观点虽然至今仍有争议,但却给人们留下了很多思考并影响到以后发展目标与模式的改变。

【教师讲授】

马尔萨斯在《人口原理》中指出:"人口的不断增加使社会下层阶级陷于贫困,使他们的境况永远也得不到明显的改善。"①马尔萨斯讲的人口的不断增加是指自然增殖,相对于食物来讲,这种自然增殖的人口过剩也是一种相对过剩人口。但与马克思相对于资本积累需要的相对过剩人口不同,马尔萨斯的过剩人口是建立在他的两条公理之上的:"第一,食物为人类生存所必需。第二,

---

① [英] 马尔萨斯:《人口原理》,朱泱、胡企林、朱和中译,商务印书馆 1992 年版,第 14 页。

两性间的情欲是必然的，且几乎会保持现状。”[①]这两条公理是有关人类本性的固定法则。由于以几何比率增加的人口总是超过以算术比率增加的生活资料，马尔萨斯就因此把过剩人口看作是永远存在的，换句话说，这种相对过剩人口是一切社会共有的人口规律。马尔萨斯一经建立了永恒的人口规律，他也就很顺当地用它来解释资本主义这个特定的社会形态的人口问题。“以前养活700万人口的食物，现在必须在750万或800万人口之间分配。结果，穷人的生活必然大大恶化，许多穷人必然陷于极为悲惨的境地。”[②]到此他讲的是一切社会共有的人口规律，紧接着他就一步跳到了资本主义社会，“由于劳动者的人数也多于市场所能提供的工作机会，劳动的价格必然趋于下降，与此同时食物的价格则趋于上升”[③]。这一步跳跃使得马尔萨斯完全丧失了考察资本主义特有的社会性质的能力，他解释不了甚至也从未提出如下问题：除了因人口自然增殖带来的劳动者人数的增加以外，劳动市场供求是否就没有其他因素起作用呢？如果存在其他因素的作用，那这些因素和人口自然增殖对劳动的价格(即工资)的影响相比，哪一个更具有决定性呢？工资变动和食物价格波动是由资本主义生产制度内在规律决定的，马尔萨斯却因袭古典经济学的错误，从人口自然增殖这一生产制度外的因素出发来加以说明。人类作为生物学存在永远是自然物，问题在于，在劳动的基础上人类不仅建立起自己的社会存在，而且同时使自身的自然限制不断退缩，尽管这种自然限制只是不断退缩而不会消亡，但作为一种趋势是由劳动这种能够不断超越自己现有情境的力量保证了的。马尔萨斯以生育范畴取代了劳动范畴对人口的基础地位，社会发展和自然限制的退缩就都在他的视域中消失了。

虽然不乏批评声指责马尔萨斯只看到了工业化初期农民被剥夺土地、手工业者破产和工人大批失业的社会现象，却没有从发展的角度考虑技术进步对生产力的推动作用和产业结构递进的必然性。但尽管如此，马尔萨斯的贡献是不容置疑的。他通过研究人口生产与生活资料的关系，开创性地建立了人口与经济关系的分析框架，使人口问题得到了广泛关注，推动了人口学的发

① [英]马尔萨斯：《人口原理》，朱泱、胡企林、朱和中译，商务印书馆1992年版，第6页。
② 同上书，第14页。
③ 同上。

展。马尔萨斯人口论在客观上指出了在社会发展中不可忽视的一对巨大矛盾:人口增长和生活资料增长之间的矛盾。一个社会的人口增长必须和生产资料增长相适应,不仅要保持原有生活水平上二者的比例关系,还必须考虑人口发展和经济发展孰快孰慢的问题。此外,他从思辨角度提出的"积极抑制"和"预防抑制",为以后的人口控制也提供了必要的思路。

马克思、恩格斯的人口理论主要反映在其提出的"两种生产"原理之中,即物质生产与人的生产,"两种生产"原理集中地呈现了人口生产和物质资料生产二者对立统一的关系。一方面,物质资料生产构成人口生产的基础性因素,对人口生产造成决定性影响。恩格斯的《国民经济学批判大纲》在对马尔萨斯"把人口过剩和财富过剩对立起来"的片面人口观点加以批判时,曾鲜明地指出:"人口过剩或劳动力过剩是始终与财富过剩、资本过剩和地产过剩联系着的。只有在整个生产力过大的地方,人口才会过多。"[①]另一方面,人口生产是物质资料生产必备的条件,对物质资料生产有重要作用。在《〈政治经济学批判〉导言》中,马克思就将人口视为"全部社会生产行为的基础和主体"[②]。此后,他在《剩余价值理论》中进一步发挥了该思想,认为:"人本身是他自己的物质生产的基础,也是他进行的其他各种生产的基础……所有的人的关系和职能,不管它们以什么形式和在什么地方表现出来,都会影响物质生产,并对物质生产发生或多或少是决定的作用。"[③]人口生产将会作用于物质资料生产,物质资料生产不可能脱离人口生产,这虽然在人类发展不同阶段有着不同的表现形式,但却是一条恒之久远的"铁律"。基于对"两种生产"不可分割的必然联系的哲学认识,马克思、恩格斯明确了人口生产必须要同物质资料生产相互适应亦即"均衡"的人类社会生产共有原则,这提供了极其重要的实践遵循。马克思的人口论把人口看作是社会经济制度的一种内在因素,人是从事物质生产活动和其他一切社会活动的主体,是一切社会关系的承担者,没有人就没有社会。在现代社会,人口的质量、职业构成、受教育程度等状况,都会对社会发展产生重要影响。人口因素是影响社会发展的重要因素,但其并不是决定性因素,因为人口因素不能决

---

① 《马克思恩格斯选集》(第一卷),人民出版社 2012 年第三版,第 41 页。
② 《马克思恩格斯选集》(第二卷),人民出版社 2012 年第三版,第 700 页。
③ 《马克思恩格斯全集》(第 33 卷),人民出版社 2004 年版,第 350 页。

定社会的性质，不能说明社会系统更迭的规律性，也不是社会革命的主导因素。

(三) 物质生产方式

【案例】

采集与狩猎时代的生产方式，那一时代的生产力与生产关系；甲骨文所显示的商代生产方式，商代的生产力状况与生产关系；历史文献所展示的西周时代的贵族庄园生产方式，西周时代的生产力状况与生产关系；秦汉之后帝国时代的小农生产方式，家族经济时代的生产力状况与生产关系；工业资本主义开创的大机器生产方式，工业时代的生产力状况与生产关系。

通过上述对人类文明生产方式演进的历史考察，我们至少可以对生产方式、生产力、生产关系这三者之间的关系形成某种生动的直观。不难看出，这一演进过程中最突出的特点，是农业时代的生产方式经历了一个从大(集体)生产到小(家庭)生产的发展过程，而且，家庭经济出现之后，曾经长期保持高度稳定，与此相对应，家庭经济时代的生产力也基本处于停滞状态。

【教师讲授】

生产方式、生产力、生产关系是既紧密联系又相互区别的三个重要概念，并共同构成唯物史观这一理论大厦的基石。如果生产力与生产关系是分析把握特定社会经济结构的出发点，那么，作为生产力与生产关系这两者有机统一的物质生活的生产方式则是对特定历史时代本质特征的集中揭示，也是马克思唯物史观最重要的理论范畴。马克思、恩格斯在《德意志意识形态》中指出："一切历史的第一个前提，这个前提是：人们为了能够'创造历史'，必须能够生活。但是为了生活，首先就需要吃喝住穿以及其他一些东西。因此第一个历史活动就是生产满足这些需要的资料，即生产物质生活本身，而且，这是人们从几千年前直到今天单是为了维持生活就必须每日每时从事的历史活动，是一切历史的基本条件。"[①]因此，"这种历史观就在于：从直接生活的物质生产出发阐述现实的生产过程，把同这种生产方式相联系的、它所产生的交往形式即各个不同阶段上的市民社会理解为整个历史的基础，从市民社会作为国

① 《马克思恩格斯选集》(第一卷)，人民出版社 2012 年第三版，第 158 页。

家的活动描述市民社会，同时从市民社会出发阐明意识的所有各种不同的理论产物和形式，如宗教、哲学、道德等等，而且追溯它们产生的过程”①。在《〈政治经济学批判〉序言》中，马克思又这样经典地概括他的历史唯物主义思想："人们在自己生活的社会生产中发生一定的、必然的、不以他们的意志为转移的关系，即同他们的物质生产力的一定发展阶段相适合的生产关系。这些生产关系的总和构成社会的经济结构，即有法律的和政治的上层建筑竖立其上并有一定的社会意识形式与之相适应的现实基础。物质生活的生产方式制约着整个社会生活、政治生活和精神生活的过程。不是人们的意识决定人们的存在，相反，是人们的社会存在决定人们的意识。社会的物质生产力发展到一定阶段，便同它们一直在其中运动的现存生产关系或财产关系（这只是生产关系的法律用语）发生矛盾。于是这些关系便由生产力的发展形式变成生产力的桎梏。那时社会革命的时代就到来了。随着经济基础的变更，全部庞大的上层建筑也或慢或快地发生变革。”②

由此可见，虽然前面讲到的地理因素、人口因素也是社会存在的重要表现形式，但只有物质生活的生产方式才是真正具有决定意义的社会存在。首先，物质生产活动及生产方式是人类社会赖以存在和发展的基础，是人类其他一切活动的首要前提。其次，物质生产活动及生产方式决定着社会的结构、性质和面貌，制约着人们的经济生活、政治生活和精神生活等全部社会生活。最后，物质生产活动及生产方式的变化发展决定整个社会历史的变化发展，决定社会形态从低级向高级的更替和发展。

【教学总结】

马克思主义所说的社会存在又称社会物质生活条件，是指社会生活的物质方面，主要包括自然地理环境、人口因素和物质生活的生产方式。马克思主义认为，社会生活是一个复杂的系统，这个系统总体上可以区分为社会生活的物质方面即社会存在与社会生活的精神方面即社会意识。马克思指出：意识在任何时候都只

① 《马克思恩格斯选集》（第一卷），人民出版社 2012 年第三版，第 171 页。
② 《马克思恩格斯选集》（第二卷），人民出版社 2012 年第三版，第 2—3 页

能是被意识到了的存在，而人们的存在就是他们的实际生活过程。不是意识决定生活，而是生活决定意识。马克思对于社会存在、社会意识及二者相互关系的开创性思考为人们正确认识人类历史及其发展规律提供了一把钥匙，这就是唯物史观。

三、板书设计

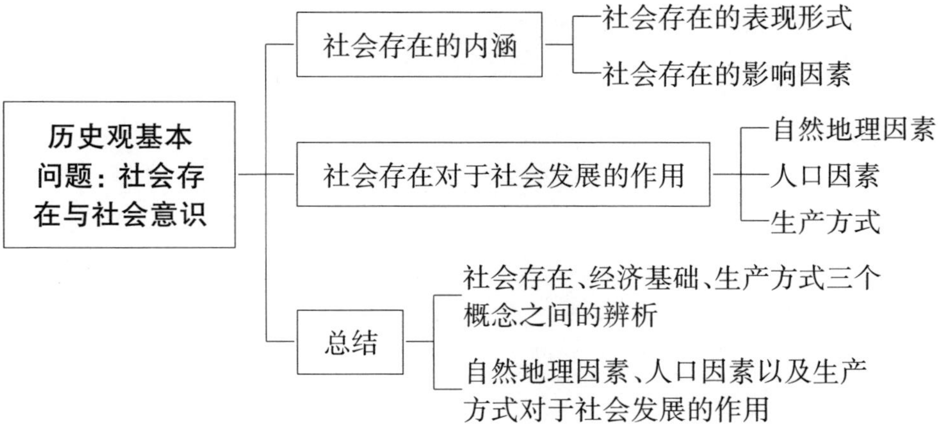

四、作业设计

(1) 东西方文明的差异及其根源是世界历史时代东西方思想家始终难以释怀的重大理论关切，那么，地理因素究竟在何种意义与程度上、通过何种路径影响了东西方文明的精神品格？

(2) 中国农业时代的生产方式从大集体生产到家庭小生产演变的这一过程有什么内在历史逻辑？中国文明的这一历史经验对于理解当代文明的未来走向有什么启示？

五、延伸阅读

(1) 卡尔·马克思：《〈政治经济学批判〉序言》，载《马克思恩格斯选集》(第二卷),人民出版社 2012 年第三版。

(2) 毛泽东:《关于正确处理人民内部矛盾的问题》,载《毛泽东文集》(第七卷),人民出版社 1999 年版。

(谌中和)

第二讲　社会基本矛盾及其运动规律

一、教学说明

1. 教学目标

本讲主要聚焦于社会历史发展的动力，帮助同学们学习和把握历史唯物主义的基本原理，着重了解社会基本矛盾在社会发展中的作用，阶级斗争和社会革命在阶级社会发展中的作用，改革在社会发展中的作用，科学技术在社会发展中的作用，旨在提高学生运用历史唯物主义正确认识历史和现实、正确认识社会发展规律的能力。

2. 教学重点

（1）社会基本矛盾在社会发展中的作用

（2）在实践中具体把握社会主要矛盾及其转化

3. 教学难点

（1）改革在社会发展中的作用

（2）科学技术在社会发展中的作用

4. 教学方法

综合运用课堂讨论、案例分析等教学方式。通过课堂讨论，引导学生思考是什么在推动社会发展。通过案例分析帮助学生结合时事背景理解知识。

5. 学时安排

2 学时

二、教学内容

【教学导入】

首先以问题为导入，请同学们思考并讨论：人类社会发展有没有规律可循？为什么有的社会制度日益衰微，而有的社会制度具有持久的生命力？到底是什么力量在推动人类社会不停地向前发展？

根据学生的回答，慢慢引导学生探寻：推动社会发展的根本动力是什么？如何表现？人类历史上的阶级、国家是如何出现的，其本质是什么？阶级斗争是怎么一回事？科学技术的作用如何？改革在社会发展中的作用如何？科学技术在社会发展中的作用又如何？

（一）社会基本矛盾在历史发展中的作用

【案例】

“高质量发展是全面建设社会主义现代化国家的首要任务。发展是党执政兴国的第一要务。没有坚实的物质技术基础，就不可能全面建成社会主义现代化强国。必须完整、准确、全面贯彻新发展理念，坚持社会主义市场经济改革方向，坚持高水平对外开放，加快构建以国内大循环为主体、国内国际双循环相互促进的新发展格局。”①

“全面建设社会主义现代化国家，必须坚持中国特色社会主义文化发展道路，增强文化自信，围绕举旗帜、聚民心、育新人、兴文化、展形象建设社会主义文化强国，发展面向现代化、面向世界、面向未来的，民族的科学的大众的社会主义文化，激发全民族文化创新创造活力，增强实现中华民族伟大复兴的精神力量。我们要坚持马克思主义在意识形态领域指导地位的根本制度，坚持为人民服务、为社会主义服务，坚持百花齐放、百家争鸣，坚持创造性转化、创新性发展，以社会主义核心价值观为引领，发展社会主义先进文化，弘扬革命文

① 习近平：《高举中国特色社会主义伟大旗帜　为全面建设社会主义现代化国家而团结奋斗——在中国共产党第二十次全国代表大会上的报告》，人民出版社 2022 年版，第 28 页。

化,传承中华优秀传统文化,满足人民日益增长的精神文化需求,巩固全党全国各族人民团结奋斗的共同思想基础,不断提升国家文化软实力和中华文化影响力。”①

【教师讲授】

1）生产力与生产关系

生产力是人类在物质生产过程中形成的改造和影响自然以使其适合自身需要的物质力量,包括劳动资料、劳动对象和劳动者,实际上就是劳动者利用劳动资料作用于劳动对象以满足自己需要的能力。劳动者要想实现这个过程,就必须围绕着劳动资料和劳动对象结成一定的关系——生产关系。因此,生产关系是劳动资料和劳动对象的所有关系及其基础上的劳动产品的分配关系。生产力与生产关系是对立统一的。一方面,生产力决定生产关系,有什么样的生产力,就有什么样的生产关系与之相适应;另一方面,生产关系反作用于生产力,先进的生产关系会促进生产力的发展,落后的生产关系会阻碍生产力的发展。从这一角度来说,从原始社会到奴隶社会和封建社会再到资本主义社会和共产主义社会的历史演进,其背后的根本动力就是生产力与生产关系的矛盾运动,即正是生产力的不断发展要求生产关系的不断变革。

在 2015 年联合国发展峰会上,习近平主席提出:“唯有发展,才能消除冲突的根源。唯有发展,才能保障人民的基本权利。唯有发展,才能满足人民对美好生活的热切向往。”在 2022 年全球发展高层对话会上,习近平主席指出:“中国古人说,‘仓廪实而知礼节,衣食足而知荣辱。’这些年,我走遍中国城镇乡村,也访问过不少国家。我深深感受到,只有不断发展,才能实现人民对生活安康、社会安宁的梦想。”在党的二十大报告中,习近平总书记明确指出:“发展是党执政兴国的第一要务。没有坚实的物质技术基础,就不可能全面建成社会主义现代化强国。”这体现了中国共产党始终把解放和发展生产力作为社会主义的本质,作为党执政兴国的第一要务,作为推动中国

---

① 习近平:《高举中国特色社会主义伟大旗帜　为全面建设社会主义现代化国家而团结奋斗——在中国共产党第二十次全国代表大会上的报告》,人民出版社 2022 年版,第 42—43 页。

社会不断向前发展的根本着力点，作为不断满足人民美好生活需要的可靠保障。

2）经济基础和上层建筑

经济基础是生产关系的总和，而决定经济基础性质的是那些占据支配地位的生产关系。上层建筑是建立在一定经济基础之上的意识形态以及与之相适应的制度、组织和设施，包括政治上层建筑和观念上层建筑。首先，经济基础决定上层建筑。经济基础是上层建筑赖以产生、存在和发展的物质基础，上层建筑是经济基础得以确立其统治地位并获得巩固和发展不可缺少的政治、思想条件。其次，上层建筑对经济基础具有反作用。这集中表现在：上层建筑为自己的经济基础的形成和巩固服务，确立或维护其在社会中的统治地位。当上层建筑为适合生产力发展要求的经济基础服务时，就成为推动社会发展的进步力量；反之，就会成为阻碍社会发展的消极力量。

党的二十大报告提出，全面建设社会主义现代化国家离不开坚持中国特色社会主义文化，中国特色社会主义文化为实现中华民族伟大复兴提供精神力量，它不仅能满足人民日益增长的精神文化需求，还能巩固全党全国各族人民团结奋斗的共同思想基础，不断提升国家文化软实力和中华文化影响力。由此可见，中国特色社会主义文化在社会意识层面集中反映了党团结带领人民开创中国式现代化的历史伟业，它能够凝聚中国人民创造历史的磅礴伟力，从而充分彰显了积极的先进的上层建筑是促进社会发展的进步力量，它能够起到举旗帜、聚民心、育新人、兴文化、展形象的历史作用。

（二）在实践中具体把握社会主要矛盾及其转化

【案例】

在党的二十大报告中，“主要矛盾”一方面指的是具体的中国社会主要矛盾，另一方面指的是一种科学方法论。就前一方面而言，习近平总书记指出：“我们对新时代党和国家事业发展作出科学完整的战略部署，提出实现中华民族伟大复兴的中国梦，以中国式现代化推进中华民族伟大复兴，统揽伟大斗争、伟大工程、伟大事业、伟大梦想，明确‘五位一体’总体布局和‘四个全面’战略布局，确定稳中求进工作总基调，统筹发展和安全，明确我国社会主要矛盾是人民日益增长的美好生活需要和不平衡不充分的发展之间的矛盾，并紧紧围绕这个社会主要矛盾推进各项工作，不断丰富和发展人类文明新形态。”就后一方面而言，在“开辟马克思主义中国化时代化新境界”中，习近平总书记指出，要“坚持系统思维”，“我们要善于通过历史看现实、透过现象看本质，把握好全局和局部、当前和长远、宏观和微观、主要矛盾和次要矛盾、特殊和一般的关系，不断提高战略思维、历史思维、辩证思维、系统思维、创新思维、法治思维、底线思维能力，为前瞻性思考、全局性谋划、整体性推进党和国家各项事业提供科学思想方法”。①

【教师讲授】

社会基本矛盾反映在社会生活的方方面面，是其他一切社会矛盾的根源，而社会主要矛盾是指在一定社会发展阶段上处于支配地位的、对社会发展过程起主导作用的具体的、现实的矛盾，它对于我们认清现实、抓住根本、推动工作具有直接而现实的指导意义。恩格斯指出：“为了达到伟大的目标和团结，为此所必需的千百万大军应当时刻牢记主要的东西，不因那些无谓的吹毛求疵而迷失方向。”②毛泽东同样指出：“对于矛盾的各种不平衡情况的研究，对于主要的矛盾和非主要的矛盾、主要的矛盾方面和非主要的矛盾方面的研究，成为革命政党正确地决定其政治上和军事上的战略战术方针的重要方法之一，是一切共产党人都应当注意的。”③

社会主要矛盾不是一成不变的，它在一定条件下会发生转化。从1840年至今，中国社会的主要矛盾经历了数次的历史性变迁。1840—1949年，中国社会主要矛盾表现为民族矛盾和阶级矛盾的交替出现。1949—1956年，中国社会主要矛盾是阶级矛盾，是走社会主义道路还是走资本主义道路的矛盾。1956年社会主义三大改造完成后，中国社会的主要矛盾是人民内部矛盾，是人民日益增长的物质文化需要与落后的社会生产之间的矛盾。党

① 习近平：《高举中国特色社会主义伟大旗帜　为全面建设社会主义现代化国家而团结奋斗——在中国共产党第二十次全国代表大会上的报告》，人民出版社2022年版，第7、21页。

② 《马克思恩格斯全集》(第38卷)，人民出版社1972年版，第270页。

③ 《毛泽东选集》(第一卷)，人民出版社1991年版，第326—327页。

的十八大以来，中国特色社会主义进入新时代，其主要矛盾转变为人民日益增长的美好生活需要和不平衡不充分的发展之间的矛盾。正是基于对中国社会主要矛盾的科学把握和清醒认识，我们提出贯彻新发展理念、构建新发展格局、推动高质量发展，不仅满足人民对物质文化生活提出的更高要求，而且满足人民在民主、法治、公平、正义、安全、环境等方面日益增长的新要求。

（三）阶级斗争和社会革命在阶级社会发展中的作用

【案例】

巴黎公社是法国无产阶级1871年建立的工人革命政府，也是人类历史上第一个无产阶级政权。虽然最终失败了，但巴黎公社的历史功绩不可磨灭。马克思曾深刻阐述巴黎公社的解放实质，他认为巴黎公社的伟大意义就在于无产阶级第一次推翻了资产阶级的政权。但是，在这一进程中，“工人阶级不能简单地掌握现成的国家机器，并运用它来达到自己的目的”①。这是因为，现成的国家机器无不具有压迫的性质，对于这样一种国家机器，无产阶级不能简单地运用和掌握，必须用暴力革命予以彻底打碎。作为帝国的直接对立物的巴黎公社，“它实质上是工人阶级的政府，是生产者阶级同占有者阶级斗争的产物，是终于发现的可以使劳动在经济上获得解放的政治形式”②。

【教师讲授】

阶级斗争是社会基本矛盾在阶级社会中的表现，是阶级社会发展的直接动力。离开了阶级斗争，就无法理解阶级社会的发展。社会革命是阶级斗争发展到一定阶段的产物，是推动阶级社会发展的重要动力。阶级和阶级斗争是人类社会发展到一定阶段才出现的社会现象。阶级是一个经济范畴和历史范畴，是围绕着生产资料的占有关系所形成的。列宁指出：“所谓阶级，就是这样一些集团，由于它们在一定社会经济结构中所处的地位不同，其中一个集团

---

① 马克思：《法兰西内战》，人民出版社2018年版，第56页。
② 同上书，第63页。

能够占有另一个集团的劳动。”[①]列宁的阶级定义包含四个“不同”：在一定生产体系中的地位不同、对生产资料的占有关系不同、在社会劳动组织中的作用不同、取得社会财富的方式和多寡不同。需要注意的是，不是所有阶级矛盾都构成阶级斗争，只有经济利益根本对立的阶级之间的对抗性矛盾才构成阶级斗争，阶级斗争的结果能够引发生产关系、上层建筑甚至是社会形态的变革。在阶级社会，阶级斗争能够改善劳动者境遇，提高其生产积极性，推动社会生产力的发展。

社会革命与阶级斗争密切相关，是社会基本矛盾在阶级社会的又一表现形式。当阶级斗争的主题不是只局限于某种经济利益或社会利益，阶级斗争的结果不是限于不同统治集团的改朝换代，而是直接指向或导致不同社会形态的更替，也就是社会基本经济制度、基本政治法律制度的根本变革，那就构成了社会革命。马克思主义历史观所说的社会革命主要是指社会形态的更替，一种新的社会形态取代旧的社会形态。社会革命对历史发展具有重要的推动作用。首先，社会革命是实现新旧社会形态更替的决定性环节。其次，社会革命有力推动社会生产力的发展。最后，社会革命能够激发广大人民群众创造历史的极大热情。需要指出的是，社会主义革命不同于人类历史上的其他社会革命，不是用一种剥削制度去代替另一种剥削制度，而是要最终铲除剥削制度，消灭阶级对立，实现人的解放和自由全面发展，因而对历史发展和社会进步具有重大意义。

(四) 改革在社会发展中的作用

【案例】

在党的二十大报告中，作为一个高频词汇，“改革”出现了51次之多，涉及经济建设、政治建设、社会建设、文化建设以及生态文明建设、军队国防建设、科技事业发展等各个方面。在《新时代新征程 中国共产党的使命任务》这一部分，习近平总书记指出未来五年改革开放的主要目标任务是，“改革开放迈出新步伐，国家治理体系和治理能力现代化深入推进，社会主义市场经济体制更加完善，更高水平开放型经济新体制基本形成”，并明确将“坚持改革开放”

---

① 《列宁选集》(第四卷)，人民出版社2012年第三版修订版，第11页。

作为"前进道路上,必须牢牢把握的几个重大原则"之一——"坚持深化改革开放。深入推进改革创新,坚定不移扩大开放,着力破解深层次体制机制障碍,不断彰显中国特色社会主义制度优势,不断增强社会主义现代化建设的动力和活力,把我国制度优势更好转化为国家治理效能"。[①]

【互动讨论】

为什么说改革开放是决定当代中国命运的关键一招,也是决定实现"两个一百年"奋斗目标、实现中华民族伟大复兴的关键一招?

【教师讲授】

所谓改革是指同一社会形态发展过程中的量变或者部分质变,也就是社会在保持现有基本经济制度和基本政治制度不变的条件下进行的一种自我完善、自我革命。当社会基本矛盾发展到一定程度,但又未激化到不进行社会革命不足以解决的程度时,当通过变革社会经济制度和政治制度的某些环节就能调节生产关系与生产力的矛盾、上层建筑与经济基础的矛盾时,改革就成为促进生产力发展、促进社会进步的一种历史选择。

社会主义建设也是一个不断探索的过程,由于主客观方面的原因,同样存在着生产关系不适合生产力发展要求的方面、上层建筑不适于经济基础状况的方面,因而社会主义也是一个需要改革并持续改革的社会。20世纪70年代末以来,我国不断推进经济体制和政治体制等多方面的改革,极大地解放和发展了生产力,极大地变革了生产关系,极大地提升了人民群众的生活水平,极大地改变了中国的社会面貌,就其广泛性、深刻性以及对社会生活的深远影响来看,可以说是一场广义的社会革命。正是这样一种深刻的社会变革,成就了中国特色社会主义的伟大事业,将社会主义中国的发展提升到了一个新的历史方位。在改革开放以来长期探索和实践基础上,经过十八大以来在理论和实践上的创新突破,中国共产党成功推进和拓展了中国式现代化。中国式现代化,是中国共产党领导的社会主义现代化,既有各国现代化的共同特征,更有基于自己国情的中国特色,它不仅使我们比以往任何时候都接近于中华民

① 习近平:《高举中国特色社会主义伟大旗帜　为全面建设社会主义现代化国家而团结奋斗——在中国共产党第二十次全国代表大会上的报告》,人民出版社2022年版,第25、27页。

族伟大复兴，而且还开创了人类文明新形态，为人类探索新的文明形态提供了有益借鉴，为那些既想发展又想保持自身独立的发展中国家提供了中国方案和中国智慧。

（五）科学技术在社会发展中的作用

【案例】

2016 年，在国家科技领域最高规格的全国科技创新大会、两院院士大会、中国科协第九次全国代表大会上，习近平总书记首次提出了科技事业发展的“三个面向”：面向世界科技前沿、面向经济主战场、面向国家重大需求。在新形势背景下，党的十九届五中全会进一步确立了科技事业发展的“第四个面向”：面向人民生命健康。

在党的二十大报告中，《实施科教兴国战略，强化现代化建设人才支撑》作为一个独立的部分出现，足以显见党和国家对科学技术在社会发展中重大作用的认识。习近平总书记不仅指出了教育、科技以及人才的重大作用，“教育、科技、人才是全面建设社会主义现代化国家的基础性、战略性支撑。必须坚持科技是第一生产力、人才是第一资源、创新是第一动力，深入实施科教兴国战略、人才强国战略、创新驱动发展战略，开辟发展新领域新赛道，不断塑造发展新动能新优势”，而且指出中国特色社会主义的教育发展、科技创新以及人才培养的社会主义方向，“我们要坚持教育优先发展、科技自立自强、人才引领驱动，加快建设教育强国、科技强国、人才强国，坚持为党育人、为国育才，全面提高人才自主培养质量，着力造就拔尖创新人才，聚天下英才而用之”。①

【互动讨论】

如何理解“科技是第一生产力”？如何理解“坚持为党育人、为国育才”？

【教师讲授】

科学技术在社会发展中具有重要的作用。

---

① 习近平：《高举中国特色社会主义伟大旗帜　为全面建设社会主义现代化国家而团结奋斗——在中国共产党第二十次全国代表大会上的报告》，人民出版社 2022 年版，第 33—34 页。

首先，科学技术对生产方式产生了深刻影响。科技革命推动了生产规模的扩大，进而推动了生产的分工和协作的广泛发展，并使生产社会化的程度进一步提高，最终必然导致生产关系的变革。

其次，科学技术对生活方式产生了巨大影响。现代科技革命把人们带入了信息时代，要求人们不断更新和充实知识，以适应时代发展的需要。学习日益成为生活中的一项重要内容。现代信息技术为人们提供了处理、存储和传递信息的手段，给学习、工作带来了极大便利。

最后，科学技术促进了思维方式的变革。现代科技革命对人的思维方式产生了重要影响，主要表现为新的科学理论和技术手段通过影响思维主体、思维客体和思维工具，引起了思维方式的变革。

需要注意的是，科学技术的作用往往具有两面性。由于人们对科学技术实践后果的认识不足，以及社会生产关系的根本制约，科学技术往往会产生极其消极的影响。比如在资本主义社会，机器体系是资本家剥削工人的工具，是瓦解工人联合的有力武器，而在共产主义社会，机器体系则是解放劳动、创造自由时间的社会财富。正是在这个意义上，党的十九届五中全会强调科技事业的发展要“面向人民生命健康”，党的二十大报告强调“坚持为党育人、为国育才”，强调党对科学技术事业的领导地位，强调科学技术发展的社会主义方向。

【教学总结】

(1) 生产力和生产关系、经济基础和上层建筑的矛盾是社会基本矛盾。这两对矛盾贯穿人类社会发展的始终，并规定了社会发展过程中各种社会形态、社会制度的基本性质。

(2) 社会主要矛盾是社会基本矛盾在具体历史实践中的具体表现，对我们认清现实、抓住根本、推动工作具有直接而现实的指导意义。

(3) 阶级斗争和社会革命是社会基本矛盾在阶级社会中的表现。

(4) 改革是同一种社会形态发展过程中的量变和部分质变，是推动社会发展的又一重要动力。

(5) 科学技术作为先进生产力的重要标志，对于推动社会发展有着非常重要的作用。

三、板书设计

社会历史发展的动力系统

- 社会基本矛盾是历史发展的根本动力
  - 生产力与生产关系的矛盾
  - 经济基础与上层建筑的矛盾
- 阶级斗争和社会革命在历史发展中的作用
- 改革在社会发展中的作用
- 科学技术在历史发展中的作用
  - 促进社会经济政治制度的变革
  - 推动人们生活方式的变化
  - 引发人们思维方式的转换

四、作业设计

请同学们思考社会基本矛盾、社会主要矛盾以及人民群众之间的内在联系。

五、延伸阅读

（1）习近平：《坚持历史唯物主义不断开辟当代中国马克思主义发展新境界》，《求是》2020年第2期。

（2）［美］马歇尔·萨林斯：《石器时代经济学》，张经纬、郑少雄、张帆译，生活·读书·新知三联书店2019年版。

（3）［美］雷·库兹韦尔：《奇点临近》，李庆诚、董振华、田源译，机械工业出版社2011年版。

（4）［英］阿瑟·克拉克：《城市与群星》，周晓贤译，四川科学技术出版社2012年版。

（李爱龙　李嘉弘）

第三讲　人民群众在历史发展中的作用

一、教学说明

1. 教学目标

本讲主要讲授唯物史观对于人民群众在历史发展中作用的看法，并在此基础上探讨党的群众路线的辩证含义，以及政党和领袖在群众路线中的作用。通过这些讲授和探讨，一方面让学生对历史唯物主义有关实践的重大理论命题形成准确的认识，另一方面也帮助学生结合中国社会主义革命和建设的历史，深刻领会党的群众路线的深刻内涵，并从中吸取经验，以正确的处理个人与集体、个人与社会关系的观念来指导自身的大学学习和生活。

2. 教学重点

(1) 英雄史观的谬误

(2) 群众史观的理论依据和现实依据

(3) 党的群众路线辩证法

3. 教学难点

(1) 消除学生源自英雄史观的错误观念

(2) 多角度理解人民群众是历史的创造者的深刻思想

(3) 准确把握群众路线辩证法中政党和领袖的作用

4. 教学方法

综合运用问题导入、案例分析、原著精解、课堂讨论、视频赏析等多种教学方式。通过问题导入，快速集中学生的注意力。通过案例分析和原著精解，逐步深入讲授历史唯物主义关于群众史观的多层次、丰富的思想内容。通过课堂讨论,生动引导学生澄清模糊概念,树立正确观念。通过视频赏析,活跃课堂氛围,使课堂讲授更接地气。

5. 学时安排

2 学时

二、教学内容

(一) 英雄史观的谬误

【问题导入】

作为开场白,首先问全体学生一个问题:自古以来,中国就有一个经典辩题——到底是时势造英雄,还是英雄造时势?你们怎么看这个辩题?

学生很可能反应不一,有的回答时势造英雄,有的回答英雄造时势,还有的可能回答两种说法都对,要视具体情况而定。要继续追问这些回答问题的学生:为什么认为自己的答案是对的,而别人的答案是错的?在此基础上,鼓励答案不同的学生相互之间展开辩论,引导他们从辩论中初步发现各自论证的不足。

最后,再问全体学生:马克思主义的唯物史观对时势和英雄的关系会给出怎样的答案?鼓励大家开放地思考这个问题。

1. 如何准确理解"时势造英雄"

【教师讲授】

1) 唯物史观对时势的理解

唯物史观视域下,历史是社会发展的历史,而社会发展既有其静态结构(即由经济基础中的生产力和生产关系,以及上层建筑中的政治和观念共同构成的矛盾关系)即所谓"客体",也有其动态过程(表现为作为"客体"的社会结构和作为"主体"的人类动因的互动),是静和动、客体和主体的辩证统一。其中,运动(即主客体互动)是绝对的,静止(即客体的独立存在)是相对的,静止只存在于概念分析的范畴中。也就是说,社会发展的结构其实是在和人类动因的相互作用中不断被更新着的。

时势,即某一特定时点上社会发展的势头。任何一个特定历史时刻的时势,都是社会结构和人类动因的辩证统一。历史正是由无数个这样的特定时点上的时势所无缝接合而成的。

2) 时势和英雄的关系,其实质是整体和部分的关系

再来看一下唯物史观框架下的英雄,即杰出人物。他们是人类动因的一部分承担者。人类动因中还有另外一类承担者,叫人民群众。

用公式来表示:

时势=社会结构+人类动因

人类动因=英雄+人民群众

时势=社会结构+英雄动因+人民群众动因

由上面的公式可知,时势是一种整体性的概念,它是社会结构和人类动因的总和,是主客体的统一。因此,时势造英雄的提法,在整体对部分发挥塑造作用的意义上,是可以说通的,符合唯物史观精神。

但这里还有另外一个层次,就是结构和动因的关系问题。时势之所以作为整体塑造着作为部分的英雄动因,很重要的一个原因就是时势内部已经蕴含了结构和动因的互动关系。因此,我们下面的话题就要转到结构和动因的关系上来。

【原著精解】

马克思在经典名著《路易·波拿巴的雾月十八日》的开篇,有一句被广泛应用的至理名言:"人们自己创造自己的历史,但是他们并不是随心所欲地创造,并不是在他们自己选定的条件下创造,而是在直接碰到的、既定的、从过去承继下来的条件下创造。"

对于这句话,我们究竟应该作何理解?

首先,这句话谈论的是社会结构和人类动因的关系。具体说,紧紧围绕的问题是:人怎样创造历史?回答该问题最终的落脚点,放在了人创造历史时所受到的限制上。而这一限制,指的正是社会结构。

那么，社会结构又是从哪里来的呢？马克思在这里说，是从过去承继下来的。结合马克思"人们自己创造自己的历史"的论断来看，从过去承继下来的社会结构，依然是人们自己创造的，只不过是在过去创造的。

社会结构不是"非人"的纯粹客体，而是人类在过去的行动或实践所沉淀下来的、传承至今的、现在依然在发生作用的既存社会条件。一句话，过去的人类动因成果，制约着当下的人类动因效果。

值得注意的是，社会结构和人类动因的互动，表现为新的人类动因不断加诸过去的人类动因所沉淀下来的社会结构，使后者不断发生更新。这就好比流量和存量的关系，蓄水池里的水只不过是过去注入的水，而新注入的水不断在增加着蓄水池的水容量。流量和存量表面上是对立的概念，实则统一为流水，也就是过去的流水和现在的流水的对立统一。蓄水池是流水所创造的，但流水并不凭空创造蓄水池，而是在既有的蓄水池的基础上不断注入新水来形成新的蓄水池格局。马克思在政治经济学中经常使用的一对概念——活劳动和物化劳动，表达的也是同一个逻辑。

所以，马克思谈论历史对人的动因的制约，并不是把两者截然对立来谈，而是首先强调两者的统一性，即统一为人的动因。这里明确体现了辩证法"对立统一"原则。

正因为有了社会结构和人类动因之间的"对立统一"，才有了"时势"这样一个融社会结构和人类动因为一体的名词。很显然，作为整体的时势，已经包含了作为部分的人类动因，也已经包含了作为人类动因一部分的英雄动因。然后又借助已经沉淀下来的过去的人类动因，对新加入的包括英雄动因在内的一切人类动因进行制约。

所谓"时势造英雄"，就应该在这样的意义上加以理解，而不应理解成一个"非人"的客体创造出了某一种人类动因。

2. "英雄造时势"错在哪里？

【问题导入】

既然"时势造英雄"的说法不应该被视为一个"非人"的客体决定着人类行为，而应该理解为沉淀为社会结构的过去的人类动因与当下发挥作用的人类动因在互动过程中一起塑造当下的杰出人物，也就是说，“时势造英雄”的说法最终还是以一种唯物辩证法的特有方式对人类动因也就是人的主观能动性进行了突出和强调，那么，作为人类动因中一个相当引人注目的组成部分的杰出人物，对时势所产生的作用我们究竟应该如何进行评估？“英雄造时势”这样一种说法究竟能否成立？

【原著精解】

要回答“英雄造时势”的说法是否成立的问题，首先必须弄清楚英雄即杰出人物在人类动因这张大网中的地位。从形式上看，人类动因有人民群众的动因和英雄的动因这两个不同的组成部分。唯物史观认为，这两个动因的关系是对立统一的，并统一于人民群众。在这一点上，最明确的论断来自毛泽东。毛泽东在《论联合政府》中明确说：“人民，只有人民，才是创造世界历史的动力。”后来，毛泽东又进一步强调指出：领导人和人民不能分开，也不能等量齐观。领导人不应站在人民之上，不应站在人民之外，必须站在人民之中，是人民的一部分。①

毛泽东的话，说明了两点：第一，人民群众的动因大于英雄，两者完全不是一个量级；第二，英雄其实也是人民群众的一员，并不存在独立于人民群众之外的英雄，英雄是在人民群众中才拥有动因的。

这样来看，唯物史观强调时势是过去的人类动因和现在的人类动因相统一的思想，就可以被转化理解为作为人类动因主体的人民群众对时势的创造和推动作用。综合前面所有的论述来看，唯物史观在这里所表达的总体看法，可以通俗化地转述为“人民造时势，时势造英雄”这句话。显而易见，“英雄造时势”的说法是无法成立的。

【案例】

既然“英雄造时势”的命题是错误的，那么我们又该怎么看待杰出人物在历史上的作用呢？我们必须看到，“英雄造时势”这句俗语的背后，实际上是唯心主义的英雄史观。英雄史观虽然错误，但在民间影响巨大，不少大学生也潜移默化地受到这一观念的影响。此外，英雄史观非常容易和唯物史观对杰出

---

① 参见梁柱：《把毛泽东倡导的为人民服务坚持到底》，《前线》2013 年第 12 期。

人物在历史中重要作用的认可相混淆。因此，我们有必要直面"英雄造时势"这一命题，不仅要从理论上一般地论证其错误性（前面已经做了），还要结合案例具体地说明其错误性（现在正要做），并从根源上解释这样一种错误思想缘何生生不息（下面继续会做）。

最具典型意义的案例说明，莫过于就国际共运史上的伟大领袖来谈英雄史观的错误。本案例特选取马克思主义和国际共产主义运动的创始人马克思来做说明。

众所周知，马克思创立了马克思主义。虽然马克思的亲密战友恩格斯也同为马克思主义的创始人，但恩格斯本人也强调，他能做的马克思都能做到，而马克思能做到的却非他所能及。那么，既然马克思的历史功绩如此伟大，我们能不能说马克思这位英雄创造出了国际共运的时势呢？

答案是否定的。原因在于，马克思个人的动因只是在和人民群众当下的动因以及已经沉淀为既存社会结构的人民群众过去的动因相结合的时候，才创造了国际共运的时势。

通过考察马克思本人的思想转变史，就能够理解这个道理。马克思在柏林大学读书的时候，深受黑格尔左派思想的影响。只是在他大学毕业后担任科伦的《莱茵报》主编期间，由于他注意把自己的工作和社会实践紧密结合，深入了解莱茵河谷劳动群众的生产生活，并和统治者及其御用文人展开现实问题的激烈论战，才开始了逐步创立马克思主义的过程。在这个过程中，还有一个重要的时间节点，那就是他先是在科伦接触到了法国空想社会主义的思想，后来移居当时欧洲工人运动的中心巴黎，投入到了无产阶级火热的战斗生活，这才把无产阶级的解放事业和无产阶级的革命性力量作为自己开创的新理论体系的核心，从而打下了创立马克思主义的坚实基础。各种教科书都反复强调，当时无产阶级登上历史舞台的三大运动是马克思主义创立的历史条件，说的正是这个意思。

可以这样说，如果当时西欧先进国家的社会结构没有发展到资本主义生产方式业已确立的阶段，如果没有工人阶级登上历史舞台展示新的人民群众动因的话，马克思再聪慧再勤奋，也无法创立后来被称作"马克思主义"的理论体系，无法创造国际共产主义运动的时势。因此，就连马克思这样一个身兼

“千年最伟大思想家”和无产阶级革命导师的伟大人物的人生历程，都无法让“英雄造时势”的说法得以成立。

当然，否认“英雄造时势”的说法，并不是否定个人的历史作用，只是强调不应把任何个人的作用抬到高于人民群众的地位上。如果完全否定个人的历史作用，那就势必也要否定人类和人民群众的动因，因为人民群众也是由一个个活生生的个人所组成的。否定个人历史作用的历史观，只能是机械唯物主义或者客观唯心主义的历史宿命论，即认为历史规律是一种超脱于人类动因之外的纯客体，它会自动实现它自身，而不需要经过人类的努力和实践来达成。社会主义的历史必然性，并不代表社会主义会自动实现，它依然需要千百万人的努力奋斗才能达到。

3. 历史唯物主义如何揭示英雄史观的社会根源

【教师讲授】

既然“英雄造时势”的英雄史观是错误的，那它为什么还能在历史上、在当今的社会上传播甚广呢?

教材是从认识根源、社会历史根源、阶级根源这三个方面来谈这个问题的。教材分析的内容是深刻而全面的，但展示的方式还有改善的余地。把这三个根源并列在一起的做法，以及具体的选词，使得教材未能用一种最有效的方式揭示它们之间的逻辑关系。要做到最有效，还需要最大程度地促进学生的理解记忆而非让教学效果依赖于学生的机械记忆，只有这样才能达成“进头脑”的生动效果。

其实这三个根源，可以通过唯物史观对于社会结构的揭示而得到说明。首先是生产力，其次是生产关系，再次是政治上层建筑，最后是观念上层建筑。而“根源”一词，不宜不加区别地用在所有的层次上。不同层次的根源程度是不一样的。生产力层次代表着最深层次的根源，生产关系层次是较深的根源，政治上层建筑层次则是最浅表和最直接的根源，或者说来源，因为它并不处于经济基础这一“根”上。观念上层建筑层次则最为特别：英雄史观作为一种观念，作为一种认识，自身就处在这一层次上，所以观念上层建筑不能既是现象本身，又是现象的根源所在。“认识”的“认识根源”是一种同义反复，没有实质意义可言。

英雄史观最深层的根源来自于生产力层次。当生产力发展水平到达一定阶段时(剩余产品出现,但没有达到物质产品极大丰富的社会化大生产程度),能够“脱产”而专事社会管理及思想文化工作的只能是少数人,这就导致只有少数人能够活跃在历史的前台,从而不利于在幕后埋头苦干的人民群众历史作用的显性展示。

这样一种在劳动分工上由少数人垄断经济、政治和文化管理工作的生产力发展水平,又决定了较深层次的生产关系上的阶级分化。少数社会精英把对这些管理工作的垄断权转化为对人民群众剩余劳动的榨取权,从而制造了剥削阶级和被剥削阶级的对立。在这种阶级分化的情况下,作为被剥削阶级的人民群众陷入了阶级固化的恶性循环,生活上的困苦导致受教育程度和空余时间无法达到参与社会管理的要求,收入也无法有效提升,于是就只能作为直接劳动者继续被剥削阶级剥削。在这种情况下,除了阶级矛盾激化导致大规模反抗和起义的特定历史时刻,人民群众的历史作用总的来说是在沉默中遭到掩盖而无法走向前台的。

英雄史观最浅表、最直接的来源是政治上层建筑层次。在阶级社会里,剥削阶级要么直接控制政治和法律制度的设计和运行,要么操纵其代理人来实现这一目标。垄断政治权力的统治者于是想方设法维护剥削型生产方式和剥削阶级的利益,其中一个方法就是在思想意识上对人民群众进行欺骗和愚弄。英雄史观就属于这样一种思想奴役的工具,因而得到了历史统治阶级及其附属文人的肆意宣传。被英雄史观洗脑的人民群众,在心态上对剥削阶级的英雄人物顶礼膜拜,就容易丧失自己的主体意识和反抗精神,从而心甘情愿配合剥削阶级的统治。当然,统治者的这一如意算盘并不总能得逞,陈胜“王侯将相,宁有种乎”的慷慨陈词,还有毛泽东“人民,只有人民,才是创造世界历史的动力”的科学论断,就把统治阶级刻意宣传的英雄史观击得粉碎。

(二) 群众史观的理论依据和现实依据

【教师讲授】

前面已经对“时势”与“英雄”的关系做了符合马克思主义唯物史观的探

讨,也对唯心主义的英雄史观从历史唯物主义视角进行了认识根源和社会根源的分析。在此基础上,再对历史唯物主义群众史观关于“人民群众是历史的创造者”的深刻思想进行正面解析,就能收水到渠成、事半功倍之效了。

唯物史观一贯认为,人民群众是历史的创造者。毛泽东更是认为,“人民,只有人民,才是创造世界历史的动力”。那么,马克思主义的群众史观到底有着怎样的正面依据呢?在这里,我们从历史唯物主义的高度,需要分别阐述马克思主义群众史观的理论依据和现实依据。

就理论依据而言,我们可以从三个方面入手,而这三个方面其实都要感谢唯物史观的社会系统方法论所带给我们的启示。也就是说,这三个方面的理论依据也同时是方法论依据。

首先,唯物史观立足于人的社会本质来确定谁是历史的创造者。马克思指出,人的本质是社会关系的总和。的确,人的本质属性是社会属性而非自然属性,任何个人都是在社会关系中、在社会群体中才发挥出个人作用的。而且这样的社会关系首先表现为阶级关系,这样的社会群体也首先表现为阶级群体。在不同的历史时期,人民群众包含着不同的阶级、阶层和集团,但其中最稳定的主体部分始终是从事物质资料生产的劳动群众。

其次,唯物史观立足于整体的社会历史进程来拷问历史的创造者究竟是谁。任何一个单个的社会成员,都可以创造其个人的历史,但那终究只是个人的历史,而不能称其为社会的历史。并且,整体的社会历史进程也不能还原为不同社会成员个人历史的简单叠加。作为整体的社会历史,一定是作为社会主体的人民群众在一起,也就是以集体和共同的方式,所创造出来的历史。

最后,唯物史观从社会历史发展的必然性来把握谁是历史的创造者。任何社会成员都可以根据其个人的愿望、出自其个人的利益而采取行动,能力强的甚至可以在一定程度上推动影响社会的大事件的发生。但是,要真正谈得上创造历史,就必须尊重社会向前发展的客观规律,就必须和人民群众的推动历史向前发展的伟大力量相结合,融入进去成为一部分。人民群众的根本利益只有通过社会向前发展才能得到促进和实现,人民群众作为社会生产的实际承担者拥有最强大的力量去推进社会的向前发展。

就现实依据而言,我们同样也有三个方面的具体分析。这三个方面,都是着眼于人民群众在社会历史发展过程中所起的决定性作用来谈的。

首先，人民群众之所以是历史的创造者，是因为人民群众是社会物质财富的创造者。马克思主义的唯物史观告诉我们，物质资料的生产方式才是人类社会赖以生存和发展的基础。社会所有成员，也包括那些杰出人物在内，都必须以满足自己的吃穿住行需要为前提，也就是首先要保证自己肉体上的生存和延续，才谈得上发挥自己在社会中的作用。人类作为一个物种的存续、人类社会的正常运行，也都是以物质资料的生产为前提的。人类社会历史的发展，同时也就是物质资料生产发展的历史。作为物质资料生产活动的主体，人民群众是当之无愧的历史创造者。

其次，人民群众之所以是历史的创造者，是因为人民群众是社会精神财富的创造者。人民群众作为物质资料的生产者，为社会的精神文化活动提供了必需的物质条件。在此基础上，作为人民群众一部分的知识分子群体，直接参与了人类精神财富的生产。越是与人民群众保持紧密联系的知识分子，就越能取得精神财富生产的成就。马克思和恩格斯，始终与工人运动站在一起，以无产阶级解放和人民群众利益的促进为己任，为人类创造出了最巅峰的人文社会科学精神财富。爱因斯坦，身为自然科学家，也十分关心社会公益和人民群众的利益，他是一个严肃认真的社会主义者，在美国著名社会主义杂志《每月评论》创刊号上发表了振聋发聩的《为什么要社会主义》一文。牢记自己是人民群众的一部分，并为人民群众的利益而工作，这就是马克思和爱因斯坦成为"千年最伟大的思想家"的深刻原因。

最后，人民群众之所以是历史的创造者，是因为人民群众是社会变革的决定力量。唯物史观把经济基础和上层建筑、生产力和生产关系的矛盾视为推动社会历史向前发展的结构性基本矛盾，但是历史终究是活生生的人创造出来的，当这些结构性基本矛盾以显性的方式暴露于社会生活的表层时，人民群众就会充当社会变革的实施者。这样，阻碍生产力发展的旧的生产关系、不适应经济基础新发展阶段的旧的上层建筑形式，就会被人民群众的伟大力量所推翻。矛盾得到解决，新的生产关系和上层建筑得以建立，推动生产力进一步向前发展。人民群众是社会革命的主力军，社会形态的更替正是人民群众所完成的。在这个意义上，社会历史直接由人民群众所创造。

(三)党的群众路线辩证法

【问题导入】

既然英雄史观下“英雄造时势”的命题由于抹杀了人民群众的历史主创作用而不能成立,那么唯物史观又是怎样具体看待英雄和人民群众的关系,群众史观下杰出人物的历史作用到底该如何界定呢?

这里值得特别注意的是,历史唯物主义并没有在确定人民群众的历史主创地位的同时抹杀杰出人物的特殊作用,而是用一种辩证的方式把人民群众和杰出人物的关系妥善处理好了。这里,我们就来了解一下党的群众路线的辩证法。

【原著精解】

前面已经提到过,毛泽东在《论联合政府》中明确说:“人民,只有人民,才是创造世界历史的动力。”但这并不等于说,作为工人阶级先锋队的中国共产党及其干部和领袖们,就只需袖手旁观人民群众的历史创造作用,而不用对其进行促进和领导。

同样是在《论联合政府》中,毛泽东深刻地批评了“命令主义”和“尾巴主义”这两个极端上的错误:“在一切工作中,命令主义是错误的,因为它超过群众的觉悟程度,违反了群众的自愿原则,害了急性病。我们的同志不要以为自己了解了的东西,广大群众也和自己一样都了解了。群众是否已经了解并且是否愿意行动起来,要到群众中去考察才会知道。如果我们这样做,就可以避免命令主义。在一切工作中,尾巴主义也是错误的,因为它落后于群众的觉悟程度,违反了领导群众前进一步的原则,害了慢性病。我们的同志不要以为自己还不了解的东西,群众也一概不了解。许多时候,广大群众跑到我们的前头去了,迫切地需要前进一步了,我们的同志不能做广大群众的领导者,却反映了一部分落后分子的意见,并且将这种落后分子的意见误认为广大群众的意见,做了落后分子的尾巴。”①

既然人民群众是历史的创造者,是社会变革的决定力量,是社会主义现代化建设事业最可靠的支柱,那么,中国共产党就应该以群众路线为纲目,把人

① 《毛泽东选集》(第三卷),人民出版社 1991 年版,第 1095—1096 页。

民群众的历史作用充分发挥好。这里面，首先要处理好中国共产党对一切工作的领导和一切工作都要依靠群众这两方面的辩证关系。由于群众路线所突出的是对人民群众历史主体地位的尊重，毛泽东在上述讲话中对命令主义的批评就不难理解了。问题的关键在于，党也要注意不能落后于群众，不能跟在群众中间的落后分子后面做尾巴，这样就会放弃党的先进性和领导作用。

毛泽东在《关于领导方法的若干问题》一文中，对群众中不同觉悟的部分做出了具体分析，并指出了领导者对于这些不同类型群众应有的正确态度。他分析道："任何有群众的地方，大致都有比较积极的、中间状态的和比较落后的三部分人。故领导者必须善于团结少数积极分子作为领导的骨干，并凭借这批骨干去提高中间分子，争取落后分子。"[①]这里，毛泽东给出了避免"尾巴主义"的具体工作方法，那就是要注意区分群众中不同觉悟的三部分人，然后依靠积极分子去逐次帮助中间分子和落后分子。

毛泽东的这些具体论述和分析是非常有启发和警醒意义的。如果我们只把注意力放到人民群众的历史创造者地位上，而不对人民群众的内部成分进行区别对待，那么在实践中就有可能不自觉地跟在落后分子后面做了尾巴。

群众路线中最响亮的一个口号就是"从群众中来，到群众中去"。其实，这句口号并不只是在强调群众的作用，口号所缺失的主语就隐含着中国共产党的领导作用。谁从群众中来，又是谁到群众中去？当然是中国共产党的干部。这句口号实际上是关于中国共产党如何正确领导群众的。毛泽东在《关于领导方法的若干问题》一文中继续说道："在我党的一切实际工作中，凡属正确的领导，必须是从群众中来，到群众中去。这就是说，将群众的意见（分散的无系统的意见）集中起来（经过研究，化为集中的系统的意见），又到群众中去作宣传解释，化为群众的意见，使群众坚持下去，见之于行动，并在群众行动中考验这些意见是否正确。然后再从群众中集中起来，再到群众中坚持下去。"[②]

---

① 《毛泽东选集》（第三卷），人民出版社 1991 年版，第 898 页。

② 同上书，第 899 页。

从这段论述中，我们可以看出，群众路线实际上是民主集中制原则在共产党和人民群众关系中的一种实现形式。一方面，共产党不能脱离群众，要贯彻群众民主；另一方面，共产党还要发挥集中的领导作用。两相结合，才是完整的群众路线。

【视频案例】

毛泽东关于群众路线的精辟的辩证分析，其思想源头可以追溯到他在1927年领导秋收起义部队上井冈山之时，所进行的“三湾改编”的成功实践。

电视剧《井冈山》关于三湾改编的相关片段，可以启发学生思考毛泽东在人民军队建设中贯彻了怎样的群众路线思想。

从群众路线的角度看，三湾改编既加强了中国共产党对军队的有效领导，又充分发挥了军队中的人民群众即普通士兵的积极性。前者的实现形式是“支部建在连上”，后者的实现形式是“士兵委员会”。两者的结合，既有了官兵平等的民主，又保障了党在部队基层的集中。民主集中制的群众路线原则在中国共产党领导下的人民军队中得到了贯彻。

这段视频赏析，有助于培养学生举一反三、活学活用的能力，从而在实现思政课内容“进头脑”的目标上再向前一步。

【教学总结】

人民群众不仅创造了社会的物质财富，还创造了社会的精神财富，是推动社会历史发展的决定力量。

人民群众是社会变革的决定力量，通过推动生产力的发展而不断创造和改变社会关系，从而不断推动社会历史的进步和发展。他们具有强大的历史主动性和创造力，能够顺应历史发展的潮流，推动社会变革的深入进行。

群众史观决定了无产阶级政党的群众路线，要求一切为了群众，一切依靠群众，从群众中来，到群众中去。坚持群众观点和群众路线，对于保持党和人民群众的血肉联系，推动社会进步和发展具有重要意义。

三、板书设计

- **人民群众在历史发展中的作用**
  - 英雄史观的谬误
    - 如何准确理解“时势造英雄”
    - “英雄造时势”错在哪里
    - 历史唯物主义如何揭示英雄史观的社会根源
  - 群众史观的理论依据和现实依据
    - 三大理论依据的方法论特性
    - 三大现实依据的决定性作用
  - 党的群众路线辩证法
    - 群众路线要同时避免命令主义和尾巴主义
    - 群众路线离不开党的领导和领袖作用
    - “三湾改编”中的群众路线辩证法

四、作业设计

(1) 党的二十大报告指出，党找到了自我革命这一跳出治乱兴衰历史周期率的第二个答案。党的自我革命与党的群众路线之间存在怎样的联系？

(2) 中国共产党的群众路线科学地解决了人民群众和杰出人物的辩证关系，有效发挥了人民群众的历史主创作用，这对大学生在自己的学习和生活中处理个人与同学、个人与集体、个人与社会的关系有什么启示？

五、延伸阅读

(1) 邓小平：《改革是中国的第二次革命》，载《邓小平文选》(第三卷)，人民出版社 1993 年版。

(2) 习近平：《在文艺工作座谈会上的讲话》，人民出版社 2015 年版。

(彭召昌)

第四章
资本主义的本质及规律

第一讲　商品经济及其基本矛盾

一、教学说明

1. 教学目标

本讲运用马克思主义的立场、观点、方法，使学生准确认识商品经济产生的历史条件，深刻理解商品的二因素和生产商品的劳动的二重性，正确把握商品价值量的决定，正确认识和把握价值形式的发展与货币的产生。

2. 教学重点

(1) 商品的二因素与生产商品的劳动的二重性之间的关系

(2) 商品价值量的决定

(3) 价值形式发展与货币产生的客观必然性

3. 教学难点

(1) 商品二因素的内涵

(2) 商品价值量的决定

(3) 价值形式发展与货币产生的客观必然性

4. 教学方法

综合运用课堂讨论、案例分析、e-learning 网络学习平台等教学方式。通过课堂讨论，帮助学生理解商品二因素的内涵，引导学生理解商品价值量的决定，阐明价值形式发展与货币产生的客观必然性。通过案例分析方法为学生讲解具体的知识点。通过 e-learning 网络学习平台实现线上线下同步教学。

5. 学时安排

3 学时

二、教学内容

【教学导入】

首先以问题为导入，请同学们思考并讨论：为什么揭示资本主义本质首先要剖析以私有制为基础的简单商品经济的内在矛盾及其运动规律？

【互动讨论】

根据学生的回答，说明：资本主义生产关系的产生和资本主义生产方式形成的过程，与商品经济的发展有着密不可分的关系。商品经济的发展经历了简单商品经济与发达商品经济两个阶段，简单商品经济以生产资料私有制和个体劳动为基础，资本主义商品经济以生产资料私有制和雇佣劳动为基础，是商品经济的高级或发达形态。资本主义制度下的社会财富表现为一种惊人的庞大的商品堆积，单个商品表现为它的元素形式。因此，剖析以私有制为基础的简单商品经济的内在矛盾及其运动规律，就自然成为揭示资本主义本质的出发点。

(一) 商品经济产生的历史条件

【互动讨论】

首先以问题为导入，请同学们思考并讨论：商品经济是从来就有的吗？

根据学生的回答，说明：商品经济不是从来就有的，而是在一定的历史条件下，作为自然经济的对立物而产生和发展起来的。理解商品经济的产生，需要在了解商品经济产生过程的基础上揭示商品经济产生的历史条件。

【教师讲授】

1）产生的历史过程

商品经济不是从来就有的，而是在一定的历史条件下，作为自然经济的对立物而产生和发展起来的。

自然经济即自给自足经济，指生产是为了直接满足生产者个人或经济单位的需要，而不是为了交换的经济形式。在自然经济下，社会由许多分散的、单一的经济单位（如家长制的农民家庭、原始村社、封建领地等）所组成，每个经济单位从事各种经济工作，从采掘各种原料开始，直到最后把这些原料制造成消费品。自然经济生产力水平低下，排斥社会分工，生产规模狭小。可见，自然经济是同社会生产力水平低和社会分工不发达相适应的。在人类社会发展的历史进程中，原始社会、奴隶社会和封建社会的生产力水平都很低，社会分工极不发达，因此自然经济是这些社会形态的基本经济形式。

商品经济是以交换为目的而进行生产的经济形式，它是一定社会历史条件的产物。

2）产生的历史条件

商品经济得以产生的社会历史条件有两个：一是存在社会分工，二是生产资料和劳动产品属于不同的所有者。

社会分工是指社会劳动划分和独立化为不同部门和行业。随着社会分工的产生和发展，形成了专门生产各种不同产品的生产者和经济单位。各行各业的生产者为了满足自身在生产和生活方面的多种需要，就要求互通有无，以取得对方产品作为生产资料或者消费资料，因而产生了相互交换产品的要求。恩格斯指出，"随着生产分为农业和手工业这两大主要部门，便出现了直接以交换为目的的生产，即商品生产"。

生产资料和劳动产品属于不同的所有者，是商品生产和商品经济产生的另一个重要条件。在私有制下，生产资料和劳动产品归私人所有，一个人要想得到别人的产品以满足自己的需要，就只能进行交换。私有者为了维护自身的利益，在彼此发生经济联系和相互交换产品时，要求遵循等价交换原则，因而劳动产品便必然采取商品的形式，产品的生产和交换便必然采取商品生产和商品交换的形式，这种形式就是商品经济。

3）商品经济的历史地位变化

商品经济是社会经济发展到一定阶段的产物。商品经济出现于原始社会末期，在奴隶社会和封建社会有所发展，但不占主导地位。这一阶段的商品经济以生产资料私有制和个体劳动为基础，以换取自己所需要的使用价值为目的，是一种简单商品经济。在资本主义社会，商品经济才成为普遍的经济形式。

（二）商品的二因素和生产商品的劳动的二重性

【互动讨论】

首先以问题为导入，请同学们思考并讨论：在日常生活中，空气对人类生存至关重要，但人们为什么不愿支付一定数量的货币而获取空气？

根据学生的回答，引导学生首先学习商品的概念。在分析资本主义制度本质之前，马克思先分析商品，因为商品是资本主义的经济细胞，包含着资本主义生产关系各种矛盾的萌芽。商品是用来交换、能满足人的某种需要的劳动产品。马克思指出：商品首先是一个外界的对象，一个靠自己的属性来满足人的某种需要的物。这种需要的性质如何，例如是由胃产生还是由幻想产生，是与问题无关的。这里的问题也不在于物怎样来满足人的需要，是作为生活资料即消费品来直接满足，还是作为生产资料来间接满足。

1. 商品的二因素

【教师讲授】

商品是用来交换、能满足人的某种需要的劳动产品，具有使用价值和价值两个因素或两种属性，是使用价值和价值的矛盾统一体。

使用价值是指商品能满足人的某种需要的有用性。每一种有用物，如铁、纸等等，都可以从质和量两个角度来考察。每一种这样的物都是许多属性的总和，因此可以在不同的方面有用。发现这些不同的方面，从而发现物的多种使用方式，是历史的事情。为有用物的量找到社会尺度，也是这样。商品尺度之所以不同，部分是由于被计量的物的性质不同，部分是由于约定俗成。

商品的使用价值反映的是人与自然之间的物质关系，是商品的自然属性，是一切劳动产品所共有的属性，离开了商品它就不复存在。物的有用性使物成为使用价值。但这种有用性不是悬在空中的。它决定于商品体的属性，离开了商品体就不存在。因此，商品体本身，例如铁、小麦、金刚石等，就是使用价值，或财物。商品体的这种性质，同人取得它的使用属性所耗费的劳动的多少没有关系。在考察使用价值时，总是以它们的量的规定性为前提，如一打表、一码布、一吨铁等。

使用价值只是在使用或消费中得到实现。使用价值构成社会财富的物质内容。马克思指出："不论财富的社会的形式如何，使用价值总是构成财富的物质的内容。"[①]商品的使用价值不是用来满足生产者自身需要的，而是通过交换用来满足别人的、社会的需要的。因此，在我们所要考察的社会形式中，使用价值同时又是交换价值的物质承担者。

在考察商品的价值之前，我们先学习一下交换价值的概念。交换价值首先表现为一种使用价值同另一种使用价值相交换的量的关系或比例。这个比例随着时间和地点的不同而不断改变。

【案例】

某种一定量的商品，例如一夸特小麦，同 x 量鞋油或 y 量绸缎或 z 量金等等交换，总之，按各种极不相同的比例同别的商品交换。因此，小麦有许多种交换价值，而不是只有一种。既然 x 量鞋油、y 量绸缎、z 量金等等都是一夸特小麦的交换价值，那么，x 量鞋油、y 量绸缎、z 量金等等就必定是能够互相代替的或同样大的交换价值。由此可见，第一，同一种商品的各种有效的交换价值表示一个等同的东西。第二，交换价值只能是可以与它相区别的某种内容的表现方式。[②]

【教师讲授】

决定商品交换价值的不是商品的使用价值，而是价值。我们拿两种商品例如小麦和铁来说。二者之间的交换比例可以用一个等式来表示：一定量的小麦等于若干量的铁，如 1 夸特小麦＝a 英担铁。即在 1 夸特小麦和 a 英担铁

---

① 《马克思恩格斯选集》(第二卷)，人民出版社 2012 年第三版，第 97 页。

② 同上。

里面，有一种等量的共同的东西。这种共同东西不可能是商品的几何的、物理的、化学的或其他的天然属性。如果把商品体的使用价值撇开，商品体就只剩下一个属性，即劳动产品这个属性。由于我们把劳动产品的使用价值抽去，劳动产品剩下来的东西只是无差别的人类劳动的单纯凝结，也就是商品的价值。因此，在商品的交换关系或交换价值中表现出来的共同东西，也就是商品的价值。价值是凝结在商品中的无差别的一般人类劳动，即人的脑力和体力的耗费。价值是商品所特有的社会属性。任何有用物品都具有使用价值，但只有这种有用物品是劳动产品并作为商品时才具有价值。使用价值不同的商品之所以能按一定比例相交换，就是因为它们都具有价值。商品的价值在质上是相同的，因而可以相互比较。价值是交换价值的基础，交换价值是价值的表现形式。商品的价值是劳动创造的，其实质是凝结在商品中的无差别的一般人类劳动，商品交换实际上是商品生产者之间相互交换劳动的关系，商品的价值在本质上体现了生产者之间一定的社会关系。

商品的使用价值和价值之间是对立统一的关系。其对立性表现在：商品的使用价值和价值是相互排斥的，二者不可兼得。要获得商品的价值，就必须放弃商品的使用价值；要得到商品的使用价值，就不能得到商品的价值。商品生产者生产商品并不是为了取得使用价值，而是为了取得价值，只是为了取得价值，才关心使用价值。商品生产者只有将商品的使用价值让渡给商品购买者，才能取得价值。其统一性表现在：作为商品，必须同时具有使用价值和价值两个因素。使用价值是价值的物质承担者，价值寓于使用价值之中。一种物品如果没有使用价值，就是无用之物，即使人们为它付出了大量的劳动，也没有价值。一种物品尽管具有使用价值，但如果不是劳动产品，也没有价值。

2. 生产商品的劳动的二重性

【教师讲授】

商品的二因素根源于生产商品的劳动的二重性——具体劳动和抽象劳动。

商品是劳动产品，生产商品的劳动可区分为具体劳动和抽象劳动。具体劳动是指生产一定使用价值的具体形式的劳动。例如，上衣是满足一种特殊需要的使用价值。要生产上衣，就需要进行特定种类的生产活动。这种生产活动是由它的目的、操作方式、对象、手段和结果决定的。由自己产品的使用价值或者由自己产品是使用价值来表示自己的有用性的劳动，我们简称为有用劳动或具体劳动。每个商品的使用价值都包含着一定的有目的的生产活动，或具体劳动。也就是说，抽象劳动是指撇开一切具体形式的、无差别的一般人类劳动，即人的脑力和体力的耗费。生产商品的具体劳动创造商品的使用价值，抽象劳动形成商品的价值。作为价值，上衣和麻布是有相同实体的物，是同种劳动的客观表现。正如在作为价值的上衣和麻布中，它们的使用价值的差别被抽去一样，在表现为这些价值的劳动中，劳动的有用形式即缝和织的区别也被抽去了。作为使用价值的上衣和麻布是有一定目的的生产活动同布和纱的结合，而作为价值的上衣和麻布不过是同种劳动的凝结，同样，这些价值所包含的劳动之所以算作劳动，并不是因为它们同布和纱发生了生产上的关系，而只是因为它们是人类劳动力的耗费。正是由于缝和织具有不同的质，它们才是形成作为使用价值的上衣和麻布的要素；而只是由于它们的特殊的质被抽去，由于它们具有相同的质，即人类劳动的质，它们才是上衣价值和麻布价值的实体。

具体劳动和抽象劳动是同一劳动的两种规定。任何一种劳动，一方面是特殊的具体劳动，另一方面又是一般的抽象劳动，这就是劳动的二重性。正是劳动的二重性决定了商品的二因素。

具体劳动和抽象劳动也是对立统一的关系。一方面，具体劳动和抽象劳动不是各自独立存在的两种劳动或两次劳动，它们在时间上和空间上是统一的，是商品生产者的同一劳动过程不可分割的两个方面；另一方面，具体劳动与抽象劳动又分别反映劳动的不同属性，具体劳动所反映的是人与自然的关系，是劳动的自然属性，而抽象劳动所反映的是商品生产者的社会关系，是劳动的社会属性。

因此，马克思指出，一切劳动，一方面是人类劳动力在生理学意义上的耗费。就相同的或抽象的人类劳动这个属性来说，它形成商品价值。一切劳动，另一方面是人类劳动力在特殊的有一定目的的形式上的耗费。就具体的有用的劳动这个属性来说，它生产使用价值。

(三) 商品价值量的决定

【教学导入】

商品的价值包括质的规定与量的规定两个方面。价值的质的规定回答了价值的实体是什么,价值的量的规定则回答了价值的大小由什么决定和怎样决定。商品的价值是凝结在商品中的无差别的一般人类劳动,价值量是由劳动者生产商品所耗费的劳动量决定的,而劳动量则按照劳动时间来计量。

【互动讨论】

我们已经知道,商品的价值是凝结在商品中的无差别的一般人类劳动。而生产同一商品的商品生产者往往有很多,商品的价值量由哪个商品生产者的劳动来决定呢?

1. 社会必要劳动时间的内涵

【教师讲授】

决定商品价值量的不是生产商品的个别劳动时间,而只能是社会必要劳动时间。"社会必要劳动时间是在现有的社会正常的生产条件下,在社会平均的劳动熟练程度和劳动强度下制造某种使用价值所需要的劳动时间。"①这里的"社会平均的劳动熟练程度和劳动强度"是指劳动力的正常性质,即"劳动力在它被使用的专业中,必须具有在该专业占统治地位的平均的熟练程度、技巧和速度。……这种劳动力必须以通常的平均的紧张程度,以社会上通常的强度来耗费"②。它意味着形成价值量的劳动力和生产条件都必须具有正常的性质。

2. 劳动生产率与社会必要劳动时间

【案例】

在英国使用蒸汽织布机以后,把一定量的纱织成布所需要的劳动可能比过去少一半;实际上,英国的手工织布工人把纱织成布仍旧要用以前那样多的

---

① 《马克思恩格斯选集》(第二卷),人民出版社 2012 年第三版,第 99 页。
② 《马克思恩格斯全集》(第 44 卷),人民出版社 2001 年第二版,第 228 页。

劳动时间,但这时他一小时的个人劳动的产品只代表半小时的社会劳动,因此价值也降到了它以前的一半。

【教师讲授】

生产商品所需要的社会必要劳动时间随着劳动生产率的变化而变化。劳动生产率水平越高,单位时间内生产的商品数量越多,生产每件商品所需要的社会必要劳动时间就越少,单位商品的价值量就越小,反之就越大。商品的价值量与生产商品所耗费的劳动时间成正比,与劳动生产率成反比。劳动生产率指的是劳动者生产使用价值的效率。它的高低可以用单位劳动时间内生产的商品数量来测量,也可以用单位商品中所耗费的劳动时间来测量。影响劳动生产率的因素很多,主要有劳动者的平均熟练程度、科学技术的发展程度及其在生产中的应用、生产过程的社会结合、生产资料的规模和效能以及自然条件等。

3. 简单劳动与复杂劳动

【案例】

同一劳动量在丰收年表现为 8 蒲式耳小麦,在歉收年只表现为 4 蒲式耳。同一劳动量用在富矿比用在贫矿能提供更多的金属等等。金刚石在地壳中是很稀少的,因而发现金刚石平均要花很多劳动时间。因此,很小一块金刚石就代表很多劳动。①

【教师讲授】

商品的价值量同简单劳动与复杂劳动有密切的关系。简单劳动是指不需要经过专门训练和培养的一般劳动者都能从事的劳动。复杂劳动是指需要经过专门训练和培养,具有一定文化知识和技术专长的劳动者所从事的劳动。形成商品价值量的劳动是以简单劳动为尺度的。复杂劳动等于自乘的或多倍的简单劳动,也就是说,少量的复杂劳动等于多量的简单劳动。在相同的劳动时间里,复杂劳动创造的价值大于简单劳动创造的价值。在以私有制为基础的商品经济条件下,复杂劳动转化为简单劳动,不是商品生产者自觉计算出来的,而是在商品交换过程中自发实现的。

---

① 《马克思恩格斯全集》(第 44 卷),人民出版社 2001 年第二版,第 53 页。

（四）价值形式的发展与货币的产生

【教学导入】

商品具有使用价值和价值两个因素或两种属性，因而相应地具有自然形式和价值形式二重形式。商品是以铁、麻布、小麦等使用价值或商品体的形式出现的。这是它们的日常的自然形式。但它们之所以是商品，只因为它们是二重物，既是使用物品又是价值承担者。因此，它们表现为商品或具有商品的形式，只是由于它们具有二重的形式，即自然形式和价值形式。

【互动讨论】

请同学们列举历史上充当商品价值形式的物品，讨论商品价值形式演变的原因。

1. 价值形式的发展

我们知道，商品具有同它们使用价值的五光十色的自然形式形成鲜明对照的、共同的价值形式，即货币形式。商品的交换是以货币为媒介的。货币是在长期交换过程中形成的固定充当一般等价物的商品。从历史上看，商品价值形式的发展经历了四个阶段，即简单的或偶然的价值形式、总和的或扩大的价值形式、一般价值形式以及货币形式。

【案例】

20 码麻布＝1 件上衣，或 20 码麻布值 1 件上衣。麻布通过上衣表现自己的价值，上衣则成为这种价值表现的材料。因此，商品麻布的价值是表现在商品上衣的物体上，一个商品的价值表现在另一个商品的使用价值上。

【教师讲授】

第一种价值形式是简单的、个别的或偶然的价值形式。

通过价值关系，商品 B 的自然形式成了商品 A 的价值形式，或者说，商品 B 的物体成了反映商品 A 的价值的镜子。商品 A 同作为价值体，作为人类劳动的化身的商品 B 发生关系，就使 B 的使用价值成为表现 A 自己的价值的材料。在商品 B 的使用价值上这样表现出来的商品 A 的价值，具有相对价值形式。

因此，一个商品的简单价值形式包含在它与一个不同种商品的价值关系或交换关系中。商品 A 的价值，通过商品 B 能与商品 A 直接交换而在质上得到表现，通过一定量的商品 B 能与既定量的商品 A 交换而在量上得到表现。换句话说，一个商品的价值是通过它表现为“交换价值”而得到独立的表现的。

在一切社会状态下，劳动产品都是使用物品，但只是历史上一定的发展时代，也就是使生产一个使用物所耗费的劳动表现为该物的“对象的”属性即它的价值的时代，才使劳动产品转化为商品。由此可见，商品的简单价值形式同时又是劳动产品的简单商品形式，因此，商品形式的发展也是同价值形式的发展一致的。

简单价值形式是不充分的，是一种胚胎形式，它只有通过一系列的形态变化，才成熟为价格形式。

第二种是总和的或扩大的价值形式。现在，一个商品例如麻布的价值表现在商品世界的其他无数的元素上。每一个其他的商品体都成为反映麻布价值的镜子。现在麻布通过自己的价值形式，不再是只同另一种个别商品发生社会关系，而是同整个商品世界发生社会关系。每一种商品，上衣、茶叶、小麦、铁等，都在麻布的价值表现中充当等价物，因而充当价值体。这种价值形式就称为总和的或扩大的价值形式。

第三种是一般价值形式。一般价值形式使商品世界的价值表现在从商品世界中分离出来的同一种商品上，例如表现在麻布上，因而使一切商品的价值都通过它们与麻布等同而表现出来。一般价值形式的出现只是商品世界共同活动的结果。一个商品所以获得一般的价值表现，只是因为其他一切商品同时也用同一个等价物来表现自己的价值，而每一种新出现的商品都要这样做。

第四种形式是货币形式。在一般价值形式中，把自己的相对价值共同用麻布来表现的各个商品中间，有一个特定的商品在历史过程中夺得了这个特权地位，这就是金。与其他一切商品一样，它过去就起等价物的作用：或者是在个别的交换行为中起个别等价物的作用，或者是与其他商品等价物并列起特殊等价物的作用。渐渐地，它就在或大或小的范围内起一般等价物的作用。一旦它在商品世界的价值表现中独占了这个地位，它就成为货币商品。只是从它已经成为货币商品的时候起，一般价值形式才转化为货币形式。

2. 货币的基本职能

接下来，我们学习货币的基本职能。货币具有五种基本的职能，即价值尺度、流通手段、贮藏手段、支付手段和世界货币。

货币的价值尺度职能指的是货币为商品世界提供表现价值的材料，或者说，是把商品价值表现为同名的量，使它们在质的方面相同，在量的方面可以比较。这样，金执行一般的价值尺度的职能，并且首先只是由于这个职能，金这个独特的等价商品才成为货币。

货币作为价值尺度，是商品内在的价值尺度即劳动时间的必然表现形式。因为一切商品作为价值都是对象化的人类劳动，从而本身可以通约，所以它们能共同用一个独特的商品来计量自己的价值，这样，这个独特的商品就转化为它们共同的价值尺度或货币。

货币在执行价值尺度的职能时，只是想象的或观念的货币。商品监护人为了向外界表明商品的价格，必须给它们挂上一张纸条。因为商品在金上的价值表现是观念的，所以要表现商品的价值，也可以仅仅用想象的或观念的金。

货币的流通手段职能指的是货币充当商品流通的中介。在以货币为媒介的商品交换中，商品转化为货币，同时就是货币转化为商品。这一个过程是两方面的：从商品占有者这一极看，是卖；从货币占有者这一极看，是买。在货币执行流通手段职能时，谁也不会因为自己已经卖，就得马上买。这就包含着危机的可能性。但仅仅是可能性。这种可能性要发展为现实，必须有整整一系列的关系。

货币的贮藏手段职能指的是货币退出流通领域，处于静止状态时执行的一种职能。货币贮藏在金属流通的经济中执行着种种不同的职能。它的第一个职能是从金银铸币的流通条件中产生的。随着商品流通在范围、价格和速度方面的经常变动，流通的货币量也不断增减。因此，这个量必须能伸缩。有时货币必须当作铸币被吸收，有时铸币必须当作货币被排斥。为了使实际流通的货币量总是同流通领域的饱和程度相适应，一个国家的现有的金银量必须大于执行铸币职能的金银量。这个条件是靠货币的贮藏形式来实现的。货币贮藏的蓄水池，对于流通中的货币来说，既是排水渠，又是引水渠，因此，流通中的货币永远不会溢出它的流通的渠道。

货币的支付手段职能指的是货币用于单方面支付，而不是用于双方面交换时发挥的职能。例如，延期支付、清偿债务、缴纳赋税与租金、发放工资等。这一职能体现的是债权债务关系，而不是买卖关系。

货币的世界货币职能指的是货币在世界市场上发挥一般等价物的作用。例如，作为国际支付手段，平衡国际收支差额；作为国际购买手段，购买外国商品；作为财富在国家间转移等。货币一越出国内流通领域，便失去了在这一领域内获得的价格标准、铸币、辅币和价值符号等地方形式，又恢复原来的贵金属块的形式。

3. 货币产生的意义

随着货币的产生，整个商品世界分化为两极：一极是各种各样的具体商品，分别代表不同的使用价值；另一极是货币，只代表商品的价值。这样就使商品内在的使用价值和价值的矛盾发展成为外在的商品和货币的矛盾。一切商品只要转换成货币，商品使用价值和价值的矛盾就能得到解决，从而使商品的价值得到实现。所以，货币的出现有利于解决商品交换的困难，促进了商品经济的发展。但是，货币的出现并没有也不可能解决商品经济的基本矛盾，即私人劳动和社会劳动的矛盾，反而使矛盾更加扩大和加深了。所以，马克思把商品转换成货币称为“商品的惊险的跳跃”，“这个跳跃如果不成功，摔坏的不是商品，但一定是商品占有者”。

马克思对价值形式及其发展的分析，一方面进一步揭示了价值的本质，说明价值是一种社会关系，是商品的一种社会属性；另一方面阐明了货币产生的历史过程，揭示了货币产生的必然性和历史性，指出货币和商品生产是紧密联系的。

4. 货币作为流通手段包含着危机的可能性

货币具有五个职能，依次是价值尺度、流通手段、贮藏手段、支付手段、世界货币。关于货币职能，我们重点讲两个内容。第一个是货币作为流通手段包含着发生危机的可能性。第二个是作为商品一般等价物的货币，和今天世界使用的主权信用货币有哪些异同。

货币作为流通手段包含着危机的可能性。

【案例】

设想一个由三人组成的商品经济系统，其中：张三生产大米，同时需要衣服；李四生产衣服，同时需要鞋子；王五生产鞋子，同时需要大米。

大米、衣服、鞋子之间的价值关系是：20斤大米＝1件衣服＝1双鞋子＝0.5两白银，并且假设最开始的时候，只有张三手中有0.5两白银。可以看到，简单的物物交换并不能直接帮助三人得到他们需要的使用价值。比如张三生产大米，需要的是衣服，但生产衣服的李四却不需要大米，他需要的是鞋子。

解决这个矛盾的第一种办法是三人坐下来协商，或者由一个高于他们三人的机构，比如说经济计划委员会来协调。

但除此之外，还有另外一个方法，那就是借助货币。货币在商品交换中充当流通手段，于是交换不再是直接的物物交换，买和卖出现了分离。在这个系统中，每个商品生产者都是为买而卖，即先用自己生产的商品去交换货币，然后再用货币去交换自己需要的商品，即C—M—C。

因为，只有张三手中有0.5两白银的货币，而张三需要衣服。所以交换从张三向李四购买1件衣服开始……问题是如果其中有1人只卖不买，比如李四在卖掉了衣服之后，并没有去买鞋子。这时候我们将发现：因为李四不买，所以王五的鞋子就卖不出去；王五的鞋子卖不出去，也就没有货币去买张三的大米。

这里发生了危机，这种危机表现为需求的无法满足和产品的过剩同时存在。一方面，王五对大米的需求没有满足；另一方面，王五生产的鞋子就多余了。

【教师讲授】

当商品流通采取以货币为媒介的形式的时候，一方面，货币流通提高了商品流通的效率，但另一方面也带来了发生危机的可能性。并且，这种危机表现为一种矛盾的形式，即需求的无法满足和产品的过剩同时存在。

5. 现代信用货币体系概述

马克思在《资本论》（第一卷）谈到的货币叫作商品货币。人们之所以愿意将自己的商品换成货币，是因为货币本身包含着等量的价值。因此，货币也就具有随时交换到具有相同价值量的其他商品的能力。

但是，同时也可以看到，货币在发挥它最核心的职能——流通手段的时候，它的功能是转瞬即逝的。因为作为货币的商品，它的使用价值并不是被消费，而是充当货币本身，所以，货币本身就存在着被某种符号代替的可能性。

今天我们使用的货币，表现为两种形式。一种是纸币，一般由主权国家的中央银行发行，比如人民币的发行机构是中国人民银行。一种是银行存款，表现为大家在银行账户中的一串数字。注意，后者是今天货币的主要形态。比如截止到2020年8月31日，人民币以纸币形式存在的规模大约为8万亿元，而各类存款的规模则超过200万亿元，前者只占货币总量的3.75%。

毫无疑问，无论是现金还是存款，本身都没有价值，并非劳动产品。这种货币的购买力根本上来自国家的信用，称为主权信用货币。因此，一旦国家的信用破产了，其所发行的纸币，以及以该纸币为基础的存款也将一文不值。

当然历史上，纸币也可以由私人银行来发行，比如港币在今天依然是由渣打、汇丰银行及中国银行(香港)有限公司三家金融机构发行的。所以，港币是一种私人信用，而非国家信用。

【案例】

大家在电视剧中看到的银票，实际上就已经是一种信用货币的雏形了。对于从事长途贸易的商人而言，由于长距离运输贵金属货币既不方便，也不安全，于是就出现了钱庄和票号。张三在A地出售自己的商品之后，将得到的白银存入某票号在A地的分支机构，票号才开具一张银票，相当于今天的存单。等到张三到达B地采购商品的时候，只需前往该票号在B地的分支机构，将银票兑换成白银即可。那么，经过一段时期的实践，人们就会发现，只要这个票号能够保证随后可以将银票兑换成白银，那么在认可该票号的商人之间，实际上就可以直接用银票进行交易。银票在这里就取得了货币的地位。但这样的银票还不是信用货币，而只是存在票号的白银的影子或符号。由于银票取得了直接充当流通手段和支付手段的职能，票号在经营中就会发现，在自己的银库里只需保持一定比例的白银即可应付兑换的需要。它所开出的银票数量实际上可以远远超过它银库中实际储存的数量，于是票号就可以将暂时不用的白银出借，以赚取利息，甚至直接以银票的形式贷款。银行也就这样产生了。当然,这同时也意味着一旦所有存款人都要求银行兑换白银,银行马上就会陷入破产。

【教师讲授】

现代的货币体系实际上是一个包含了若干层次的信用体系。以我国为例,最基础的信用是以国家暴力机器为基础的人民币纸币,其次是以这种纸币为基础的银行信用,表现为商业银行的存款。这里的纸币相当于票号的白银,存款相当于票号开出的银票。

【教学总结】

(1) 劳动的二重性是商品具有价值和使用价值二因素的决定条件。一方面,具体劳动创造出了能被人们所利用的具体形态,即商品的使用价值;另一方面,抽象劳动又创造了商品的价值,凝结在商品中的抽象劳动成了商品具有价值的原因。

(2) 货币在商品经济和资本主义经济发展和社会生产关系中发挥了重要作用。货币作为一般等价物,促进了商品交换和社会分工的发展,推动了社会生产力的提高。同时,货币也是社会财富的一种表现形式,其运动和分配反映了社会经济关系的变化和阶级矛盾。

三、板书设计

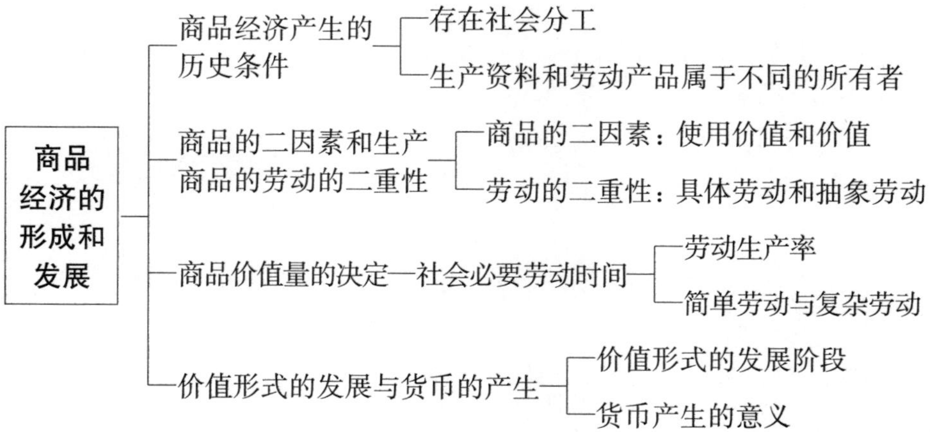

四、作业设计

（1）运用矛盾分析法分析商品二因素的辩证关系。

（2）请谈谈对马克思劳动二重性理论的理解。

（3）请谈谈对马克思关于价值形式发展的论述的理解。

五、延伸阅读

（1）《马克思恩格斯文集》（第五卷），人民出版社 2009 年版。

（2）程恩富、冯金华、马艳主编：《现代政治经济学新编》（简明版），上海财经大学出版社 2017 年第三版。

（高建昆　马梦挺）

第二讲　资本主义经济制度的本质

一、教学说明

1. 教学目标

本讲主要聚焦于资本主义经济制度及其本质，使同学们学习和把握资本主义经济制度的形成和发展，着重了解剩余价值理论及其意义，资本主义的基本矛盾以及由此引发的经济危机，旨在帮助学生掌握资本主义经济制度的本质，正确理解和认识资本主义的基本矛盾以及资本主义必然灭亡的历史趋势。

2. 教学重点

(1) 资本主义经济制度的形成

(2) 资本主义的基本矛盾和经济危机

3. 教学难点

剩余价值理论

4. 教学方法

综合运用案例分析、学生课堂自主展示、e-learning 网络学习平台等教学方式。通过案例分析为学生讲解具体知识点。通过分析当代资本主义的经济现象，引发学生思考资本主义制度的形成过程及其本质特征。通过让学生课堂自主展示学习心得，参与课堂讨论，帮助学生更加深入地理解所学知识点。通过 e-learning 网络学习平台实现线上线下同步教学。

5. 学时安排

2 学时

二、教学内容

【教学导入】

首先以当代资本主义经济现象为导入，请同学们思考并讨论：2008 年席卷全球的金融危机是由什么造成的？而后又是如何恢复的？其背后的机制是什么？

根据学生的回答，慢慢引导学生探寻资本主义经济制度的形成过程是怎样的？资本主义经济制度的前提条件是什么？资本主义的本质是什么？资本的原始积累和资本积累的区别与联系？资本主义的基本矛盾是什么？资本主义经济危机的发生机制是什么？接下来，本节将从资本主义经济制度的产生讲起，从资本主义经济制度的形成发展过程中去寻找这些问题的答案。

(一) 资本主义经济制度的产生

【案例】

新大陆的发现，给资本主义生产方式注入了新的活力，它急不可耐地呼唤大量可供雇佣的无产者和大量的货币资本，这是它向未来驰骋的两个轮子，以火的残暴开道，以血的淤积开路，使两个轮子加速运转，开始了资本原始积累的过程。一方面，资本原始积累的历史是资产阶级在与封建地主阶级的抗争中不断崛起，为资本主义生产方式的发展开辟道路的历史；另一方面，资本主义原始积累的历史也是资产阶级踏着劳动人民的血泪步入天堂，而劳动人民却流着血泪跌向深渊的历史。

谁能想到，绵羊这种温顺可爱的家畜在英国资本原始积累的过程中竟会以虎狼般的凶残抢夺农民的饭碗！15 世纪末那些逐渐资产阶级化了的英国地主贵族和新兴资产阶级，看准了呢绒纺织业是他们牟取暴利的捷径。为了积累资本，他们像驱赶牲畜那样把农民赶出家园，焚烧农民的住宅和村落，将农民世世代代耕种的土地围成牧羊场。在对本国劳动人民肆意盘剥的同时，资产阶级开始了对殖民地人民的疯狂掠夺。在欧洲殖民者统治美洲的三百多年中，有 2 500 多万印第安人被屠杀。墨西哥的印第安人减少了 90%，秘鲁的印第安人减少了 95%，海地和古巴的印第安人，几乎被杀绝。印第安人的白骨在苦难的美洲大地上堆成了山，而欧洲殖民者掠夺的黄金，却装满了一船又一船。

【互动讨论】

(1) 运用马克思的方法分析资本原始积累的二重性。

(2) 为什么说“资本来到世间，从头到脚，每个毛孔都滴着血和肮脏的东西”？资本原始积累的历史说明了什么问题？

【教师讲授】

1) 资本主义生产关系的产生

生产力与生产关系的矛盾引起了农村自然经济和城市行会组织的瓦解，导致城乡资本主义生产关系的产生。资本主义萌芽于 14 世纪末 15 世纪初地中海沿岸的一些城市。资本主义产生的途径有两个：一是从小商品经济分化出来，二是从商人和高利贷者转化而来。封建社会末期，随着商品经济的发展，小生产者之间展开激烈的竞争并由此发生剧烈的两极分化：一部分条件较好的作坊主不断扩大生产规模，添置设备，增加雇佣工人数量，延长劳动时间，逐渐富裕起来并成为最早的工业资本家；多数作坊主则在竞争中逐渐衰落下去，直至破产，最终同其帮工和学徒一起沦为雇佣工人。手工作坊中的师徒关系逐渐转变为雇佣关系，成为资本主义生产关系萌芽的形式之一。到了封建社会末期，随着商人积累的财富不断增加，一些大商人成了包买商，他们不仅包销小生产者的全部商品，还供给他们原料和设备，从而割断了小生产者与销售市场和原料市场的联系，逐渐控制了商品生产者。商人和高利贷者乘生产者困难之机，贷给他们所需要的资金、原料和生产工具。随着商人侵入手工业领域，小生产者沦为商人、高利贷者的债务人，一旦无力还债，就只能交出自己的作坊来抵债。于是，作坊主丧失了独立的生产者身份，连同其帮工和学徒成了商人或高利贷者的雇佣工人，商人或高利贷者则成为工业资本家，这成为资本主义生产关系萌芽的另一种形式。

2）资本的原始积累

15世纪末美洲和通往印度航道的新发现，世界市场的迅速扩大，要求商品生产以更大的规模和更快的速度发展，这一任务只能靠资本主义社会化大生产来实现。新兴资产阶级便开始进行资本的原始积累，利用暴力手段为资本主义的迅速发展创造条件。所谓资本原始积累，就是生产者与生产资料相分离，资本迅速集中于少数人手中，资本主义得以迅速发展的历史过程。在西欧，资本原始积累开始于15世纪后30年，经过16世纪的高潮，一直延续到19世纪初才告结束。资本原始积累主要是通过两个途径进行。一是用暴力手段剥夺农民的土地。这是资本原始积累过程的基础，在英国圈地运动表现得最为典型。二是用暴力手段掠夺货币财富。利用国家政权的力量进行残酷的殖民掠夺是资本原始积累的又一个重要方式。这一切都大大促进了资本主义的发展，缩短了封建生产方式转变为资本主义生产方式的历史进程。资本原始积累的事实表明，资产阶级的发家史就是一部罪恶的掠夺史。

3）资本主义生产方式的确立

生产力和生产关系的进一步发展，对上层建筑的彻底变革提出了强烈要求，即在政治上完成资产阶级革命，用资产阶级政权取代封建地主阶级的政权。从17世纪中期到18世纪后半期，英、法等国先后进行了资产阶级革命，经过复辟和反复辟的长期斗争，建立了资产阶级的政治统治。自18世纪60年代起，英、法等国相继发生工业革命，机器大工业代替了工场手工业，促进了社会生产力的空前发展，资本主义生产方式的支配地位得以形成。资产阶级政治统治的建立和资本主义生产方式支配地位的形成，标志着资本主义制度的最终确立。

（二）劳动力成为商品与货币转化为资本

【案例】

“要从商品的消费中取得价值，我们的货币占有者就必须幸运地在流通领域内即在市场上发现这样一种商品，它的使用价值本身具有成为价值源泉的独特属性，因此，它的实际消费本身就是劳动的对象化，从而是价值的创造。

货币占有者在市场上找到了这样一种独特的商品，这就是劳动能力或劳动力……劳动力占有者和货币占有者在市场上相遇，彼此作为身份平等的商品占有者发生关系，所不同的只是一个是买者，一个是卖者，因此双方是在法律上平等的人。”①

【互动讨论】为什么说劳动力成为商品是货币转化为资本的前提？

【教师讲授】

资本主义经济制度是以资本主义私有制和雇佣劳动为基础的一种剥削制度。资本主义经济制度的形成是以劳动力成为商品为前提条件的。劳动力是指人的劳动能力，是人的脑力和体力的总和。劳动力的使用即劳动。

劳动力成为商品，要具备两个基本条件：其一，劳动者是自由人，能够把自己的劳动力当作自己的商品来支配；其二，劳动者没有别的商品可以出卖，自由得一无所有，没有任何实现自己的劳动力所必需的物质条件。劳动力成为商品，标志着简单商品生产发展到资本主义商品生产的新阶段。在这一阶段，资本家与工人的关系，形式上是“自由”“平等”的买卖关系，而实质上是资本家支配和剥削工人的雇佣劳动关系。

像任何商品一样，劳动力商品也具有价值和使用价值。但是，劳动力是特殊的商品，它的使用价值是价值的源泉，它在消费过程中能够创造新的价值，而且这个新的价值比劳动力本身的价值更大。资本家用货币购买的是雇佣工人的劳动力商品，劳动力商品的使用价值是劳动，劳动本身并不是商品，劳动力商品的使用价值具有成为价值源泉的特殊属性，它的实际使用本身就是劳动的物化，从而创造了剩余价值，使货币转化为资本。

(三) 资本主义所有制

【案例】

事情仿佛是这样：在资本家那里，必定已经有了一种积累——出现在劳动之前并且不是来自劳动的积累——，它使资本家能够驱使工人劳动，维持他们的活动能力，把他们作为活的劳动能力维持下去。〔一旦资本和雇佣劳动成

① 《马克思恩格斯文集》(第五卷)，人民出版社 2009 年版，第 194—195 页。

为它们自身的前提，即成为先于生产本身而存在的基础，事情首先就会是这样：资本家除了拥有工人用来再生产自身、创造必要的生活资料即实现必要劳动所必需的原料和劳动资料的基金以外，他还拥有使工人实现剩余劳动，即实现资本家的利润所必需的原料和劳动资料的基金。……〕

……

货币财富既没有发明、也没有制造纺车和织机。但是，纺工和织工一旦同自己的土地相分离，他们就连同自己的纺车和织机一起落入货币财富等等的统治之下了。资本只不过是把它找到的大量人手和大量工具结合起来。资本把它们聚集在自己的统治之下。这是资本的实在的积累，就是在各个点上把工人连同他们的工具积累起来。[①]

【教师讲授】

资本主义所有制是生产资料归资本家所有的一种私有制形式。在资本主义所有制条件下，资本家拥有生产资料的所有权，劳动者与生产资料相分离，为了维持生存，劳动者不得不通过将劳动力出卖给资本家来实现与生产资料的结合，资本家与工人的关系变成雇佣劳动关系。在这种关系中，资本家不但拥有生产资料的所有权，而且拥有对雇佣劳动者的支配权，并凭借这种所有权和支配权实现对全部劳动产品的占有和支配。

资本主义所有制的本质仍是一种基于劳动者与生产资料相分离的剥削制度。与以往的剥削制度不同，资本家与工人的关系不是奴隶社会的完全占有，也不是封建社会的人身依附，而是基于劳动者完全的人身自由基础上的"平等"关系。资本家只能通过购买工人的劳动力的方式，将出卖了劳动力的劳动者与生产资料结合在一起进行生产并取得剩余价值。在这里，生产资料和货币采取了资本的形式，生产资料的所有者成为资本人格化的资本家，资本家与劳动者之间的关系是资本与雇佣劳动的关系，具有剥削与被剥削的对抗性质。因此，资本主义所有制是雇佣劳动赖以存在的基础，是资本与雇佣劳动之间剥削与被剥削关系的体现。

---

① 《马克思恩格斯文集》(第八卷)，人民出版社 2009 年版，第 156—157、161 页。

(四) 生产剩余价值是资本主义生产方式的绝对规律

【案例】

"产品——资本家的所有物——是一种使用价值,如棉纱、皮靴等等。虽然例如皮靴在某种意义上构成社会进步的基础,而我们的资本家也是一位坚决的进步派,但是他不是为了皮靴本身而制造皮靴。在商品生产中,使用价值决不是本身受人喜爱的东西。在这里,所以要生产使用价值,是因为而且只是因为使用价值是交换价值的物质基质,是交换价值的承担者。我们的资本家所关心的是下述两点。第一,他要生产具有交换价值的使用价值,要生产用来出售的物品,商品。第二,他要使生产出来的商品的价值,大于生产该商品所需要的各种商品即生产资料和劳动力——为了购买它们,他已在商品市场上预付了宝贵的货币——的价值总和。他不仅要生产使用价值,而且要生产商品,不仅要生产使用价值,而且要生产价值,不仅要生产价值,而且要生产剩余价值。"①

【互动讨论】

(1) 剩余价值是如何产生的?

(2) 为什么说利润和利润率掩盖了剩余价值的真正来源?

【教师讲授】

1) 剩余价值的生产

资本主义的生产过程具有两重性,一方面是生产物质资料的劳动过程,另一方面是生产剩余价值的过程,即价值增殖过程。资本主义生产过程是劳动过程和价值增殖过程的统一。价值增殖过程是剩余价值的生产过程,这是资本主义生产过程的主要方面。所谓价值增殖过程,是超过劳动力价值的补偿这个一定点而延长了的价值形成过程。在价值增殖过程中,雇佣工人的劳动分为两部分:一部分是必要劳动,用于再生产劳动力的价值;另一部分是剩余劳动,用于无偿地为资本家生产剩余价值。因此,剩余价值是雇佣工人所创造的并被资本家无偿占有的超过劳动力价值的那部分价值,它是

---

① 《马克思恩格斯文集》(第五卷),人民出版社 2009 年版,第 217—218 页。

雇佣工人剩余劳动的凝结，体现了资本家与雇佣工人之间剥削与被剥削的关系。

资本在资本主义生产过程中表现为生产资料和劳动力两种形态，根据这两部分资本在剩余价值生产中所起的不同作用，可以将资本区分为不变资本与可变资本。不变资本是以生产资料形态存在的资本。生产资料的价值通过工人的具体劳动被转移到新产品中，其转移的价值量不会大于它原有的价值量。在生产过程中，只转变自己的物质形态而不改变自己的价值量，不发生增殖。可变资本是用来购买劳动力的那部分资本。可变资本的价值在生产过程中不是被转移到新产品中去，而是由工人的劳动再生产出来。在生产过程中，工人所创造的新价值，不仅包括相当于劳动力价值的价值，而且还包括一定量的剩余价值，即产生了价值增殖。

把资本区分为不变资本和可变资本，进一步揭示了剩余价值的源泉。它表明，剩余价值既不是由全部资本创造的，也不是由不变资本创造的，而是由可变资本雇佣的劳动者创造的。雇佣劳动者的剩余劳动是剩余价值的唯一源泉。通过公式表示资本家对工人的剥削程度：剩余价值率＝剩余劳动/必要劳动＝剩余劳动时间/必要劳动时间。

剩余价值生产的两种基本方法：绝对剩余价值的生产和相对剩余价值的生产。绝对剩余价值是指在必要劳动时间不变的条件下，由于延长工作日的长度和提高劳动强度而生产的剩余价值。相对剩余价值是指在工作日长度不变的条件下，通过缩短必要劳动时间而相对延长剩余劳动时间所生产的剩余价值。绝对剩余价值生产和相对剩余价值生产在资本主义发展的不同阶段起着不同的作用。在资本主义发展的初期，资本家主要依靠绝对剩余价值生产来提高剥削程度。随着生产技术条件的不断改进和工人阶级反抗资本家延长工作日的斗争力量的增强，相对剩余价值生产的作用就日益突出了，机器大工业发展到自动化阶段。资本主义条件下的生产自动化只是意味着剩余价值生产所使用的生产工具更加先进了，本质上依然是物化劳动或不变资本的实物形式。它们的价值是在工人生产它们的过程中形成的，在参加产品的生产时，只是把原有的价值转移到产品中去，而不创造新价值，更不能创造剩余价值，雇佣工人的剩余劳动仍然是这种剩余价值的唯一源泉。

2）剩余价值的积累

把剩余价值转化为资本，或者说，剩余价值的资本化，就是资本积累。资本主义再生产的特点是扩大再生产，资本家获得无偿占有的剩余价值后，并不是将其完全用于个人消费，而是将一部分转化为资本，用以购买追加的生产资料和劳动力，使生产在扩大的规模上重复进行。资本积累是资本主义扩大再生产的源泉。资本积累的本质，就是资本家不断地利用无偿占有的工人创造的剩余价值来扩大自己的资本规模，进一步扩大和加强对工人的剥削和统治。

马克思关于资本积累的学说，一是揭露了资本主义制度下贫富两极分化的原因。随着资本积累和生产规模的扩大，社会财富日益集中到资产阶级手中，而无产阶级则只占有少部分社会财富。这样必然加剧社会的两极分化，即一极是财富越来越集中于少数人手中，另一极是多数人只拥有社会财富的较小部分。二是揭示了资本主义失业现象的本质。资本追逐剩余价值引起资本有机构成的提高，资本对劳动力的需求日益相对地减少，从而造成大批工人失业，形成相对过剩人口。三是深刻地阐明了资本主义制度必然走向灭亡的历史命运。随着资本积累的增长，一方面资本主义生产越来越具有社会性，另一方面资本越来越集中于少数资本家手中，生产社会化和生产资料资本主义私人占有之间便产生了深刻的矛盾。随着这一矛盾的日益加剧，资本主义最终会被新的、更能适应社会化大生产要求的社会形态所取代。

3）剩余价值的流通

资本循环是资本从一种形式出发，经过一系列形式的变化，又回到原来出发点的运动。产业资本在循环过程中要经历购买阶段、生产阶段和售卖阶段三个不同的阶段，与此相联系的是资本依次执行三种不同的职能，即货币资本的职能、生产资本的职能和商品资本的职能。产业资本的运动，必须具备两个基本前提条件：产业资本的三种职能形式必须在空间上并存，时间上继起。

资本是在运动中增殖的，资本必须不断地、周而复始地循环，才能不断地带来剩余价值。这种周而复始、不断反复着的资本循环，就叫作资本的周转。

影响资本周转快慢的因素：一是资本周转的时间，二是生产资本的固定资本和流动资本的构成。要加快资本周转速度，获得更多的剩余价值，就要缩短资本周转时间，加快流动资本的周转速度。

社会总资本的再生产和流通。马克思将社会总产品在物质上划分为生产生产资料的部门和生产消费资料的部门两大部类；在价值上划分为在产品中的生产资料的转移价值(C)、凝结在产品中的由工人必要劳动创造的价值(V)，以及凝结在产品中的由工人在剩余劳动时间里创造的价值(M)三个组成部分。社会再生产的顺利进行，要求社会总产品在实物上得到替换，在价值上实现补偿，进而客观上就要求两大部类内部各个产业部门之间和两大部类之间保持一定的比例关系。然而在资本主义制度下，两大部类的生产都是在价值规律和剩余价值规律的作用下自发进行的，具有严重的盲目性，这就导致了两大部类生产在规模上和结构上经常处于失衡状态。这种失衡和脱节经常表现为生产过剩，以至于社会总产品的实现，即实物替换和价值补偿难以顺利进行，最严重的就是引发经济危机。经济危机实际上是资本主义条件下以强制的方式解决社会再生产的实现问题的途径，这种解决方式虽然最终也能够使社会再生产由失衡慢慢转变为平衡，却是以社会经济生活的严重混乱甚至瘫痪以及社会资源和财富的极大浪费为代价的。

4）剩余价值的分配

工人不参与剩余价值的分配，工人所获得的工资只是劳动力的价值或价格，这是资本主义工资的实质。在当代资本主义国家，工人的实际工资呈现出不断提高的趋势，但是与其创造的剩余价值的增长幅度相比，实际工资提高的幅度还是较小的。只要资本和雇佣劳动的基本经济关系不变，资本主义工资的本质就不会发生根本变化。

剩余价值的分配在产业资本家、商业资本家、银行资本家、农业资本家等不同部门的资本家之间进行分配，并转换为利润的形态。当剩余价值转化为利润时，剩余价值与可变资本的关系便被掩盖了。在剩余价值规律和竞争规律的作用下，利润转化为平均利润，体现着不同部门的资本家集团要求按照等量资本获得等量利润的原则来瓜分剩余价值的关系。从全社会看，整个资本家阶级获得的利润总额与雇佣工人所创造的剩余价值总额是相等的。

马克思通过分析剩余价值的生产、积累、流通以及分配，揭示了剩余价值的运动规律及其作用，创立了剩余价值理论。剩余价值理论深刻揭露了资本主义生产关系的剥削本质，阐明了资产阶级与无产阶级之间阶级斗争的经济根源，指出了无产阶级革命的历史必然性。剩余价值理论是马克思主义经济理论的基石，是无产阶级反对资产阶级、揭示资本主义制度剥削本质的锐利武器。

(五) 资本主义的基本矛盾与经济危机

【案例】

奶价下跌，原奶滞销，倒奶杀牛……进入 2015 年，各地奶农“倒奶杀牛”风波持续发酵，引发全社会的广泛关注。这并不是中国乳业第一次出现“倒奶杀牛”现象，但此次“倒奶杀牛”所引发的讨论甚至是争论，却超越了之前的任何一次。那到底是什么原因引发此次“倒奶”事件在全国各地上演？人们不禁要问：如今牛奶多得喝不完了吗？

其实，全球年人均奶类消费量为 93 公斤，中国仅为 7.2 公斤。奶农倒奶固然与牛奶易变质且不能大量贮存有关。但前几年一些地方农民一窝蜂地饲养奶牛，鲜奶的供应大量增加。同时，很多企业纷纷介入乳品加工业，有些产品尚未达标就上市，消费者不敢购买。当乳品销路不好时，企业便限量收购鲜奶。①

【互动讨论】

(1) 历史上资本主义国家经济危机时农场主把牛奶倒入大海的现象，与材料中的“倒奶事件”有何本质区别？

(2) “倒奶事件”中隐含着什么样的经济规律？

---

① 参见夏芳：《洋奶迫使乳企压价　奶农只好倒奶　中国乳业遇寒冬》，《证券日报》2015 年 1 月 14 日；李江天：《新闻回顾“华西”倒奶》，《经济日报》2002 年 4 月 25 日。

【教师讲授】

生产社会化和生产资料资本主义私人占有之间的矛盾，是资本主义的基本矛盾。在资本主义条件下，随着科学技术的进步和社会生产力的不断发展，资本主义生产不断社会化。但是，在资本家私人占有生产资料和剥削雇佣劳动者的生产关系中，社会化的生产力却变成资本的生产力，变成资本高效能地榨取剩余劳动、生产剩余价值、实现价值增殖的能力。

资本主义的矛盾最终以经济危机的形式表现出来。资本主义发展到一定阶段，就会发生以生产过剩为基本特征的经济危机。资本主义经济危机爆发的根本原因是资本主义的基本矛盾，这一基本矛盾具体表现在以下两个方面：其一，生产无限扩大的趋势与劳动人民有支付能力的需求相对缩小的矛盾；其二，单个企业内部生产的有组织性和整个社会生产的无政府状态之间的矛盾。资本主义基本矛盾运动的阶段性决定了资本主义经济危机具有周期性，这使社会资本再生产也呈现出周期性的特点，一般包括四个阶段，即危机、萧条、复苏和高涨。其中，危机阶段是周期的基本阶段，也是必经阶段。

【教学总结】

(1) 生产力与生产关系的矛盾引起资本主义生产关系的产生，资本的原始积累和资产阶级革命使得资本主义生产方式得以最终确立。

(2) 资本主义经济制度是以资本主义私有制和雇佣劳动为基础的一种剥削制度。资本主义经济制度的形成以劳动力成为商品为前提条件。

(3) 资本主义所有制是雇佣劳动赖以存在的基础，资本家凭借对生产资料的占有，在等价交换原则的掩盖下，雇佣工人从事劳动，无偿占有雇佣工人创造的剩余价值。

(4) 资本主义生产的直接目的和决定性动机，就是无休止地获取尽可能多的剩余价值。

(5) 资本主义的基本矛盾和经济危机不可避免。

三、板书设计

- **资本主义经济制度的本质**
  - 资本主义经济制度的产生
  - 劳动力成为商品与货币转化为资本
    - 劳动力成为商品的基本条件
    - 劳动力商品的特点与货币转化为资本
  - 资本主义所有制
    - 资本主义所有制的含义
    - 资本主义所有制的本质
  - 生产剩余价值是资本主义生产方式的绝对规律
  - 资本主义的基本矛盾与经济危机
    - 资本主义基本矛盾
    - 资本主义经济危机

四、作业设计

请同学们结合现实思考资本主义经济制度的本质。

五、延伸阅读

(1) 邓加荣、赵瑞:《资本原始积累史》,吉林人民出版社 1981 年版。

(2) [美] 大卫・哈维:《资本社会的 17 个矛盾》,许瑞宋译,中信出版社 2017 年版。

（包炜杰）

第三讲　资本主义上层建筑

一、教学说明

1. 教学目标

本讲的主要内容聚焦于资本主义上层建筑中的政治制度与意识形态，通过重点讲解以及案例分析使同学们学习和掌握有关资本主义上层建筑及其本质的相关内容，旨在引导学生运用马克思主义的立场、观点、方法，正确认识和把握资本主义政治制度和意识形态的本质。

2. 教学重点

（1）资本主义政治制度的特点和本质

（2）资本主义意识形态的特点和本质

3. 教学难点

（1）理解资本主义政治制度及其本质

（2）理解资本主义意识形态及其本质

4. 教学方法

课堂综合运用课堂讨论、案例分析和 e-learning 网络学习平台等教学方式。首先通过课程讲授和案例分析以及观看课程相关视频的方式为学生讲解具体的知识点，使学生充分了解资本主义政治制度和意识形态方面的具体内容，掌握资本主义政治制度和意识形态的本质。在这个基础上，通过 e-learning 网络学习平台线上线下同步教学，通过课堂讨论等方式引导学生正确认识和掌握本节课所讲述的内容。

5. 学时安排

1 学时

二、教学内容

【教学导入】

在教学的过程中，首先以问题为导入，请同学们思考并讨论政治制度与意识形态的内涵。例如什么是政治制度，如何理解意识形态，等等。根据学生的回答，首先带领学生简单了解政治制度、国家职能、民主制度以及意识形态等政治学概念的内涵和外延。在了解政治学名词的基础上，引导学生回顾中国特色社会主义政治制度与意识形态，采用对比学习的思路，导出资本主义政治制度与意识形态的课题。在完成这些内容之后，本讲的内容将从资本主义的政治制度及其本质讲起。

(一) 资本主义国家的职能和本质

【案例】

案例 1：资本主义国家的对内职能——美国次贷危机应对

2008 年美国的次贷危机给全球经济带来了极大的影响。2003—2006 年美国房地产市场呈现出畸形的繁荣，金融衍生产品大量产生，金融泡沫愈演愈烈，2007 年美国爆发次贷危机，资金链断裂，银行不断破产，国际债务飙升，导致 2008 年美国以及全世界陷入自 1929—1933 年以来最严重的经济危机。经济危机带来了很多消极影响，世界经济衰退，失业率高涨，社会动荡。随着金融危机的加深，为了挽救美国经济，美国采取了一系列的货币政策与财政政策来应对金融危机。由国会授权的美联储采取了相关的货币政策来应对经济危机，例如大幅度下调联邦基准利率和贴现率，推出新的资产支持商业票据、商业票据融资工具、货币市场投资者融资工具等非常规流动性管理工具，进一步提高货币市场的流动性。与此同时，美国政府也采取了一系列的财政政策应对金融危机，例如：2008 年 10 月 3 日布什政府出台有史以来最大规模的 7 000 亿美元的金融救援计划，2009 年 2 月 10 日奥巴马政府出台“金融稳定计划”等。美国政府在直接救助实体的同时，也采取了减税、增加基础设施和教育科研投资，创造就业机会和刺激经济增长等一系列社会保障政策。这些政策在一定程度上减轻了经济危机带来的消极影响。

马克思指出，“一切现实的危机的最终原因始终是：群众贫穷和群众的消费受到限制，而与此相对立，资本主义生产却竭力发展生产力，好像只有社会的绝对的消费能力才是生产力发展的界限”。① 只要存在资本主义制度，经济危机就是不可避免的，经济危机只能得到暂时缓解而不能根除资本主义基本矛盾。美国虽然利用一系列的国家职能，暂缓了次贷危机对经济带来的进一步的损害，但是至今仍然无可避免地受着次贷危机的负面影响，也无法从根本上解决经济危机。

案例 2：资本主义国家的对外职能——海湾战争

海湾战争是美国领导的联盟军队于 20 世纪 90 年代，为恢复科威特主权、独立与领土完整并恢复其合法政权而对伊拉克进行的一场战争，是冷战结束后的第一场大规模武装冲突。海湾战争的起因主要是因为海湾区独特的资源优势，海湾区拥有极丰富的石油和天然气资源，海湾地区生产的石油主要供出口，美国、西欧、日本进口的石油，相当大的一部分来自海湾地区。科威特是海湾区重要的石油出口国，科威特是世界上少有的富国，一直享有“海湾明珠”之称。它在国外的资产超过 1 000 亿美元，另外在西方重要工业中还持有多达数百亿美元的股份。如果这些资产被伊拉克抽走，将给西方经济造成巨额损失。1990 年伊拉克与科威特围绕着石油问题的谈判破裂，为了维护国家利益，美国采取大规模军事部署行动，以迫使伊拉克撤军。最终战争以美国为首的多国部队以较小的代价取得决定性胜利，重创伊拉克军队。伊拉克最终接受联合国 660 号决议，并从科威特撤军。

【互动讨论】

如何看待海湾战争以及次贷危机时期美国的国家行为？

【教师讲授】

1）资本主义国家的对内职能

首先，资本主义国家的职能是资本主义政治制度的重要组成部分。资本

① 《马克思恩格斯选集》(第二卷)，人民出版社 2012 年第三版，第 586 页。

主义国家的职能以服务于资本主义制度和资产阶级权利为根本内容,包括对内和对外两个基本方面。资本主义国家对内有实行政治统治和社会管理的职能,而对外有进行国际交往和维护国家安全及利益的职能。学习这部分的内容,我们要从马克思主义的立场、观点、方法来分析资本主义的国家职能。在资本主义制度的国家职能中政治统治职能是对内的主要职能,主要包括资产阶级作为资本主义制度的统治阶级,运用掌握的政府机构和军队、警察、法庭、监狱等国家机器,对被统治阶级进行压迫、控制,使社会生活保持在统治阶级所制定的秩序要求之内。国家的内部职能除了政治统治职能以外,因为国家也是从社会分化出来的社会管理机构,所以还具有社会管理的职能。国家可以利用权力和资源对邮政、铁路、水利、文化教育、卫生保健、社会福利等事业进行管理,来保证资本主义国家的社会正常发展。

资本主义国家的上层建筑是根据资本主义国家的经济基础建立起来的,这就决定了资本主义国家在进行统治时,必须以保护资本主义经济基础不受破坏和伤害为主要任务。我们可以从美国应对次贷危机的案例中,看到资本主义国家对内职能的表现。由国会授权的美联储以及美国财政部积极运用各种权力和资源对资本主义的经济发展进行调整,最终实现维护资产阶级利益的目的。同时,在应对经济危机的过程中,美国政府也发挥了其社会管理职能,制定一系列的社会保障政策来维持社会的稳定。

2）资本主义国家的对外职能

除了对内职能外,资本主义国家的职能还有对外职能。对外职能是指资本主义国家对外进行国际交往与维护国家安全和利益的职能。资本主义国家也处在世界版图之上,国际交往是资本主义国家的重要活动。为了维护国家安全与国家利益,资本主义国家要承担起保卫本国领土和主权完整、抵御外来侵略的任务,甚至为维护自己的既得利益,获取新的经济和政治利益,不惜发动对其他国家和地区的战争。资本主义国家的对外职能归根结底是国家对内政治统治职能的延伸,是服务于其政治统治的。在案例中,20 世纪 90 年代,美国因为其在海湾地区的利益受损而对伊拉克采取大规模军事行动,就是资本主义国家对外职能的典型案例。

海湾战争虽然并不是发生在美国的本土,但是鉴于科威特是美国重要的石油进口国，科威特的安危关系着美国重大的经济利益。因此美国为了维护自己国家的经济利益，而介入科威特与伊拉克两个国家之间，通过战争的方式迫使伊拉克撤军，守住了与海湾地区息息相关的经济利益。这是美国通过国家的对外职能，特别是对外战争的方式，来行使国家的职能。这种对外职能的行使，干涉了其他国家的内部事务。

3）资本主义国家职能的本质

在了解资本主义国家职能之后，我们来分析资本主义国家职能的本质。根据马克思主义的原理，国家是阶级统治的工具，因此资本主义国家本质上是资产阶级进行阶级统治的工具。利用马克思主义的立场、观点、方法，我们要辩证地看待资本主义国家职能的本质。一方面，资本主义国家作为资产阶级利益的集中体现，在经济上要求自由竞争、等价交换，在政治上要求形式上的自由。民主、平等、人权，从历史唯物主义的角度来看，资本主义的这些主张是人类社会的进步，推动了人类文明的进步。但另一方面，这种进步并没有改变资本主义国家是资产阶级阶级统治和阶级压迫工具的实质，也没有真正解决资本主义社会事实上的不自由、不民主、不平等。因此，我们要从这两个方面全面地看待资本主义国家职能的本质。从根本上来说，资本主义国家建立的本质就是以一种新的阶级剥削和压迫形式代替了旧的阶级剥削和阶级压迫形式。

(二) 资本主义的政治制度及其本质

【案例】近代法国普选制度的产生与完善

资本主义民主制度中的民主选举制度是资本主义民主制度的重要组成部分，“选举箱面前的平等，是民主首要的条件，平等最基本的形式，权利最无可争辩的基础”。但事实上，对于19世纪的法国来说“一人一票，票票等值”的普选制原则的确立却经过了一个漫长而曲折的过程。1848年二月革命推翻了七月王朝，建立了法兰西第二共和国。在1848年革命中，资本主义国家中以工人阶级为主体的人民群众展开了争取普选权的斗争。同年3月2日，临时政府颁布法令，决定实行男性公民的直接普选。由于人民群众的斗争，制宪会议不得不在1848年宪法中再次确认男性公民的普选权，法国由此成为世界上第一个实现男性公民普选的国家。法国男性公民普选权虽然在 1848 年得到了确认，但它的巩固和完善还经历了长期的斗争。1849 年，法国秩序党人虽然通过普选控制了议会，但却又担心普选会引起下一次的社会动乱，1850 年秩序党人利用掌握的议会多数通过了废除普选权的法令。1851 年路易·波拿巴利用争取恢复普选权为借口发动政变，但这种情形下的普选权形同虚设。

“资产阶级既然将它一向用来掩饰自己并从中汲取无限权力的普选权抛弃，也就是公开承认：‘我们的专政以前是依靠人民意志而存在的，现在它却必须违背人民的意志而使自己巩固起来。’”①而资产阶级抛弃普选权的做法，也证明了法国民主制度的脆弱性。“联合的资产阶级的各个集团抛弃了它们联合权力的唯一可能形式，抛弃了它们阶级统治的最强大最完备的形式，即抛弃了立宪共和国，后退到低级的、不完备的、较软弱的形式即君主国去，这样它们就给自己作出了判决。”②第二帝国和第三共和国时期，广大工人和资产阶级共和派仍然为争取完善的普选权作斗争。1870 年第三共和国的成立恢复了普选权，但是法国的普选权还有很不完善，仍然有很多需要改进的地方，例如妇女的普选权利，法国妇女直到 1944 年才获得普选权。

【教师讲授】

1）资本主义政治制度的内容

资本主义国家可以通过资本主义国家的政治制度实现政治统治。资本主义国家的政治制度包括资本主义民主与法制、资本主义政权组织形式、资本主义国家的选举制度以及资本主义政党制度等政治制度。其中资本主义民主制度是资本主义政治制度的重要组成部分，资本主义民主制度是与资本主义生产方式相适应而发展起来的。随着资本主义生产方式的发展，伴随着启蒙运动，资产阶级提出了“主权在民”“天赋人权”等思想，在这些先进思想的影响下资本主义建立起了民主制度的国家。资本主义法制也是资本主义政治制度的重要内容，宪法是资本主义法律制度的核心。宪法是资产阶级精神的体现，体现了一些资本主义的基本原则。一般包括以下几个基

① 《马克思恩格斯选集》(第一卷)，人民出版社 2012 年第三版，第 537 页。
② 同上。

本原则：首先是私有制原则，私有财产不可侵犯是资产阶级权利的重要保障；其次是主权在民原则；最后是分权与制衡原则。立法权、司法权与行政权的分权与制衡是资本主义民主制度重要的政权组织形式，国家在权力的分权与制衡中前进。

资本主义国家的选举制度也是民主制度的重要组成部分。在资本主义国家中，选举已经成为国家政治制度运行中对社会发展和稳定产生举足轻重影响的一个不可或缺的政治机制。近年来，关于资本主义国家选举的相关问题也经常成为社会的热点话题，在社会上也引起了大量的讨论。资本主义国家的选举制度在一定程度上依靠于资本主义国家的政党制度来运行，因此政党制度也是政治制度的重要组成部分。资本主义国家的政治制度的类型大多是两党制和多党制等形式。通过政党轮流执政或是建立联合政府等方式参与国家政权运行，管理国家事务。这些是资本主义政治制度的基本内容。

2）资本主义政治制度的本质

除了了解资本主义政治制度的内容，还需要了解资本主义政治制度的本质。资本主义政治制度是在资产阶级反对封建专制主义、维护自身利益和巩固自己的统治的过程中逐渐形成和完善的，是资产阶级革命的重要成果。资产阶级政治制度的形成和发展在人类历史上曾经起到了重要的进步作用。首先，资本主义政治制度作为上层建筑，在战胜封建社会的生产方式，保护、促进和完善资本主义生产方式上起到了重要作用，推动了社会生产力的发展，推动了社会进步。其次，资产阶级的民主制度使人民群众拥有了更多的政治自由，历史地促进了人的发展，促进了人类的进步。最后，资本主义政治制度在其历史发展过程中积累了丰富的政治统治和社会管理的经验，这对推动社会进步也有重要的意义。

但是资本主义的民主制度也有其阶级的和历史的局限性。第一，资本主义的民主是金钱操控下的民主，实际上是资产阶级精英统治下的民主。第二，法律意义上的平等掩盖着事实上的不平等。第三，资本主义的政党制是一种维护资产阶级的政治制度。第四，政党之间互相掣肘，决策效率低下，导致激化社会矛盾。“资产阶级民主同中世纪制度比较起来，在历史上是一大进步，但它始终是而且在资本主义制度下不能不是狭隘的、残缺不全的、虚伪的、骗人的民主,对富人是天堂,对被剥削者、对穷人是陷阱和骗局。”[①]我们需要利用马克思主义的立场、观点和方法来看待资产阶级的民主制度,深刻地认识资本主义政治制度作为资本主义阶级统治工具的阶级本质,坚定不移走中国特色社会主义民主政治道路,建设社会主义法治国家。

(三) 资本主义意识形态及其本质

【案例】

观看央视纪录片《世界历史》“文艺复兴”与“法国启蒙运动”片段。

在了解文艺复兴和启蒙运动中的一些基本思想之后,我们可以知道文艺复兴和启蒙运动在资本主义意识形态发展的过程中起到过重要的作用,文艺复兴和启蒙运动中的思想和观点成为资本主义意识形态的重要组成部分。正如刚刚观看的纪录片中所反映的,资产阶级的各种思想理论和观念,是资产阶级在长期的反对封建专制主义和宗教神学的斗争中逐步形成和发展起来的。这些思想理论和观念也最终成为资本主义占统治地位的意识形态。在资产阶级国家建立之后,为了维护国家的统治,资产阶级开始构建国家的意识形态。从文艺复兴和资产阶级革命时期一脉相承的资产阶级的各种思想理论和观念逐步发展成为资产阶级意识形态的重要组成部分。从这里我们可以基本了解到资本主义意识形态的内容以及资本主义意识形态的形成过程。

【互动讨论】

如何理解文艺复兴和启蒙运动对资产阶级思想带来的变革?

【教师讲授】

1) 资本主义意识形态的内容

理解资本主义意识形态,首先要明确资本主义意识形态的内涵。资本主义意识形态是在资本主义国家中占统治地位、反映了作为统治阶级的资产阶级利益和要求的各种思想和观念的总和。在资本主义国家中,一些占据统治

① 《列宁专题文集:论资本主义》,人民出版社 2009 年版,第 238 页。

地位的政治、经济、哲学、伦理、历史、文学、宗教等人文社会科学的理论和学说，都属于资本主义意识形态的范畴。而贯穿其中的资本主义的核心思想就是私有制神圣不可侵犯观念和个人主义价值观，以及与之相适应的自由、民主、平等、人权等观念。这些基本就是资本主义意识形态的内容。这些内容的形成，也经历了一个漫长的过程，接下来我们将了解资本主义意识形态形成的过程。

2）资本主义意识形态的形成

资本主义的意识形态是在资产阶级长期反对封建专制主义和宗教神学的长期斗争中发展起来的，是在资本主义国家产生之后，由统治阶级在以往形成的资产阶级思想理论和观念的基础上自觉地确立起来的。早在资产阶级革命时期，由于资产阶级的思想理论和观念在批判封建主义和宗教神学、启发民众进行资产阶级革命、保证资产阶级革命的胜利和为资产阶级建立国家提供理论依据方面发挥了重要的作用，对推动历史的进步有重要的意义。我们应该肯定资本主义意识形态在资产阶级革命胜利和建立资产阶级国家上发挥的积极意义。

3）资本主义意识形态的本质

在了解资本主义意识形态的内容和形成过程之后，我们还需要理解资本主义意识形态的本质。根据马克思主义理论，“人们在自己生活的社会生产中发生一定的、必然的、不以他们的意志为转移的关系，即同他们的物质生产力的一定发展阶段相适合的生产关系。这些生产关系的总和构成社会的经济结构，即有法律的和政治的上层建筑竖立其上并有一定的社会意识形式与之相适应的现实基础”[①]。资本主义的意识形态的本质必然与资本主义经济基础紧密相关。首先，资本主义意识形态是资本主义社会条件下的观念上层建筑，是为资本主义经济基础服务的，因而是为资本主义国家的政治上层建筑服务的。其次，资本主义意识形态是资产阶级的阶级意识的集中体现。在资本主义条件下，资产阶级在进行阶级统治的实践中逐步形成了自己作为社会统治阶级的阶级意识，资本主义意识形态就是阶级意识的集中体现。

我们需要用辩证的观点来看待资本主义的意识形态，资本主义的意识形

① 《马克思恩格斯选集》（第二卷），人民出版社 2012 年第三版，第 2 页。

态是资本主义在长期发展的过程中创造出来的丰富的精神成果，这些精神成果有部分是以意识形态的形式保留下来的，是人类文明进步的成就，我们应该肯定资本主义意识形态的经济作用。但是另一方面，资本主义的意识形态作为资本主义政治经济的集中反映，是为资本主义服务的，是为资本主义的阶级剥削和阶级压迫服务的。因此，资产阶级的意识形态具有阶级和历史的局限性，我们必须加以分析、批判和摒弃。

【教学总结】

我们要运用马克思主义的立场、观点、方法，准确认识和把握资本主义的政治制度和意识形态的本质。在资本主义政治制度方面，资本主义的政治制度是在资本主义经济基础之上建立的，它反映了资本主义社会的经济关系，反映了政治上占统治地位的资产阶级的要求。同时，资产阶级政治制度作为上层建筑，又反过来保护其经济基础，为巩固和发展资本主义经济基础提供政治保障。在资本主义意识形态方面，资本主义意识形态是在资本主义国家中占统治地位、反映了作为统治阶级的资产阶级利益和要求的各种思想理论和观念的总和，我们需要辩证地看待资本主义的政治制度和意识形态。在此基础上，坚持中国特色社会主义道路，建设社会主义国家。

三、板书设计

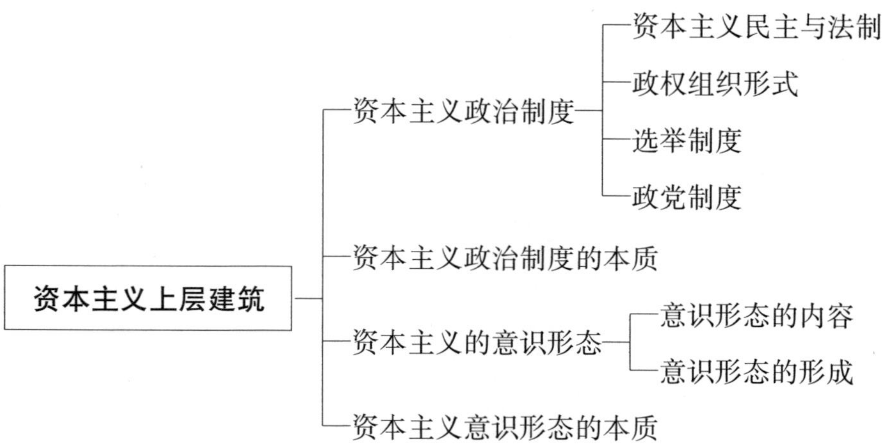

四、作业设计

西方资本主义国家实行的多党制和竞争性选举制度是民主制度的唯一实现形式吗？

五、延伸阅读

列宁：《关于用自由平等口号欺骗人民》，载《列宁全集》（第36卷），人民出版社2017年第三版增订版。

（李威利）

第五章
资本主义的发展及其趋势

第一讲　垄断资本主义的形成与发展

一、教学说明

1. 教学目标

本讲主要聚焦于垄断资本主义的形成与发展，使同学们学习和把握资本主义在垄断阶段的变化历程和本质特征，着重了解垄断资本主义的形成原因，垄断资本主义的发展脉络，垄断资本主义的各种形式，以及垄断资本主义的本质特征，旨在帮助学生们掌握资本主义的发展趋势、在不同阶段的表现形式和实质，帮助学生们正确理解和认识经济全球化背景下的资本主义本质和特征。

2. 教学重点

（1）垄断资本主义的发展历程、总体趋势和主要特点

（2）经济全球化的表现、动因和影响

3. 教学难点

垄断资本主义的本质特征

4. 教学方法

综合运用课堂讨论、案例分析、e-learning 网络学习平台等教学方式。通

过课堂讨论，引导学生思考垄断资本主义的形成原因、发展历程和本质特征。通过案例分析为学生讲解具体的知识点。通过 e-learning 网络学习平台实现线上线下同步教学。

5. 学时安排

1 学时

二、教学内容

【教学导入】

首先以问题为导入，请同学们思考并讨论：当今世界资本主义产生的主要新变化是什么？

根据学生的回答，慢慢引导学生探寻资本主义的发展历程是怎样的？垄断资本主义有哪些基本形式，当今世界垄断资本主义发生了怎样的变化？垄断资本主义的本质是什么？垄断资本主义与社会主义的关系是什么？这些问题是本节课程要解决的重要问题。接下来，本讲将从垄断资本主义的形成讲起，从垄断资本主义的发展变化历程去寻找这些问题的答案。

(一) 垄断资本主义的形成

【案例】

19 世纪 60 年代，在美国出现了托拉斯的最初形式，即普尔。普尔在企业间订立短期协定，规定共同的价格，并在成员间分配营业额或划分销售市场，以保证参加者的垄断利润。美国最早一个具有较大意义的普尔，出现在 1868 年密歇根州的制盐业中，在铁道业中较大的有 1870 年成立的芝加哥铁道公司普尔。到了 1879 年，美国出现了第一个托拉斯——美孚石油公司，到 1900 年，美国有托拉斯 185 个，托拉斯代表的企业包括了纺织工业的 50%，玻璃制造业的 54%，造纸印刷业的 60%，食品加工业的 62%，酿酒业的 72%，有色金属业的 77%，化学工业的 81%，钢铁工业的 84%。到 1904 年，各个托拉斯控制了美国制造业资本的五分之二。1908 年七家最大的托拉斯拥有或控制了 1638 家公司。[①]

洛克菲勒建立的美孚石油公司就是最大的托拉斯之一。1882 年，洛克菲勒创建了世界第一家托拉斯——标准石油托拉斯（以高度联合的形式组成一个综合性企业集团），并把总管理处迁到纽约，专门向东海岸和国外出售公司产品。19 世纪 80 年代，标准石油公司进一步向西欧扩大海外市场，美国的工艺已使标准公司的产品优于欧洲人的产品，因而标准公司赢得了欧洲大部分地区的煤油市场。1888 年，公司开始进入上游生产，收购油田。1890 年，标准石油公司成为美国最大的原油生产商，垄断了美国 95％的炼油能力、90％的输油能力、25％的原油产量。标准石油公司对美国石油工业的垄断一直持续到 1911 年。标准石油公司后来成为美国政府反托拉斯的头号目标，在 1911 年被最高法院拆解成 34 个独立公司。

【教师讲授】

1. 垄断的形成及其原因

自由竞争引起生产集中和资本集中，生产集中和资本集中发展到一定阶段必然引起垄断，这是资本主义发展的客观规律。在资本主义生产发展和生产规模不断扩大的过程中，伴随着生产和资本的不断集中。生产集中是指生产资料、劳动力和商品的生产日益集中于少数大企业的过程，其结果是大企业所占的比重不断增加。资本集中是指大资本吞并小资本，或由许多小资本合并而成大资本的过程，其结果是越来越多的资本为少数大资本家所支配。生产集中和资本集中是资本家追求剩余价值的结果。

而当集中发展到一定阶段，就自然而然地走向垄断。所谓垄断，是指少数资本主义大企业为了获得高额利润，通过相互协议或联合，对一个或几个部门商品的生产、销售和价格进行操纵和控制。垄断的产生有以下原因。第一，当生产集中发展到相当高的程度，极少数企业就会联合起来，操纵和控制本部门的生产和销售，实行垄断，以获得高额利润。第二，企业规模巨大，形成对竞争的限制，也会产生垄断。第三，激烈的竞争给竞争各方带来的损失越来越严重，为了避免两败俱伤，企业之间会达成妥协，联合起来，实

---

① ［苏］尼・布哈林：《世界经济和帝国主义》，蒯兆德译，中国社会科学出版社 1983 年版，第 45 页。

行垄断。

2. 垄断资本主义的组织形式

垄断是通过一定的垄断组织形式实现的。垄断组织是指在一个或几个经济部门中,占据垄断地位的大企业联合。垄断组织的形式多种多样,而且在各个国家、各个时期也不相同。最简单的、初级的垄断组织形式是短期价格协定,即几个企业在短期内订立一种或几种产品的售价协定,所有参加方必须遵守协定所规定的商品销售价格。这种垄断组织的稳定性是比较弱的,一旦市场情况发生变化,便会自行解体。垄断组织大体上可以分为卡特尔、辛迪加、托拉斯和康采恩,尽管垄断组织的形式多种多样,且不断变化发展,但是它们在本质上是一样的,即通过联合实现独占和瓜分商品生产和销售市场,操纵垄断价格,以攫取高额垄断利润。

3. 垄断竞争的特征

垄断条件下的竞争同自由竞争相比,具有一些新特点。在竞争目的上,自由竞争主要是为获得更多的利润或超额利润,不断扩大资本的积累,而垄断条件下的竞争则是为获取高额垄断利润,并不断巩固和扩大自己的垄断地位和统治权力;在竞争手段上,自由竞争主要运用经济手段,如通过改进技术、提高劳动生产率、降低产品成本等,以战胜对手,而垄断条件下的竞争除了采取各种形式的经济手段外,还采取非经济的手段,使竞争变得更加复杂、激烈;在竞争范围上,自由竞争时期,竞争主要是在经济领域,而且主要是在国内市场上进行的,而在垄断时期,国际市场上的竞争越来越激烈,不仅经济领域的竞争多种多样,而且还扩大到经济领域以外进行竞争。总之,垄断条件下的竞争,不仅规模大、时间长、手段残酷、程度激烈,而且具有更大的破坏性。

(二)垄断资本主义的发展

【案例】

第二次世界大战结束后,一些西方国家在左翼政党执政时不同程度地推行国有化政策,将若干行业的私人企业改变为国有企业,形成了一股浪潮。在法国,法国全国抗敌委员会的纲领规定:“大型国有化生产资料归国家所有。”[①]1944—1946年戴高乐临时政府通过没收或赎买政策，将能源、银行、保险等行业的一些大型私人企业收归国有。1946年宪法宣布：“所有一切已经具有和将要具有为全民服务或事实上具有和将要具有垄断性质的财富和企业必须全部成为全社会的财产。”1946年底，法国国有企业在能源领域的比重高达90%，在金融领域的比重接近50%。1981年5月，密特朗击败了在职的法国总统德斯坦，成为法国第一任社会党人总统。同年6月，社会党又在议会选举中取得了绝对优势。密特朗上台后，立即着手推行大规模的国有化，在法国掀起了国有化高潮。密特朗政府1982年2月11日颁布《国有化法令》，决定在工业、金融等领域对大型私人企业实行国有化。在工业领域中，国家通过购买代表公司私人资本的全部股票所有权，使包括电力、汽车制造、天然气、铁路、有色金属、建筑材料工业、化工、军工、核能等在内的大型私人工业公司国有化。在银行业，凡在国家信贷委员会注册的拥有10亿法郎以上活期存款、现金证券投资或短期投资的私人银行都收归国有。金融公司也参照工业公司的做法实行国有化。除此之外，国家通过参股、债转股等办法，对本国一些大型私人公司实行绝对控股，还通过购买部分股权的办法对包括美国、联邦德国在内的外国设在法国的一些公司进行控制。这次大规模的国有化大大提高了国有经济在法国经济中的比重。据统计，到1982年，政府控制的家用和办公用电子工业、基础化工、有色金属工业、军火工业、航空工业、公用事业的比重分别为44%、54%、63%、75%、84%、100%。国有工业企业营业额在法国工业企业营业总额中的比重达到40%，国家控制的银行数在注册银行总数中的比重达到90%，存款额在全国银行存款总额中也达到90%。

【教师讲授】

国家垄断资本主义是国家政权和私人垄断资本融合在一起的垄断资本主义。国家垄断资本主义的产生，是垄断资本主义生产关系在自身范围内的部分质变，标志着资本主义发展进入了新的阶段。早在第一次世界大战期间，资本主义交战国的政府就借助国家的力量扩军备战，推行国民经济军事化，普遍

---

① ［法］弗朗索瓦·卡龙：《现代法国经济史》，吴良健、方廷钰译，商务印书馆1991年版，第263页。

加强了国家对社会经济和人民生活的统治和管理，对全部生产实行最严格的统计和监督，国家垄断资本主义由此得以产生。1939—1945年第二次世界大战期间，帝国主义各国都建立了战时经济管理体制，国家对整个国民经济和社会生活实行全面统制，国家垄断资本主义得到进一步发展。第二次世界大战后，在所有发达资本主义国家，国家垄断资本主义无论在广度上还是深度上都有了更迅速、更普遍的发展，国家干预深入资本主义的生产、流通、分配和消费的各个环节，国家垄断资本主义作为一种新的垄断资本主义生产关系体系最终得以确立。国家垄断资本主义的形成和发展不是偶然的，它是科技进步和生产社会化程度进一步提高的产物，是资本主义基本矛盾进一步尖锐化的必然结果。社会生产力的发展，要求资本主义生产资料在更大范围内被支配，从而促进了国家垄断资本主义的产生；经济波动和经济危机的深化，缓和社会矛盾和协调利益关系，都要求国家垄断资本主义的产生。

国家垄断资本主义是垄断资本主义的新发展，它对资本主义经济的发展产生了积极的作用。首先，国家垄断资本主义的出现在一定程度上有利于社会生产力的发展。其次，资产阶级国家凌驾于私人垄断资本之上，代表整个垄断资产阶级的利益，调节经济过程和经济活动，这在一定范围内突破了私人垄断资本的狭隘界限。最后，在国家垄断资本主义的参与和干预下，各主要资本主义国家的农业、工业、商业、通信业及交通运输业的现代化水平迅速提高，社会生产和社会生活的面貌改观，加快了这些国家国民经济的现代化进程。

但是，国家垄断资本主义的出现并没有根本改变垄断资本主义的性质。国家垄断资本主义在本质上是资产阶级国家力量同垄断组织力量结合在一起的垄断资本主义。它在一定程度上促进生产力发展的同时，也加强了对劳动人民的剥削和掠夺，更好地保证了垄断资产阶级获得高额垄断利润，更有利于维护资本主义制度。国家垄断资本主义的出现是资本主义经济制度内的经济关系调整，并没有从根本上消除资本主义的基本矛盾。国家垄断资本主义有各种不同的具体形式，其实质都是私人垄断资本利用国家机器来为其发展服务的手段，是私人垄断资本为了维护垄断统治和获取高额垄断利润，而与国家政权相结合的一种垄断资本主义形式，是资产阶级国家在直接参与社会资本的再生产过程中，代表资产阶级总利益并凌驾于个别垄断资本之上，对社会经济进行调节的一种形式。

(三) 经济全球化及其影响

【案例】

首届“进博会”于 2018 年 11 月 5 日—10 日在中国上海举办，包括展会和论坛两个部分。展会由国家贸易投资综合展和企业商业展组成。国家展主要展示各国形象，只展示不成交；企业展分为七大展区，既有货物贸易，也有服务贸易。来自五大洲的 172 个国家、地区和国际组织参会，参展企业 3 617 家，共计 80 多万人进馆洽谈采购、参观体验，最终成交额达 578 亿美元。虹桥国际经贸论坛由主论坛，3 场平行论坛及国际财经媒体和智库论坛组成，4 500 多名嘉宾出席论坛。首届“进博会”便获得了国内外广泛关注，吸引近 4 000 名中外记者与会报道。

第二届“进博会”于 2019 年 11 月 5 日—10 日在中国上海成功举办。国家展总展览面积 3 万平方米，集中展示各国发展成就、营商环境和特色产业，共有 181 个国家、地区和国际组织参会，3 800 多家企业参展，超过 50 万名境内外专业采购商到会洽谈采购。企业展总展览面积 33 万平方米，由各国参展商展示商品、技术、服务，实现“买全球、惠全球”。覆盖装备、消费、食品、健康、服务等五大板块、七个展区，来自 150 多个国家和地区的 3 000 多家企业签约参观，50 万专业采购商和观众注册报名。相比首届“进博会”，第二届“进博会”展现了更大规模、更高质量、更丰富活动、更优质服务的国际博览会。

第三届“进博会”在新冠肺炎疫情全球蔓延的特殊背景下于 2020 年 11 月 5 日—10 日在中国上海顺利举办。企业商业展共设置六大展区，分别是：食品及农产品、汽车、技术装备、消费品、医疗器械以及医药保健、服务贸易。第三届“进博会”首次设置公共卫生、非银行金融等新题材，同时首次开启“边招展、边对接”模式，帮助全球参展商和采购商更好对接。第三届“进博会”大型贸易对接会在线上线下共吸引 64 个国家和地区的 674 家展商、1 351 家采购商参会，达成合作意向 861 项。特殊时期举办的第三届进口博览会仍然交出了亮眼的成绩单：按一年计，累计意向成交额 726.2 亿美元，比上届增长 2.1%。第三届“进博会”在特殊条件下，不仅承接了第二届“进博会“以来发展的各大优势，更在保证人民健康安全的基础上排除万难，坚持对展览形式、展览内容创新创造，最终取得了喜人的成果。

【教师讲授】

经济全球化是指在生产不断发展、科技加速进步、社会分工和国际分工不断深化、生产的社会化和国际化程度不断提高的情况下，世界各国、各地区的经济活动越来越超出某一国家和地区的范围而相互联系、相互依赖的过程。第一，国际分工进一步深化，在经济全球化过程中，国际水平分工逐渐取代国际垂直分工，成为居主导地位的分工形式。第二，贸易全球化。贸易全球化是指商品和劳务在全球范围内的自由流动。第三，金融全球化。金融全球化是指世界各国、各地区在金融业务、金融政策等方面相互协调、相互渗透、相互竞争不断加强，使全球金融市场更加开放、金融体系更加融合、金融交易更加自由的过程。第四，企业生产经营全球化。企业生产经营全球化指跨国公司在全球范围内建立分支机构，借助母公司与分支机构之间各种形式的联系，实行跨国投资和生产的过程。

从本质上讲，经济全球化是生产力发展和社会化大生产的必然要求。导致经济全球化迅猛发展的因素主要有三点：一是科学技术的进步和生产力的发展为经济全球化提供了坚实的物质基础和根本的推动力；二是跨国公司的发展为经济全球化提供了适宜的企业组织形式；三是各国经济体制的变革是经济全球化的体制保障。

经济全球化体现了社会化生产的要求，不仅发达国家从中受益，一些发展中国家在参与经济全球化进程中也得到了快速发展。经济全球化对发展中国家的积极作用主要表现在：第一，经济全球化为发展中国家提供先进技术和管理经验；第二，经济全球化为发展中国家提供更多的就业机会；第三，经济全球化推动发展中国家国际贸易发展。但与此同时，经济全球化也是一把"双刃剑"，它在促进经济发展的同时也带来了一些负面影响：第一，发达国家与发展中国家在经济全球化过程中的地位和收益不平等、不平衡；第二，加剧了发展中国家资源短缺和环境污染恶化；第三，一定程度上增加了全球经济发展的不稳定性和经济风险。

面对经济全球化发展的历史必然性，面对国际范围内保护主义倾向抬头，国际经贸规则制定出现政治化、碎片化的风险挑战，必须认识到，经济全球化不是一部分国家的独角戏，而是世界各国、各民族共同实现发展的大舞台。在世界经济的大海中，想人为切断各国经济的资金流、技术流、产品流、产业流、人员流，不仅是不可能的，也是不符合历史潮流的。面对不同国家在生产方式、发展水平、文化背景等方面的差异，要以共同构建人类命运共同体的理念引领经济全球化，“以文明交流超越文明隔阂、文明互鉴超越文明冲突、文明共存超越文明优越”，“推动经济全球化朝着更加开放、包容、普惠、平衡、共赢的方向发展”。

【教学总结】

（1）自由竞争引起生产集中和资本集中，生产集中和资本集中发展到一定阶段必然引起垄断，这是资本主义发展的客观规律。

（2）垄断条件下的竞争，不仅规模大、时间长、手段残酷、程度激烈，而且具有更大的破坏性。

（3）垄断资本在世界范围的扩展，反映了资本主义发展的必然逻辑，也反映了资本主义发展的本质。

（4）垄断资本主义的实质在于凭借垄断地位，获取高额垄断利润。

（5）经济全球化是生产力发展和社会化大生产的必然要求。

三、板书设计

垄断资本主义的形成与发展

- 资本主义从自由竞争到垄断
  - 生产集中与垄断的形成
  - 垄断条件下的竞争特点
  - 金融资本与金融寡头
  - 垄断利润和垄断价格
- 垄断资本主义的发展
  - 国家垄断资本主义的形成及作用
  - 金融垄断资本的发展
  - 垄断资本在世界范围的扩展
  - 垄断资本主义的实质
- 经济全球化及其影响
  - 经济全球化的表现
  - 经济全球化的动因
  - 经济全球化的影响

四、作业设计

请同学们思考垄断资本主义与社会主义之间的关系。

五、延伸阅读

(1)[德]桑巴特:《现代资本主义》(第一卷),季子译,商务印书馆 1936 年版。

(2)[法]弗朗索瓦·卡龙:《现代法国经济史》,吴良健、方廷钰译,商务印书馆 1991 年版。

(3)《习近平谈治国理政》(第三卷),外文出版社 2020 年版。

(包炜杰　朱　伟)

第二讲　资本主义的历史地位和发展趋势

一、教学说明

1. 教学目标

本讲要求学生把握资本主义的历史地位和资本主义的发展趋势，在此基础上，认识资本主义为社会主义所代替的历史必然性，明确社会主义取代资本主义是历史的必然趋势。

2. 教学重点

（1）资本主义的历史地位

（2）资本主义为社会主义所代替的历史必然性

3. 教学难点

（1）结合历史唯物主义的基本观点，辩证把握资本主义的历史地位

（2）从历史唯物主义角度认识资本主义内在矛盾同其发展趋势的关系

4. 教学方法

综合运用经典阅读、课堂讨论、读书笔记等方法展开本节教学活动。通过经典阅读，辩证阐述资本主义同封建社会相比的历史进步性，以及资本主义自身的历史局限性。通过读书笔记，鼓励学生深入阅读马克思与恩格斯经典原著及马克思主义中国化最新理论成果，并采用课堂讨论与读书笔记的形式，引导学生运用历史唯物主义的基本观点，深入理解资本主义内在矛盾决定了资本主义必然被社会主义所代替的客观规律。

5. 学时安排

1 学时

二、教学内容

【教学导入】

资产阶级撕下了罩在家庭关系上的温情脉脉的面纱，把这种关系变成了纯粹的金钱关系。……资产阶级除非对生产工具，从而对生产关系，从而对全部社会关系不断地进行革命，否则就不能生存下去。反之，原封不动地保持旧的生产方式，却是过去的一切工业阶级生存的首要条件。生产的不断变革，一切社会状况不停的动荡，永远的不安定和变动，这就是资产阶级时代不同于过去一切时代的地方。一切固定的僵化的关系以及与之相适应的素被尊崇的观念和见解都被消除了，一切新形成的关系等不到固定下来就陈旧了。一切等级的和固定的东西都烟消云散了，一切神圣的东西都被亵渎了。人们终于不得不用冷静的眼光来看他们的生活地位、他们的相互关系。①

请同学思考和讨论：如何理解资产阶级撕下了封建社会中“温情脉脉的面纱”，以及如何辩证地理解资本主义的历史地位？

【互动讨论】

根据学生的回答引导学生回顾历史唯物主义的基本原理，指出社会基本矛盾是社会发展的根本动力。就人类社会历史运动的一般规律而言，社会历史可分为五种社会形态：原始社会、奴隶社会、封建社会、资本主义社会和共产主义社会，其中共产主义社会的第一阶段为社会主义社会。从历史唯物主义的角度看，社会基本矛盾是历史发展的根本动力，其中生产力与生产关系的矛盾，决定着社会中其他矛盾的存在和发展，并且从根本上影响了社会形态从低级向高级的转变。在从封建社会到资本主义社会的转变中，科学技术的进步促进了生产力的发展，进而带来了全新的社会交往形式。资本主义打破了封建社会中“温情脉脉”的面纱，这在本质上是全新的生产力带来的全新的生产关系，以及由

① 《马克思恩格斯文集》(第二卷)，人民出版社 2009 年版，第 34—35 页。

此动摇了旧的生产关系和交往形式。

然而，从辩证法的角度看，生产力与生产关系在资本主义取代封建主义的历史进程中所起的作用并没有随着封建主义的终结而消失，相反，它同样构成资本主义本身的内部矛盾，并由此构成了资本主义内在的否定性，以及在这种否定性中打开了全新的社会历史形态。对此，可请同学继续阅读另一经典篇目——《自然辩证法》。在书中，恩格斯指出：

> 17 世纪和 18 世纪从事制造蒸汽机的人们也没有料到，他们所制作的工具，比其他任何东西都更能使全世界的社会状态发生革命，特别是在欧洲，由于财富集中在少数人一边，而另一边的绝大多数人则一无所有，起初使得资产阶级赢得社会的和政治的统治，尔后使资产阶级和无产阶级之间发生阶级斗争，而这一阶级斗争的结局只能是资产阶级的垮台和一切阶级对立的消灭。但是，就是在这一领域中，我们也经过长期的、往往是痛苦的经验，经过对历史材料的比较和研究，渐渐学会了认清我们的生产活动在社会方面的间接的、较远的影响，从而有可能去控制和调节这些影响。[①]

总之，辩证地看待资本主义的历史地位，既要求能够从唯物史观的角度解释它相对于封建社会的巨大的历史进步性，又要求强调这种相对的历史进步性并不能掩盖其自身的局限性。在解释资本主义的历史地位基础上，还需进一步阐述，资本主义的内在矛盾决定了资本主义必然要被社会主义所取代，并且这是历史发展的基本趋势。

(一) 资本主义的历史地位

【经典阅读】

请同学阅读《共产党宣言》关于“资产者和无产者”的章节[②]，并结合课本中的相关原理思考资本主义同封建主义相比的历史进步意义，以及这种历史进步意义的局限性。

---

① 《马克思恩格斯选集》(第三卷)，人民出版社 2012 年第三版，第 999—1000 页。
② 参见《马克思恩格斯文集》(第二卷)，人民出版社 2009 年版，第 31—43 页。

【教师讲授】

就资本主义的历史地位而言，本节需把握两方面的内容：一方面阐述资本主义相对于封建社会显示出历史进步意义，另一方面则强调资本主义的历史进步并不能掩盖其自身的历史局限性和内在否定性。就第一方面的内容而言，可尝试结合唯物史观中的相关原理，联系马克思与恩格斯的经典原著与相关的历史知识，展开教学讲解。

资本主义相对于封建社会具有历史进步性。教师在这部分讲解中需强调，资本主义的历史进步性是相对的，并且它在本质上就蕴含着资本主义自身的局限性。

第一，资本主义社会将科学技术转变为强大的生产力。

在这部分的讲解中，教师可请同学们简要回顾唯物史观部分关于科学技术在历史发展中所起作用的论述。

从唯物史观的角度看，社会历史发展的根本动力是社会基本矛盾，特别是生产力和生产关系的矛盾。社会基本矛盾决定社会历史的一般进程，推动社会向前发展。在社会基本矛盾中，矛盾的主要方面在于生产力的发展，而其中最具影响力的因素之一则在于科学技术的创新与进步。在从封建社会到资本主义的历史发展中，生产力的变化是具有进步意义的，它主要体现为由科学技术进步带来的工业革命。对此，在《共产党宣言》中，马克思、恩格斯指出："资产阶级在它的不到一百年的阶级统治中所创造的生产力，比过去一切世代创造的全部生产力还要多，还要大。自然力的征服，机器的采用，化学在工业和农业中的应用，轮船的行驶，铁路的通行，电报的使用，整个整个大陆的开垦，河川的通航，仿佛用法术从地下呼唤出来的大量人口——过去哪一个世纪料想到在社会劳动里蕴藏有这样的生产力呢？"①科学技术带来的生产力的变化体现为生产效率的极大提高，由此带来物质文明的丰富与发展。

除了促进生产效率的提高，科学技术对生产力的改变也体现为生产形式的变化。在前资本主义社会中，生产的主要形式为以手工劳动为基础的小生产，而在资本主义社会中，生产形式则转变为以社会化大生产为基础。以分工

① 《马克思恩格斯文集》(第二卷)，人民出版社 2009 年版，第 34—35 页。

的形式为例。在《资本论》中，马克思指出："在工场手工业中，社会劳动过程的组织纯粹是主观的，是局部工人的结合；在机器体系中，大工业具有完全客观的生产有机体，这个有机体作为现成的物质生产条件出现在工人面前。在简单协作中，甚至在因分工而专业化的协作中，社会化的工人排挤单个的工人还多少是偶然的现象。而机器，除了下面要谈的少数例外，则只有通过直接社会化的或共同的劳动才发生作用。因此，劳动过程的协作性质，现在成了由劳动资料本身的性质所决定的技术上的必要了。"①科学技术促使资本主义生产广泛应用大型机器，并由此深刻改变了生产的形式。

从封建社会到资本主义的历史发展中，科学技术革命起到了重要的历史作用。18 世纪中叶，苏格兰发明家詹姆斯·瓦特致力于改良纽科门蒸汽机。在 1784 年，瓦特发明了双向气缸，使得新型蒸汽机的效率达到了传统蒸汽机的五倍，并降低了蒸汽机爆炸与泄漏的风险。随着这一技术广泛运用于工业生产，蒸汽机技术的革新构成了工业革命发生的决定性技术之一。在资本主义的发展过程中，随着每一次科学技术的重大变革，都带来了社会生产力的重要发展。

第二，资本追求剩余价值的内在动力和竞争的外在压力推动了社会生产力的迅速发展。

在这部分内容讲解中，教师可请同学们回顾马克思主义政治经济学的内容，把握资本主义追求科学技术与生产力发展的本质。

根据剩余价值学说，资本主义生产过程是劳动过程和价值增殖过程的统一。资本的本质在于它是能够带来剩余价值的价值。而资本生产剩余价值的两种基本方法是：绝对剩余价值的生产和相对剩余价值的生产。其中，相对剩余价值的形成源于资本家追逐超额剩余价值，其本质在于企业通过提高劳动生产率，使商品的个别价值低于社会价值，从而在两者之间形成的差额。在《资本论》中，马克思指出："绝对剩余价值的生产构成资本主义制度的一般基础，并且是相对剩余价值生产的起点。就相对剩余价值的生产来说，工作日一开始就分成必要劳动和剩余劳动这两个部分。为了延长剩余劳动，就要通过以较少的时间生产出工资的等价物的各种方法来缩短必要劳动。绝对剩余价值的生产只同工作日的

① 《马克思恩格斯文集》(第五卷)，人民出版社 2009 年版，第 443 页。

长度有关；相对剩余价值的生产使劳动的技术过程和社会组织发生彻底的革命。"[①]资本主义社会对相对剩余价值的生产对生产技术的升级有着重要的促进作用。

相对剩余价值生产对社会生产力的促进可从资本的内在动力与外在压力两方面来看。一方面，资本出于其本质具有追逐剩余价值的内在动力，这促使单个资本必须找到方法使劳动生产率提高；另一方面，个别资本对超额剩余价值的追求在整体上促成了资本与资本之间的激烈竞争，从外部刺激所有企业寻求各种办法提高劳动生产率，并且在客观层面上刺激了科学技术的进步与社会生产力的发展。

第三，资本主义的意识形态和政治制度作为上层建筑在战胜封建社会自给自足的小生产的生产方式，保护、促进和完善资本主义生产方式方面起着重要作用。

在这部分，教师讲解结合唯物史观的基本原理，以及马克思主义政治经济学中关于资本主义意识形态及其本质的批判。

根据唯物史观，经济基础与上层建筑矛盾运动的规律是人类社会发展的基本规律之一。经济基础是指由社会一定发展阶段的生产力所决定的生产关系的总和；上层建筑是建立在一定经济基础之上的意识形态以及与之相适应的制度、组织和设施。在从封建社会到资本主义的历史发展过程中，资本主义发展出特定的上层建筑来适应其自身的经济基础。相对于封建社会，资本主义社会的主要经济形式为商品经济，而它的两个社会历史条件是存在社会分工与生产资料和劳动产品分别属于不同的所有者。在第二个历史条件的形成过程中，资本主义使得劳动者摆脱封建社会的奴役状态，构成了相对于封建社会的进步。在《资本论》中，马克思指出："资本主义社会的经济结构是从封建社会的经济结构中产生的。后者的解体使前者的要素得到解放。直接生产者，劳动者，只有当他不再束缚于土地，不再隶属或从属于他人的时候，才能支配自身。其次，他要成为劳动力的自由出卖者，能把他的商品带到任何可以找到市场的地方去，他就必须摆脱行会的控制，摆脱行会关于学徒和帮工的制度以及关于劳动的约束

① 《马克思恩格斯文集》(第五卷)，人民出版社 2009 年版，第 583 页。

性规定。”[①]资本主义否定了封建社会的经济基础及其意识形态。

然而，同时需要强调的是，资本主义相对于封建社会的进步性并没有在本质上消除劳动者的奴役状态。在《资本论》中，马克思强调：“因此，使生产者转化为雇佣工人的历史运动，一方面表现为生产者从农奴地位和行会束缚下解放出来；对于我们的资产阶级历史学家来说，只有这一方面是存在的。但是另一方面，新被解放的人只有在他们被剥夺了一切生产资料和旧封建制度给予他们的一切生存保障之后，才能成为他们自身的出卖者。而对他们的这种剥夺的历史是用血和火的文字载入人类编年史的。……劳动者的奴役状态是产生雇佣工人和资本家的发展过程的起点。这一发展过程就是这种奴役状态的形式变换，就是封建剥削转化为资本主义剥削。”[②]资本主义对封建社会的奴役状态的否定具有一定的进步性，但这种进步性是相对的，并没有在本质上消灭剥削，而这也就构成了资本主义意识形态的虚伪性。

资本主义相对于封建社会的历史进步性并不能掩饰其自身的局限性。教师的讲解可进一步围绕资本主义的基本矛盾阐述其局限性。

第一，资本主义基本矛盾阻碍社会生产力的发展。

在这部分，教师可首先请学生回顾资本主义的基本矛盾的内涵，即：生产社会化和生产资料资本主义私人占有之间的矛盾。

在资本主义生产方式建立之后，社会生产过程在客观上实现了高度的社会化，包括：生产资料的共同使用、生产过程的分工协作、劳动产品的市场交换。然而，资本主义私有制则并没有适应生产社会化的客观要求，这种不适应体现为生产资料的私人占有、劳动过程的私人控制、劳动产品的私人支配。这种不适应在本质上是生产力与生产关系之间的矛盾。根据唯物史观，生产力决定生产关系，而生产关系又对生产力具有能动的反作用。资本主义的基本矛盾在生产力与生产关系之间的不适应性阻碍了资本主义生产力的进一步发展。

第二，资本主义制度下财富占有两极分化，引发经济危机。

这部分的讲解需把握在资本主义制度下资本家和雇佣工人之间形式上的

---

① 《马克思恩格斯文集》(第五卷)，人民出版社 2009 年版，第 822 页。

② 同上书，第 822—823 页。

平等与实质上的不平等，而资本主义制度下的财富占有的两极分化与经济危机则是这种关系的外在表现。

从资本主义相对于封建社会的历史进步性中，可以看出在资本主义条件下劳动者获得了形式上的人身自由与平等，从而转化为与资本相对的雇佣劳动。但是，在本质上，资本与雇佣劳动之间有着压迫与被压迫、统治与被统治、剥削与被剥削的关系。对此，马克思在《资本论》中指出："劳动力的买和卖是在流通领域或商品交换领域的界限以内进行的，这个领域确实是天赋人权的真正伊甸园。那里占统治地位的只是自由、平等、所有权和边沁。自由！因为商品例如劳动力的买者和卖者，只取决于自己的自由意志。他们是作为自由的、在法律上平等的人缔结契约的。契约是他们的意志借以得到共同的法律表现的最后结果。平等！因为他们彼此只是作为商品占有者发生关系，用等价物交换等价物。……一离开这个简单流通领域或商品交换领域，——庸俗的自由贸易论者用来判断资本和雇佣劳动的社会的那些观点、概念和标准就是从这个领域得出来的，——就会看到，我们的剧中人的面貌已经起了某些变化。原来的货币占有者作为资本家，昂首前行；劳动力占有者作为他的工人，尾随于后。一个笑容满面，雄心勃勃；一个战战兢兢，畏缩不前，像在市场上出卖了自己的皮一样，只有一个前途——让人家来鞣。"①在这种关系的支配下，资本主义社会的财富分配呈现出两极分化的趋势，而这一矛盾的激化必然引发经济危机。

第三，资产阶级支配和控制资本主义的发展与运行，不断激化社会矛盾和冲突。

在这部分讲解中，教师结合资本主义对封建制度的相对进步性的内在本质阐述其内在的局限性。对此，《路德维希·费尔巴哈和德国古典哲学的终结》中有一段经典论述："在一定阶段上，资产阶级推动的新的生产力——首先是分工和许多局部工人在一个综合性手工工场里的联合——以及通过生产力发展起来的交换条件和交换需要，同现存的、历史上继承下来的而且被法律神圣化的生产秩序不相容了，就是说，同封建社会制度的行会特权以及许多其他的个人特权和地方特权（这些特权对于非特权等级来说都是桎梏）不相容了。资产阶级所代表

① 《马克思恩格斯文集》（第五卷），人民出版社2009年版，第204—205页。

的生产力起来反抗封建土地占有者和行会师傅所代表的生产秩序了；结局是大家都知道的：封建桎梏被打碎了，在英国是逐渐打碎的，在法国是一下子打碎的，在德国还没有完全打碎。但是，正像工场手工业在一定发展阶段上曾经同封建的生产秩序发生冲突一样，大工业现在已经同代替封建生产秩序的资产阶级生产秩序相冲突了。被这种秩序、被资本主义生产方式的狭隘范围所束缚的大工业，一方面使全体广大人民群众越来越无产阶级化，另一方面生产出越来越多的没有销路的产品。生产过剩和大众的贫困，两者互为因果，这就是大工业所陷入的荒谬的矛盾，这个矛盾必然要求通过改变生产方式来使生产力摆脱桎梏。”①

资本主义的局限性在本质上决定了其在经济、政治、文化和社会等各个领域内以及在全球范围内必然产生冲突、动荡和危机。这些局限性在资本主义生产方式范围内是不可能根本消除的，它决定了资本主义生产方式的历史过渡性。

（二）资本主义为社会主义所代替的历史必然性

【经典阅读】

请同学们阅读《社会主义从空想到科学的发展》的第三部分②，并结合课本中的相关原理思考资本主义的内在矛盾如何决定了其发展趋势，即：资本主义为社会主义所代替的历史必然性。

【教师讲授】

从人类社会发展的长河看，资本主义终究要被社会主义所取代，这是历史发展的基本趋势。资本主义的内在矛盾决定了资本主义必然被社会主义所代替。在这部分讲解中，教师引导学生阅读教材，并结合历史唯物主义的观点展开思考，加深理解。

1）资本主义基本矛盾“包含着现代的一切冲突的萌芽”

教材中的这段经典论述源于《社会主义从空想到科学的发展》中关于资本主义在否定封建制度的生产方式的历史基础上形成的新的生产方式的判断：“新的生产方式越是在一切有决定意义的生产部门和一切在经济上起决定作

---

① 《马克思恩格斯选集》(第四卷)，人民出版社 2012 年第三版，第 257 页。
② 《马克思恩格斯选集》(第三卷)，人民出版社 2012 年第三版，第 797—817 页。

用的国家里占统治地位，并从而把个体生产排挤到无足轻重的残余地位，社会化生产和资本主义占有的不相容性，也必然越加鲜明地表现出来。”①

资本主义基本矛盾有两种主要表现形态：在阶级关系上，它表现为无产阶级和资产阶级的对立；在生产上，它表现为个别企业生产的有组织性和整个社会生产的无政府状态之间的对立。

资本主义经济危机的爆发正是这个基本矛盾发展的结果。马克思、恩格斯认为，经济危机至少证明了这两点：“一方面，资本主义生产方式暴露出它没有能力继续驾驭这种生产力。另一方面，这种生产力本身以日益增长的威力要求消除这种矛盾，要求摆脱它作为资本的那种属性，要求在事实上承认它作为社会生产力的那种性质。”②也就是说，只有用社会主义生产方式取而代之，才能根本解决资本主义生产方式的基本矛盾。

2）资本积累推动资本主义基本矛盾不断激化并最终否定资本主义自身

在这部分讲解中，为帮助学生深入理解教材中的知识点，可引导学生回顾资本积累的基本含义。资本积累是把剩余价值转化为资本，或者说，剩余价值的资本化。资本积累的源泉是剩余价值，资本积累规模的大小取决于资本家对工人的剥削程度、劳动生产率的高低、所用资本和所费资本之间的差额以及资本家预付资本的大小。

从资本积累的过程来看，资本主义基本矛盾在资本积累过程中不断发展。如果说资本主义的原始积累使资本主义生产方式得以形成，那么，资本的不断积累则为否定资本主义制度自身准备了物质条件。例如，资本的不断积累使社会生产的规模不断扩大，而大规模的生产本身必然会冲破私人对生产的控制；资本的不断积累必然提高生产的社会化程度，这在客观上势必导致生产集中和资本集中，使资本的社会化占有成为可能；资本的不断积累使对生产过程的管理社会化，相应地派生出社会化大生产的管理人员和专业的管理机构，而这些都弱化甚至排斥资本家个人在管理中的地位和作用。

总之，当资本主义基本矛盾及其派生的各种矛盾在资本积累中不断发展，

---

① 《马克思恩格斯选集》(第三卷)，人民出版社 2012 年第三版，第 801—802 页。
② 同上书，第 808 页。

资本主义生产关系不再适应生产力状况时，公有制取代私有制、社会主义取代资本主义就将成为不可避免的结果。这是资本积累过程所具有的客观历史趋势。

3）国家垄断资本主义是资本社会化的更高形式，将成为社会主义的前奏

资本的社会化是在资本主义社会的生产力和生产关系的矛盾运动中发展的。资本主义发展初期的资本所有制形式是资本家的个人所有制。随着生产力的发展，企业的规模越来越大，单个资本没有力量创建和经营日益社会化的大企业，便产生了由许多单个资本联合投资的股份资本。股份资本所有制是资本社会化形式的进一步发展。

马克思研究股份公司和合作工厂发展的新现象，指出“资本主义的股份企业，也和合作工厂一样，应当被看做是由资本主义生产方式转化为联合的生产方式的过渡形式”，包含着“在资本主义体系本身的基础上对资本主义的私人产业的扬弃”。①

在马克思、恩格斯看来，资本国有化将为社会主义革命提供直接的物质基础，是无产阶级社会主义革命的入口处。到了国家垄断资本主义阶段，生产社会化、资本社会化和管理社会化都到了资本主义生产方式的更高程度，从而为全社会共同占有生产资料和共同组织社会化生产准备了充分的物质条件和社会条件。“国家垄断资本主义是社会主义的最充分的物质准备，是社会主义的前阶，是历史阶梯上的一级，在这一级别和叫做社会主义的那一级之间，没有任何中间级。”②随着国家垄断资本主义的发展和资本主义自身的政策调整，资本主义国家中出现某些新的现象，表明资本主义社会孕育着某些社会主义的因素。

4）资本主义社会存在着资产阶级和无产阶级两大阶级之间的矛盾和斗争

随着资本主义经济的发展，资产阶级由生产力的解放者日益变成阻碍者，资本主义在造就了社会化大生产的同时，也产生了推动和运用这一先进生产力的无产阶级。

---

① 《马克思恩格斯选集》(第二卷)，人民出版社 2012 年第三版，第 569—571 页。
② 《列宁选集》(第四卷)，人民出版社 2012 年第三版增订版，第 495 页。

在这部分讲解时，教师可结合《共产党宣言》阐述无产阶级的历史渊源与历史使命。马克思、恩格斯指出："资产阶级生存和统治的根本条件，是财富在私人手里的积累，是资本的形成和增殖；资本的条件是雇佣劳动。雇佣劳动完全是建立在工人的自相竞争之上的。资产阶级无意中造成而又无力抵抗的工业进步，使工人通过结社而达到的革命联合代替了他们由于竞争而造成的分散状态。于是，随着大工业的发展，资产阶级赖以生产和占有产品的基础本身也就从它的脚下被挖掉了。它首先生产的是它自身的掘墓人。资产阶级的灭亡和无产阶级的胜利是同样不可避免的。"①

在经济上所处的剥削地位使无产阶级具有彻底的革命性和斗争精神。社会化大生产使无产阶级成为最有组织性的革命力量。无产阶级是现代大工业的产物，是真正革命的阶级，无产阶级政党是无产阶级利益的代表。随着生产社会化水平的不断提高和无产阶级队伍的不断扩大，无产阶级在自己的政党领导下，必将彻底推翻资本主义和资产阶级的统治，废除资本主义私有制，逐步建立消灭一切阶级、确保人人得以自由而全面发展的联合体。资产阶级的灭亡和无产阶级的胜利是同样不可避免的。

当今世界，虽然资本主义制度通过自我调节还能为生产力的发展提供一定的空间，但社会主义取代资本主义是历史的必然趋势。习近平明确指出："事实一再告诉我们，马克思、恩格斯关于资本主义社会基本矛盾的分析没有过时，关于资本主义必然消亡、社会主义必然胜利的历史唯物主义观点也没有过时。这是社会历史发展不可逆转的总趋势，但道路是曲折的。资本主义最终消亡、社会主义最终胜利，必然是一个很长的历史过程。我们要深刻认识资本主义社会的自我调节能力，充分估计到西方发达国家在经济科技军事方面长期占据优势的客观现实，认真做好两种社会制度长期合作和斗争的各方面准备。"②

【教学总结】

（1）在本节教学过程中，把握资本主义的历史地位和发展趋势的各项

① 《马克思恩格斯文集》（第二卷），人民出版社 2009 年版，第 43 页。

② 中共中央文献研究室编：《十八大以来重要文献选编（上）》，中央文献出版社 2014 年版，第 117 页。

知识点需结合历史唯物主义的基本原理，引导学生回顾相关的概念及原理。

（2）资本主义的历史地位具有相对的进步性和内在的局限性。在阐述两者的内在关系时，可结合《共产党宣言》等经典文本中的相关论述，引导学生从唯物史观的角度理解资本主义的历史进步性是相对的，不能掩饰其自身的局限性。

（3）资本主义的发展趋势取决于资本主义的内在矛盾。资本主义的内在矛盾决定了资本主义必然被社会主义所代替。在阐述这一知识点时，可引导学生回顾唯物史观与剩余价值学说的基本观点，从资本主义的内在矛盾出发深化理解资本主义为社会主义所代替的历史必然性。

三、板书设计

- **资本主义的历史地位和发展趋势**
  - 资本主义的历史地位
    - 资本主义相对于封建社会的历史进步性
    - 资本主义自身的历史局限性
  - 资本主义为社会主义所代替的历史必然性
    - 第一，资本主义基本矛盾包含着现代的一切冲突的萌芽
    - 第二，资本积累推动资本主义基本矛盾不断激化
    - 第三，国家垄断资本主义是资本社会化的更高形式，将成为社会主义的前奏
    - 第四，资本主义社会存在着资产阶级和无产阶级两大阶级之间的矛盾和斗争

四、作业设计

请同学们阅读《共产党宣言》关于“资产者和无产者”的章节，并选择本节中的一个知识点撰写读书笔记。

五、学生阅读书目推荐

（1）列宁：《帝国主义是资本主义的最高阶段》，载《列宁选集》（第二卷），人民出版社2012年第三版增订版。

（2）习近平：《共建创新包容的开放型世界经济》，载《习近平谈治国理政》（第三卷），外文出版社2020年版。

（陆心宇）

第六章
社会主义从空想到科学的发展

第一讲　社会主义发展史：从空想到科学

一、教学说明

1. 教学目标

了解空想社会主义的发展进程和一般内容，掌握空想社会主义三个主要阶段的代表人物、代表著作、代表观点；把握空想社会主义的贡献与缺陷，深化对空想社会主义的认识和理解；能够在科学社会主义的原则基础上，对空想社会主义进行分析和批判，揭示空想社会主义的时代局限性。

2. 教学重点

(1) 空想社会主义产生的时代背景

(2) 空想社会主义代表人物的生平和思想观点

(3) 科学社会主义基本原则与中国特色社会主义的关系

3. 教学难点

(1) 理解科学社会主义基本原则是随着社会主义实践而不断丰富和发展的学说

(2) 为什么说科学社会主义基本原则不能丢，丢了就不是社会主义

4. 教学方法

通过 e-learnig 网络学习平台，提前分享上课内容，布置课前预习思考题。课堂通过案例分析、师生讨论、教师点评与讲授的方式为学生讲解具体的知识点。

5. 学时安排

2 学时

二、教学内容

本讲的主题是社会主义的发展及其规律。前面我们学习了马克思的历史唯物主义和辩证唯物主义，讲述了马克思主义理论的基本概念和方法，并在一般的意义上讨论了人类社会发展的基本规律和基本内容；进而，我们着重讨论了资本主义社会的历史运动，也就是用马克思主义理论提供给我们的概念和方法讨论了资本主义社会这个具体的对象。

在此基础上，我们要更进一步讨论后资本主义社会即社会主义的理论与实践。恩格斯在马克思的墓前讲话中，说马克思为人类社会作出了两大理论贡献，一个是唯物史观，一个是剩余价值理论。前者讲清楚了社会发展一般规律，后者讲清楚了资本主义社会的特质，但最终目的都指向一个问题，即社会主义的问题。换句话说，就是社会主义的基本内容是什么？社会主义何以可能？这是马克思理论体系的重要关键点，最终是要建立一个美好的社会。

党的二十大报告明确提出了全面建设社会主义现代化国家的任务，对于什么是社会主义，如何建设社会主义，建设一个怎样的社会主义提出了明确的要求。因此，对社会主义基本内容和原则的把握便成为一项基础性的理论工作。

在讨论马克思的社会主义理论与实践之前，我们先从思想史的意义上看看空想社会主义的基本理论与历史。

(一) 空想社会主义

我们知道马克思主义的三大理论来源之一就是空想社会主义。在这一讲中,我们要讲清楚空想社会主义的历史与内容,以及对空想社会主义的评价。

虽然空想社会主义是“空想”,但却是科学社会主义的直接思想来源。恩格斯说,空想社会主义虽然“含有十分虚幻和空想的性质,但他们终究是属于一切时代最伟大的智士之列的,他们天才地预示了我们现在已经科学地证明了其正确性的无数真理”①。

从恩格斯的判断中可知,空想社会主义就其内容本身而言是有真理性的,其空想不在于内容本身,而在于实现这些内容的物质条件在那个时代并不具备。就此而言,空想社会主义提供了启发工人觉悟的极为宝贵的材料。

所以,对空想社会主义的讨论,构成了我们今天讨论社会主义的一般思想前提。社会主义五百年的历史进程,首先是从空想社会主义说起,按照一般的分类,空想社会主义分为三个主要阶段,首先是 16 世纪的“乌托邦”思想,代表人物是托马斯·莫尔;其次是 18 世纪直接的共产主义理论,代表人物是摩莱里和马布利;最后是 19 世纪空想社会主义,代表人物是圣西门、傅立叶和欧文。

首先我们来看第一阶段。1516 年,托马斯·莫尔的《乌托邦》发表,这是空想社会主义的开山之作。莫尔在这本书里描绘了一个美好的社会,没有私有财产和剥削现象,实行财产共有,人们有计划地从事集中统一劳动,人人平等,筹建公共食堂,视黄金如粪土,不需要商品、货币和市场,实行按需分配。受《乌托邦》一书的影响,意大利的康帕内拉撰写了《太阳城》、德国的安德里亚撰写了《基督城》,这三本书共同构成了空想社会主义“乌托邦三部曲”,都是在进行理想社会制度的想象与建构。

第二阶段以 18 世纪法国的摩莱里和马布利为代表,摩莱里的《自然法典》、马布利的《论法律或法律原则》和《论公民的权利和义务》,论述了私有制向公有制过渡的必然性,并且以法律条文的形式讨论理想社会制度的纲领和原则。他们倡导建立在自然法基础上的财产公有与按需分配,实行禁欲主义、平均主义。马克思后来在讨论共产主义时,特意将这种共产主义称为平均的

---

① 《马克思恩格斯选集》(第三卷),人民出版社 2012 年第三版,第 37 页。

共产主义和粗陋的共产主义。但这个时期的社会主义论述，贵在并非一般意义上的讨论社会主义，而是以法律作为社会制度的规定形式。

第三阶段以19世纪法国的圣西门、傅立叶和英国的欧文为代表，这是我们通常理解中的空想社会主义的三个主要代表人物。恩格斯说："德国的理论上的社会主义永远不会忘记，它是站在圣西门、傅立叶和欧文这三个人的肩上的。"①就此而言，我们可以说，空想社会主义在此达到了理论的顶峰。

圣西门主要是以"实业制度"来建构他的新社会。在圣西门看来，人类社会的进步是社会不断走向实业制度的过程，这个过程中，劳动将起到积极的作用。而未来社会的"实业阶级"将主要由三部分组成：学者、艺术家和实业家，学者负责实业制度的设计、论证和规划、艺术家负责社会动员和鼓励大众积极参与实业活动，而实业家则主要负责实业活动的组织和落实。而且，在圣西门看来，未来社会的社会制度就是建立在实业发展的基础上，制度是实业发展的产物。

而傅立叶认为，资本主义是"每个人对全体和全体对每个人的战争"，在这种社会中，个人利益居于核心地位。出身于商人家庭的他，批评当时资本主义社会的丑恶现象，希望建立一种以"法伦斯泰尔"为基层组织的社会主义社会，在这里个人利益和集体利益是一致的。他认为脑力劳动和体力劳动的差别可以完全消除，并首次提出妇女解放的程度是人民是否彻底解放的衡量。他为自己的理想社会设计了一种叫作"法郎吉"的"和谐制度"，这是一种农工结合的社会基层组织，这种和谐的制度规定，劳动引力，均衡分配；阶级融合、人口平衡，以便到达社会和谐的状态。

而欧文也致力于建立理想社会，他的试验目标在于建立一个新和谐镇，在这个地方，社会成员绝对平等，但仍然有阶层制。而阶层的确定不是外在的社会规定，而是人自身的自然规定，即以年纪作为阶层确定的原则。并在他制定《精神独立宣言》中，誓言要推翻三大压迫，即私有制、非理性宗教和婚姻对人的压迫。

这就是空想社会主义三个主要阶段的内容，从这些内容中可见，马克思思想的很多主题都与空想社会主义有关：私有财产、国家、资本、货币、劳动等，

---

①《马克思恩格斯选集》(第三卷)，人民出版社2012年第三版，第37页。

但为什么空想社会主义在讨论这些问题时是空想的，而马克思的讨论却是科学的呢？

这里就涉及对空想社会主义的评价问题。

我们一开始时就提到过，马克思的社会主义思想的来源，一部分是与空想社会主义相关。这对于马克思的社会主义思想来说有重要的启示意义。但对空想社会主义的评价，不能仅仅从其内容本身出来，而是要从内容与现实的关系出发。换句话说，对空想社会主义批判，主要不在于其对社会主义内容本身的认识的批判，而在于其对资本主义的社会认知不够的批判。也就是说，空想社会主义者抛开资本主义社会本身的条件，而独自设想一种社会及其基础，这在马克思看来是空想的。马克思认为，社会主义建立在资本主义社会的条件基础之上，这个基础本身是社会主义理论的重要前提。

因此，马克思、恩格斯对空想社会主义的批判，首先不在于空想社会主义自身对社会主义具体内容的基本认知，而在于以何种方式来呈现社会主义。在空想社会主义的相关论述中，最大的问题不在于对社会主义本身缺乏认知，而在于对资本主义社会缺乏认知。因为，对资本主义社会的认知，直接决定了社会主义的呈现形式。马克思、恩格斯之所以将之批判为空想社会主义，其中最重要的原因就在于空想社会主义本身对资本主义缺乏客观的认知，从而使得其批判陷入空想的境地。

所有这些社会主义的文献，都罔顾了一个基本事实，即真正社会主义的基质性要素一定是从资本主义的内在历史进程中生发出来的，他们并且没有真正理解资本主义的生产方式的革命性意义及其自身的历史性存在。这意味着他们并没法理解和发现社会主义可能的前提条件。

因此，列宁说，空想社会主义"没有能够指出真正的出路。它既不会阐明资本主义制度下雇佣奴隶制的本质，又不会发现资本主义发展的规律，也不会找到成为新社会的创造者的社会力量"①。这种时代的局限性说明，空想社会主义不成熟的理论，"是同不成熟的资本主义生产状况、不成熟的阶级状况相适应的。解决社会问题的办法还隐藏在不发达的经济关系中，所以只能从头

① 《列宁选集》(第二卷)，人民出版社 2012 年第三版修订版，第 313 页。

脑中产生出来”①。

马克思、恩格斯在揭示人类社会发展一般规律和资本主义发展特殊规律的基础上，科学论证了社会主义代替资本主义的历史必然性，阐明了无产阶级的历史使命，科学预见了未来社会的社会特征，提出了从资本主义社会向共产主义社会过渡的理论，创立了科学社会主义，从根本上超越了空想社会主义。

（二）科学社会主义及其基本原则

【教学导入】

以马克思恩格斯的经典文本和习近平总书记的重要讲话作为案例分析的材料，请同学们思考并讨论：为什么说科学社会主义是随着实践而不断发展的学说？

1. 科学社会主义基本原则的主要内容

【案例】

案例 1：马克思和恩格斯论“两个必然”

资产阶级生存和统治的根本条件，是财富在私人手里的积累，是资本的形成和增殖，资本的条件是雇佣劳动。雇佣劳动完全是建立在工人的自相竞争之上的。资产阶级无意中造成而又无力抵抗的工业进步，使工人通过结社而达到的革命联合代替了他们由于竞争而造成的分散状态。于是，随着大工业的发展，资产阶级赖以生产和占有产品的基础本身也就从它的脚下被挖掉了。它首先生产的是它自身的掘墓人。资产阶级的灭亡和无产阶级的胜利是同样不可避免的。②

我们判断一个人不能以他对自己的看法为根据，同样，我们判断这样一个变革时代也不能以它的意识为根据；相反，这个意识必须从物质生活的矛盾中，从社会生产力和生产关系之间的现存冲突中去解释。无论哪一个社会形

---

① 《马克思恩格斯选集》（第三卷），人民出版社 2012 年第三版，第 780—781 页。
② 《马克思恩格斯选集》（第一卷），人民出版社 2012 年第三版，第 412—413 页。

态,在它所能容纳的全部生产力发挥出来以前,是决不会灭亡的;而新的更高的生产关系,在它的物质存在条件在旧社会的胎胞里成熟以前,是决不会出现的。所以人类始终只提出自己能够解决的任务,因为只要仔细考察就可以发现,任务本身,只有在解决它的物质条件已经存在或者至少是在生成过程中的时候,才会产生。①

【互动讨论】

结合上述材料,请找出你认为的关键词,并简单谈谈你的理解。

【教师讲授】

关键词一:"两个必然"。"资本主义必然灭亡,社会主义必然胜利"是科学社会主义的核心命题。这"两个必然"是马克思、恩格斯研究人类历史发展,特别是资本主义历史发展所得出的基本结论。资本主义生产方式的基本矛盾,即生产社会化与生产资料资本主义私人占有之间的矛盾,是资本主义不可克服的内在矛盾。这一根据蕴含着资本主义制度被更先进的社会主义制度或共产主义制度替代的必然性。

资本主义生产方式内在包含两方面的内容:从肯定方面来讲,任何生产方式都有促进生产力提高和社会发展的目的;从否定方面来讲,资本主义生产方式的基本矛盾决定了它的发展将以自我矛盾的形式构成一种"内爆"。资本主义生产方式是大工业发展的结果,这种生产方式不是绝对、永恒的,而是同物质生产条件的一定发展时期相适应的一种暂时的生产方式。

要把"两个必然"和"两个决不会"的结论联系起来进行全面把握。"无论哪一个社会形态,在它所能容纳的全部生产力发挥出来以前,是决不会灭亡的;而新的更高的生产关系,在它的物质存在条件在旧社会的胞胎里成熟以前,是决不会出现的。"这就是人们通常所说的"两个决不会","两个决不会"深刻揭示了社会形态更替的条件性。

关键词二:无产阶级与社会革命。两大阶级的对立与无产阶级的历史使命是推翻旧世界,建立新世界。

第一,无产阶级是最先进最革命的阶级,肩负着推翻资本主义旧世界、建

① 《马克思恩格斯选集》(第二卷),人民出版社 2012 年第三版,第 3 页。

立社会主义和共产主义新世界的历史使命。之所以最先进最革命,是因为无产阶级是社会化大生产的产物,是先进生产力的代表,同时也是资产阶级社会中受压迫和剥削程度最深的阶级。之所以肩负推翻旧世界、建设新世界的历史使命,是因为无产阶级既是资本主义的“掘墓人”,又是共产主义的建设者。

第二,无产阶级革命是无产阶级进行斗争的最高形式,以建立无产阶级专政的国家为目的。无产阶级要获得解放,就必须展开反抗资产阶级的斗争,其斗争形式有经济斗争、政治斗争和思想斗争。

无产阶级革命是反抗资本主义斗争的最高形式,是以政治革命为核心的社会革命,其根本问题是国家政权问题。无产阶级革命的一般形式是暴力革命,但并不排除特定情况下和平取得政权或进行社会改造的可能性。

无产阶级专政的任务不仅在于镇压剥削阶级的反抗和抵御外敌入侵,而且在于领导和组织国家建设,推进社会主义的发展。不同国家的共产党会根据不同国情,探索无产阶级专政的具体实现形式。

案例 2:

共产主义的特征并不是要废除一般的所有制,而是要废除资产阶级的所有制。但是,现代的资产阶级私有制是建立在阶级对立上面、建立在一些人对另一些人的剥削上面的产品生产和占有的最后而又最完备的表现。从这个意义上说,共产党人可以把自己的理论概括为一句话:消灭私有制。[①]

就是说,为了共同的利益、按照共同的计划、在社会全体成员的参加下来经营。[②]

我们不要过分陶醉于我们人类对自然界的胜利。对于每一次这样的胜利,自然界都对我们进行报复。……因此我们每走一步都要记住:我们决不像征服者统治异族人那样支配自然界,决不像站在自然界之外的人似的去支配自然界——相反,我们连同我们的肉、血和头脑都是属于自然界和存在于自

① 《马克思恩格斯选集》(第一卷),人民出版社 2012 年第三版,第 414 页。
② 同上书,第 302 页。

然界之中的。①

我们党有个很大的优点，就是有一个新的科学的世界观作为理论的基础。②

共产党人强调和坚持整个无产阶级共同的不分民族的利益……始终代表整个运动的利益。③

所谓“社会主义社会”不是一种一成不变的东西，而应当和任何其他社会制度一样，把它看成是经常变化和改革的社会。④

我们共产党人从来不隐瞒自己的政治主张。我们的将来纲领或最高纲领，是要将中国推进到社会主义社会和共产主义社会去的，这是确定的和毫无疑义的。⑤

马克思主义的另一个名词就是共产主义。我们多年奋斗就是为了共产主义，我们的信念理想就是要搞共产主义。⑥

【互动讨论】

从这八句话中，我们能够得到科学社会主义基本原则的哪些内容？

【教师讲授】

第一，经济方面。社会主义社会要在生产资料公有制基础上组织生产，以满足全体社会成员的需要为生产的根本目的。根据第一条文献，我们可以看到，生产资料私有制是造成资本主义罪恶的总根源，未来的新社会应该是以公有制为基础的社会。建立在公有制基础上的社会主义社会的生产目的是满足全体人

---

① 《马克思恩格斯选集》(第三卷)，人民出版社 2012 年第三版，第 998 页。
② 《马克思恩格斯选集》(第二卷)，人民出版社 2012 年第三版，第 10 页。
③ 《马克思恩格斯选集》(第一卷)，人民出版社 2012 年第三卷，第 413 页。
④ 《马克思恩格斯选集》(第四卷)，人民出版社 2012 年第三版，第 601 页。
⑤ 《毛泽东选集》(第三卷)，人民出版社 1991 年版，第 30 页。
⑥ 《邓小平文选》(第三卷)，人民出版社 1993 年版，第 137 页。

民的需要，建立在私有制基础上的资本主义社会的生产的目的是资本的增殖。社会主义的本质要求是实现好、维护好、发展好人民群众的根本利益。

第二，分配方面。社会主义社会要对社会生产进行有计划的指导和调节，实行按劳分配原则。根据第二条文献，我们能够得出，社会主义社会要有计划地指导和调节社会生产。马克思、恩格斯讲的有计划地组织社会生产是一般性原则，还需要在与各国国情的结合中找到适合自己的实现方式，因而不能把它与一些国家曾经实行的指令性计划经济画等号。事实证明，实行单一的计划经济，忽视或排斥市场的作用，不利于社会主义社会生产力的发展。在个人消费品分配上，社会主义社会实行按劳分配的制度，打破了资本主义社会“按资分配”的原则。

第三，生态方面。根据第三条文献，社会主义社会要合乎自然规律地改造和利用自然，努力实现人与自然的和谐共生。其中包括三点内容。一是人对自然的依赖和人通过劳动实践来改造自然。二是导致生态危机的根源是资本主义制度。马克思恩格斯分析资本主义社会中人与自然关系的异化，提出变革资本主义制度是解决生态问题的根本途径。三是社会主义社会要实现人与自然的和谐共生，保持人与自然之间的动态平衡。

第四，文化方面。根据第四条文献，社会主义社会必须坚持科学的理论指导，大力发展社会主义先进文化。这里的科学的理论指导是指马克思主义。社会主义社会必须坚持马克思主义的指导地位，必须大力发展社会主义先进文化，建设具有强大凝聚力和引领力的社会主义意识形态。

第五，政党方面。根据第五条文献，无产阶级政党是无产阶级的先锋队，社会主义事业必须始终坚持无产阶级政党的领导。社会主义事业的推进不是一个自发的过程，而是一个有组织有领导的自觉过程。无产阶级政党是社会主义事业的组织者和领导力量。在社会主义国家，共产党是最高政治领导力量。

第六，社会建设方面。根据第六条文献，社会主义社会要大力解放和发展生产力，逐步消灭剥削和消除两极分化，实现共同富裕和社会全面进步，并最终向共产主义社会过渡。社会主义社会只有在充分发展和高度发达的基础上才能向共产主义过渡，在条件不充分的情况下急于过渡是无益而且有害的。

第七，最终目标方面。根据第七、八条文献，共产主义是人类最美好的社会，实现共产主义是共产党人的最高理想。我们通常将未来的高级阶段称为共产主义社会。在共产主义社会，物质财富极大丰富，消费资料按需分配；社会关系高度和谐，人们精神境界极大提高；每个人得到自由而全面的发展，人类实现从必然王国向自由王国的飞跃。共产党之所以是共产党，就是因为它把实现共产主义作为自己的最高理想，并矢志不渝地为之奋斗。

【互动讨论】

谈谈你对科学社会主义基本原则的主要内容的认识和理解（仅谈其中一点即可）。

2. 正确把握科学社会主义基本原则

要点一：必须始终坚持科学社会主义基本原则，反对任何背离科学社会主义基本原则的错误倾向。

【案例】

我坦白说，我对于人们通常所理解的“社会主义的最终目的”非常缺乏爱好和兴趣。这个目的无论是什么，对我来说都是毫不足道的，运动就是一切。所谓运动，我所指的既是社会的总运动，即社会进步，也是为促进这一进步而进行的政治上和经济上的宣传和组织工作。①

临时应付，迁就眼前的事变，迁就微小的政治变动，忘记无产阶级的根本利益，忘记整个资本主义制度、整个资本主义演进的基本特点，为了实际的或假想的一时的利益而牺牲无产阶级的根本利益，——这就是修正主义的政策。②

【教师讲授】

科学社会主义基本原则揭示了资本主义生产方式的基本矛盾，阐明了社会主义代替资本主义的历史必然性，为社会主义事业的发展指明了方向。

---

① 殷叙彝编：《伯恩施坦文选》，人民出版社 2008 年版，第 68 页。
② 《列宁选集》（第二卷），人民出版社 2012 年第三版修订版，第 7 页。

坚持科学社会主义基本原则要把握两个核心点。一是不能因为遇到一时的困难和挑战而放弃这些原则，否则就是背离了社会主义运动的目的和无产阶级政党的宗旨，就会走向邪路。二是马克思主义必须随着时代的发展而发展，但发展必须以坚持基本原则为前提，否则就会投入资产阶级的怀抱。

要点二：要善于把科学社会主义基本原则与本国实际相结合，创造性地回答和解决社会主义革命、建设、改革中的重大问题。

【案例】

恩格斯深刻指出："马克思的整个世界观不是教义，而是方法。它提供的不是现成的教条，而是进一步研究的出发点和供这种研究使用的方法。"①

恩格斯还指出，我们的理论"是一种历史的产物，它在不同的时代具有完全不同的形式，同时具有完全不同的内容"②。

列宁强调指出，马克思的理论"所提供的只是总的指导原理，而哲学原理的应用具体地说，在英国不同于法国，在法国不同于德国，在德国又不同于俄国。"③

——为了实现中华民族伟大复兴，中国共产党团结带领中国人民，浴血奋战、百折不挠，创造了新民主主义革命的伟大成就。我们经过北伐战争、土地革命战争、抗日战争、解放战争，以武装的革命反对武装的反革命，推翻帝国主义、封建主义、官僚资本主义三座大山，建立了人民当家作主的中华人民共和国，实现了民族独立、人民解放。新民主主义革命的胜利，彻底结束了旧中国半殖民地半封建社会的历史，彻底结束了旧中国一盘散沙的局面，彻底废除了列强强加给中国的不平等条约和帝国主义在中国的一切特权，为实现中华民族伟大复兴创造了根本社会条件。中国共产党和中国人民以英勇顽强的奋斗向世界庄严宣告，中国人民站起来了，中华民族任人宰割、饱受欺凌的时代一去不复返了！

---

① 《马克思恩格斯选集》(第四卷)，人民出版社 2012 年第三版，第 664 页。
② 《马克思恩格斯选集》(第三卷)，人民出版社 2012 年第三版，第 873 页。
③ 《列宁选集》(第一卷)，人民出版社 2012 年第三版修订版，第 274—275 页。

——为了实现中华民族伟大复兴，中国共产党团结带领中国人民，自力更生、发愤图强，创造了社会主义革命和建设的伟大成就。我们进行社会主义革命，消灭在中国延续几千年的封建剥削压迫制度，确立社会主义基本制度，推进社会主义建设，战胜帝国主义、霸权主义的颠覆破坏和武装挑衅，实现了中华民族有史以来最为广泛而深刻的社会变革，实现了一穷二白、人口众多的东方大国大步迈进社会主义社会的伟大飞跃，为实现中华民族伟大复兴奠定了根本政治前提和制度基础。中国共产党和中国人民以英勇顽强的奋斗向世界庄严宣告，中国人民不但善于破坏一个旧世界、也善于建设一个新世界，只有社会主义才能救中国，只有社会主义才能发展中国！

——为了实现中华民族伟大复兴，中国共产党团结带领中国人民，解放思想、锐意进取，创造了改革开放和社会主义现代化建设的伟大成就。我们实现新中国成立以来党的历史上具有深远意义的伟大转折，确立党在社会主义初级阶段的基本路线，坚定不移推进改革开放，战胜来自各方面的风险挑战，开创、坚持、捍卫、发展中国特色社会主义，实现了从高度集中的计划经济体制到充满活力的社会主义市场经济体制、从封闭半封闭到全方位开放的历史性转变，实现了从生产力相对落后的状况到经济总量跃居世界第二的历史性突破，实现了人民生活从温饱不足到总体小康、奔向全面小康的历史性跨越，为实现中华民族伟大复兴提供了充满新的活力的体制保证和快速发展的物质条件。中国共产党和中国人民以英勇顽强的奋斗向世界庄严宣告，改革开放是决定当代中国前途命运的关键一招，中国大踏步赶上了时代！①

【教师讲授】

第一，马克思主义不是教条，而是行动的指南。

第二，在运用科学社会主义基本原则的过程中，必须正确认识和处理原则的一般性与具体实际的特殊性之间的辩证关系。

第三，只有将科学社会主义基本原则与本国国情相结合，才能回答和解决好本国实际问题。

---

① 习近平：《在庆祝中国共产党成立 100 周年大会上的讲话》，人民出版社 2021 年版，第 4—6 页。

3. 丰富和发展科学社会主义基本原则

【案例】

科学社会主义和空想社会主义的一大区别，就在于它不是一成不变的教条，而是把社会主义看作一个不断完善和发展的实践过程。“文化大革命”结束后，邓小平同志说过：“我们的党和人民浴血奋斗多年，建立了社会主义制度。尽管这个制度还不完善，又遭受了破坏，但是无论如何，社会主义制度总比弱肉强食、损人利己的资本主义制度好得多。我们的制度将一天天完善起来，它将吸收我们可以从世界各国吸收的进步因素，成为世界上最好的制度。这是资本主义所绝对不可能做到的。”40 多年的改革开放有力推动中国特色社会主义制度和国家治理体系在革除体制机制弊端的过程中不断走向成熟，特别是党的十八大以来，我们全面深化改革，充分显示出我国国家制度和国家治理体系的强大自我完善能力。可以预期，随着全面深化改革向纵深推进，我国国家制度和国家治理体系必将在国际竞争中赢得更大的比较优势，展现出更为旺盛的生机活力。①

【教师讲授】

马克思、恩格斯在 19 世纪中期创立了科学社会主义，并在实践中不断加以完善。列宁在 20 世纪初领导俄国社会主义革命和建设的过程中，突出强调了在新的实践中丰富和发展科学社会主义的重要性。

科学社会主义不是一成不变的教条，而是随着社会主义实践而不断丰富和发展的学说。

【互动讨论】

(1) 为什么说科学社会主义基本原则不能丢，丢了就不是社会主义?

(2) 为什么说科学社会主义基本原则绝不是一成不变的教条?

(3) 科学社会主义基本原则与中国特色社会主义

【案例】

中华优秀传统文化源远流长、博大精深，是中华文明的智慧结晶，其中蕴

---

① 习近平：《坚持和完善中国特色社会主义制度推进国家治理体系和治理能力现代化》，《求是》2020 年第 1 期。

含的天下为公、民为邦本、为政以德、革故鼎新、任人唯贤、天人合一、自强不息、厚德载物、讲信修睦、亲仁善邻等，是中国人民在长期生产生活中积累的宇宙观、天下观、社会观、道德观的重要体现，同科学社会主义价值观主张具有高度契合性。我们必须坚定历史自信、文化自信，坚持古为今用、推陈出新，把马克思主义思想精髓同中华优秀传统文化精华贯通起来、同人民群众日用而不觉的共同价值观念融通起来，不断赋予科学理论鲜明的中国特色，不断夯实马克思主义中国化时代化的历史基础和群众基础，让马克思主义在中国牢牢扎根。①

鲁迅先生有句名言：其实地上本没有路，走的人多了，也便成了路。中国特色社会主义，是科学社会主义理论逻辑和中国社会发展历史逻辑的辩证统一，是根植于中国大地、反映中国人民意愿、适应中国和时代发展进步要求的科学社会主义，是全面建成小康社会、加快推进社会主义现代化、实现中华民族伟大复兴的必由之路。只要我们坚持独立自主走自己的路，毫不动摇坚持和发展中国特色社会主义，我们就一定能在中国共产党成立一百年时全面建成小康社会，就一定能在新中国成立一百年时建成富强民主文明和谐的社会主义现代化国家。②

中国特色社会主义是社会主义而不是其他什么主义，科学社会主义基本原则不能丢，丢了就不是社会主义。一个国家实行什么样的主义，关键要看这个主义能否解决这个国家面临的历史性课题。历史和现实都告诉我们，只有社会主义才能救中国，只有中国特色社会主义才能发展中国，这是历史的结论、人民的选择。随着中国特色社会主义不断发展，我们的制度必将越来越成熟，我国社会主义制度的优越性必将进一步显现，我们的道路必将越走越宽广。我们就是要有这样的道路自信、理论自信、制度自信，真正做到“千磨万击还坚劲，任尔东西南北风”。③

---

① 习近平：《高举中国特色社会主义伟大旗帜　为全面建设社会主义现代化国家而团结奋斗——在中国共产党第二十次全国代表大会上的报告》，人民出版社 2022 年版，第 18 页。

② 《习近平著作选读》(第一卷)，人民出版社 2023 年版，第 85 页。

③ 《习近平谈治国理政》(第一卷)，外文出版社 2018 年版，第 22 页。

以史为鉴、开创未来，必须继续推进马克思主义中国化。马克思主义是我们立党立国的根本指导思想，是我们党的灵魂和旗帜。中国共产党坚持马克思主义基本原理，坚持实事求是，从中国实际出发，洞察时代大势，把握历史主动，进行艰辛探索，不断推进马克思主义中国化时代化，指导中国人民不断推进伟大社会革命。中国共产党为什么能，中国特色社会主义为什么好，归根到底是因为马克思主义行！

新的征程上，我们必须坚持马克思列宁主义、毛泽东思想、邓小平理论、“三个代表”重要思想、科学发展观，全面贯彻新时代中国特色社会主义思想，坚持把马克思主义基本原理同中国具体实际相结合、同中华优秀传统文化相结合，用马克思主义观察时代、把握时代、引领时代，继续发展当代中国马克思主义、21 世纪马克思主义！①

【教师教授】

通过以上讨论，我们会发现，科学社会主义基本原则要落脚于中国特色社会主义，就必然需要分析科学社会主义基本原则与中国特色社会主义的关系问题。这个关系可以概括为科学社会主义基本原则与当代中国实际、中华优秀传统文化的有机结合。

第一，中国特色社会主义之所以是社会主义而不是什么别的主义，就是因为中国特色社会主义始终没有背离科学社会主义基本原则。

第二，科学社会主义是随着实践而不断发展的学说。中国特色社会主义实现了科学社会主义基本原则与当代中国实际、中华优秀传统文化和时代要求的有机结合。“当代中国的伟大社会变革，不是简单延续我国历史文化的母版，不是简单套用马克思主义经典作家设想的模板，不是其他国家社会主义实践的再版，也不是国外现代化发展的翻版。社会主义并没有定于一尊、一成不变的套路，只有把科学社会主义基本原则同本国具体实际、历史文化传统、时代要求紧密结合起来，在实践中不断探索总结，才能把蓝图变为美好现实。”②

第三，习近平新时代中国特色社会主义思想是在中国特色社会主义进入

① 习近平：《在庆祝中国共产党成立 100 周年大会上的讲话》，人民出版社 2021 年版，第 12—13 页。
② 习近平：《在纪念马克思诞辰 200 周年大会上的讲话》，人民出版社 2018 年版，第 26—27 页。

新时代、当今世界经历新变局、我们党面临执政新考验的历史条件下形成和发展起来的，标志着我们党在自觉把科学社会主义基本原则与中国实际和时代特征相结合上达到了新的境界。在新时代新征程中，要想将中国特色社会主义继续推向前进，一定要以全面建设社会主义现代化国家和实现中华民族伟大复兴的事业为中心，着眼于科学社会主义基本原则的新运用，着眼于中国特色社会主义建设新经验对丰富科学社会主义的新贡献，在坚持和发展中国特色社会主义事业中实现实践创新与理论创新的良性互动。

【互动讨论】

在国内外的意识形态领域，在如何看待中国特色社会主义的社会性质、如何把握中国特色社会主义与科学社会主义的关系问题上，还存在一些错误的认识。比如，囿于对科学社会主义理论僵化的、教条式的理解，对中国特色社会主义究竟是不是社会主义存在质疑。比如，依据当代中国大力发展市场经济和非公有制经济的现实，认为中国特色社会主义实际上是“国家资本主义”“中国特色资本主义”“中国资本社会主义”“新官僚资本主义”。比如，从其他视角将中国特色社会主义视为“中国特色新威权主义”“中国特色实用主义”“中国特色精英主义”等。

通过本专题的学习，我们应该如何看待中国特色社会主义与科学社会主义的关系？

【教学总结】

(1) 科学社会主义是马克思主义的重要组成部分，是马克思、恩格斯“所主张的观点的一个核心问题”。回顾科学社会主义基本原则的主要内容，我们要把握十个方面的内容，可以简化为四大点，即核心命题——“两个必然”；革命主体——无产阶级；社会制度的五个方面——经济、政治、自然、文化、政党；最终目的——向共产主义社会过渡，实现共产主义理想。

(2) 正确对待科学社会主义基本原则的态度。一方面，强调自《共产党宣言》发表以来的历史表明，科学社会主义基本原则是正确的；另一方面，反对将这些原则当作一成不变的教条，强调对它的运用必须与时俱进，在坚持中发展，在发展中坚持。这一辩证态度有助于深化对中国道路的“中国特色”与“社会主义底色”有机统一的认识，坚定走中国特色社会主义道路和实现共产主义的信心。

(3) 理解科学社会主义是随着社会主义实践而不断丰富和发展的学说。明确中国特色社会主义是科学社会主义理论逻辑与中国社会发展历史逻辑的辩证统一。在21世纪高举振兴科学社会主义发展的旗帜，必须紧紧把握科学社会主义基本原则，必须将基本原则与当代中国实际、中华优秀传统文化和时代要求等相结合。

(4) 将科学社会主义基本原则的特征归结为三点。一是必然性，资本主义必然被社会主义所代替；二是科学性，科学社会主义是对空想社会主义的超越，它的基本原则是正确的；三是实践性，科学社会主义是在实践中不断发展的学说。比如，经济文化落后国家走上社会主义道路的可能性。

三、板书设计

科学社会主义基本原则

- 科学社会主义基本原则及其主要内容
  - “两个必然”
  - 无产阶级的历史使命
  - 经济、自然、文化、政党、社会、最高理想
- 正确把握科学社会主义基本原则
  - 反对任何背离科学社会主义基本原则的错误倾向
  - 科学社会主义基本原则与本国实际相结合
  - 科学社会主义是随着社会主义实践而不断丰富和发展的学说
- 科学社会主义基本原则与中国特色社会主义
  - 坚持科学社会主义基本原则不动摇
  - 实现“两个结合”

四、作业设计

(1) 为什么恩格斯认为空想社会主义对于社会主义具有重要的启发意义？

（2）结合现实生活，谈谈中国特色社会主义的成功实践对世界社会主义发展的贡献。

五、延伸阅读

（1）［英］托马斯·莫尔：《乌托邦》，戴镏龄译，商务印书馆2020年版。

（2）［意］康帕内拉：《太阳城》，陈大维、黎思复、黎廷弼译，商务印书馆2017年版。

（3）习近平：《高举中国特色社会主义伟大旗帜　为全面建设社会主义现代化国家而团结奋斗——在中国共产党第二十次全国代表大会上的报告》，人民出版社2022年版。

（李　健　林　青）

第二讲　科学社会主义实践及其发展

一、教学说明

1. 教学目标

本讲要求学生明确社会主义发展道路在现实中的多样性，遵循科学社会主义在实践中开拓前进的发展规律，以昂扬奋进的姿态推进社会主义事业走向光明未来。

2. 教学重点

（1）经济文化相对落后国家建设社会主义的长期性

（2）社会主义发展道路的多样性

（3）社会主义在实践中开拓前进

3. 教学难点

（1）社会主义初级阶段理论

（2）社会主义在中国的实践与科学社会主义原则的关系

4. 教学方法

综合运用课堂讨论、案例分析、e-learning 网络学习平台、“马拥军读经典”微信公众号等教学方式。通过案例分析为学生讲解作为共产主义社会第一阶段的社会主义社会建立在社会化大生产的基础上，而大量存在的小生产需要迫使中国经过一个其他国家无须经历的初级阶段。通过 e-learning 网络学习平台实现线上线下同步教学。

5. 学时安排

1 学时

二、教学内容

【教学导入】

首先以问题为导入，请同学们思考并讨论：为什么个体和私营等非公经济成分构成"社会主义市场经济的有机组成部分"？能不能由此得出结论，说它们是"社会主义经济的有机组成部分"？有人说中国特色社会主义本质上是"中国特色资本主义"，为什么这种说法是错误的？

【互动讨论】

根据学生的回答引导学生探寻"社会主义初级阶段"理论的世界历史意义，说明为什么不能按照作为共产主义社会第一阶段的社会主义标准衡量社会主义初级阶段。由此分析经济文化落后国家社会主义道路的长期性和不同国家社会主义道路的多样性，以及随着道路的延伸，社会主义阶段性特点的自我表现和自我超越。

(一) 经济文化相对落后国家建设社会主义的长期性

【案例】

长期以来，有人一直以为中国是"打左灯，往右转"，有人甚至明确提出改革开放以来中国走的不是社会主义道路，而是贴了"社会主义"标签的资本主义道路。比如旅美华人黄亚生的博士论文题目就是《有中国特色的资本主义》，美国著名马克思主义学者大卫·哈维在《新自由主义简史》绪论中，把邓小平提出改革开放政策与英国撒切尔夫人消灭国有制和美国里根总统削弱政府在经济中的作用相提并论，并且专门用一章即第五章讨论中国，标题为《"有中国特色的"新自由主义》。需要说明的是，这里的"新自由主义"，哈维专门声明，是"Neo-liberalism"也就是我们中国人所称的"新自由主义"，而不是他称为"镶嵌型自由主义"的"New Liberalism"。至于国内"左"右之争，就更不用说了。尽管党的十三大报告，尤其是其中的第二部分，实际上已经解决了困惑

“左”右之争的一些问题，但由于很多人没有认真学习和研究这个报告，因此仍然在进行无效的争论。

【教师讲授】

1）共产主义社会第一阶段生产力高度发达，消灭了商品经济

马克思和恩格斯谈到的共产主义社会，是在发达资本主义自我否定的基础上建立的，因此具有高度发达的生产力。资本主义社会的基本矛盾是生产的高度社会化和资本主义私人占有制度之间的矛盾，为了解决这一矛盾，必须消灭生产资料私有制，并逐步由按劳分配过渡到按需分配。

2）社会主义初级阶段是在经济文化比较落后的国家需要经历的阶段

按照十三大报告，社会主义初级阶段“不是泛指**任何国家**进入社会主义都会经历的起始阶段，而是**特指我国**在生产力落后，商品经济不发达条件下建设社会主义必然要经历的特定阶段”，这是对初级阶段空间范围的明确说明。“我国从五十年代生产资料私有制的社会主义改造完成，到社会主义现代化的基本实现，至少需要上百年时间，都属于社会主义初级阶段。这个阶段既不同于社会主义经济基础尚未奠定的过渡时期，又不同于已经实现社会主义现代化的阶段。”这是对初级阶段时间范围的说明。“我们在现阶段所面临的主要矛盾是人民日益增长的物质文化需要同落后的社会生产之间的矛盾。阶级斗争在一定范围内还会长期存在，但已经不是主要矛盾。为了解决现阶段的主要矛盾，就必须大力发展商品经济，提高劳动生产率，逐步实现工业、农业、国防和科学技术的现代化，并且为此而改革生产关系和上层建筑中不适应生产力发展的部分。”这是对初级阶段的主要矛盾和主要任务的说明。“总体来说，我国社会主义初级阶段，是逐步摆脱贫穷、摆脱落后的阶段；是由农业人口占多数的手工劳动为基础的农业国，逐步变为非农业人口占多数的现代化的工业国的阶段；是由自然经济、半自然经济占很大比重，变为商品经济高度发达的阶段；是通过改革和探索，建立和发展充满活力的社会主义经济、政治、文化体制的阶段；是全民奋起，艰苦创业，实现中华民族伟大复兴的阶段。”

3）经济文化相对落后国家建设社会主义的长期性

由于经济文化相对落后，率先进入社会主义社会的俄国、中国以及其他国

家不可避免地遇到了一系列困难与问题，使这些国家的社会主义建设不能不具有长期性。

第一，生产力发展状况的制约。在一个相当长的历史时期内，社会主义国家在经济上落后于发达资本主义国家，有的甚至落后很远。这就决定了在社会主义制度下必须把大力发展生产力作为根本任务，努力完成别的国家在资本主义条件下实现的工业化和生产社会化、商品化、现代化的艰巨任务。完成这个任务，赶上和超过发达资本主义国家，无疑需要很长时间的努力，进行艰苦的探索和奋斗。

第二，经济基础和上层建筑发展状况的制约。由于社会主义首先在经济文化相对落后的国家取得胜利，发展公有经济，改造小农经济，建立、巩固和完善社会主义的经济基础，就成为无产阶级政权的一项十分艰巨的任务。同时，经济文化的相对落后也必然会影响社会主义民主政治建设的进程。社会主义消灭了剥削阶级，就意味着实现了人类历史上最高类型的民主。但是，这并不是说这种民主一开始就达到了尽善尽美的地步。社会主义民主政治建设受到这些国家的经济、政治、文化条件的严重制约，面临许多现实问题和困难，将是一个长期的过程。在这一过程中，还要进一步消灭阶级和阶级差别，改变传统观念。建设社会主义的先进文化，实现真正的社会公正和平等，从而为人类的崇高理想—-共产主义社会准备充分的物质条件和精神条件，同样需要经过长期艰苦的努力才能实现。

第三，国际环境的严峻挑战。一国或几国的社会主义革命取得胜利以后，社会主义国家尚处于强大的资本主义世界的包围之中，受到资本主义列强的遏制和扼杀，面临异常严峻的国际环境。如果说在社会主义国家成立之初，国际资本主义对社会主义的进攻主要是武力方式，那么在社会主义建设取得了重大成就，社会主义制度有了长足进步之后，其进攻方式则往往转变为以“和平演变”为主。其主要手段：一是通过强硬的军事、政治压力和有限制的经济、科技的合作，迫使社会主义国家屈从其经济政治发展战略的要求，并达到促使社会主义国家改变制度的目的；二是通过强大的文化机器和文化产品进行文化渗透，在社会主义国家内部制造经济、政治、思想等方面的种种混乱，阻挠和破坏社会主义国家的发展，同时支持和操纵这些国家内部的反对力量，一旦时机成熟，就促使社会主义国家改变社会制度。总之，国际资本主义无论采取什么方式，所依仗的都是经济的发达和在发达经济基础上的军事、科技、文化等综合国力的强大。实践已反复证明，社会主义国家只有尽快发展经济，提高综合国力，才能摆脱落后挨打的局面。应该看到，经过数十年的艰苦奋斗，社会主义国家的建设和发展取得了举世瞩目的成就，落后面貌显著改变，综合国力明显增强。但从总体实力看，发达资本主义国家仍然比发展中的社会主义国家要强大。社会主义建设与发展将是长期、艰巨的任务。

第四，马克思主义执政党对社会主义发展道路的探索和对社会主义建设规律的认识，需要一个长期的过程。社会主义制度的优越性为创造出比资本主义更高的生产率提供了可能，然而，要使这种可能变为现实并非易事。在社会主义进程中产生的种种问题的根源并不在于制度本身，而相当程度上在于人们没有认识和掌握社会主义建设规律。实践已经表明，经济文化相对落后的国家建设社会主义，试图一蹴而就是不现实的，也是有害的，执政的共产党对社会主义发展道路的探索和对社会主义建设规律的认识必然是一个长期的过程。

对于经济文化相对落后的国家建设社会主义的长期性，必须有充分的估计。社会主义制度的出现只有一百年的时间，在人类历史的长河中不过是短暂的一瞬间。人类历史上其他社会制度的更替，都经历了曲折漫长的过程。在经济文化相对落后的国家建立起社会主义制度，是社会制度的根本变革。同资产阶级革命不同，无产阶级取得政权只是万里长征走完了第一步，任重而道远。它面临着崇高宏伟而又艰巨复杂的历史任务，建设社会主义必然要经历一个漫长的发展过程。

(二) 社会主义发展道路的多样性

【案例】

空想共产主义者找不到通往乌托邦的道路。马克思恩格斯找到了发达资本主义国家通往共产主义的道路，把社会主义从空想变成了科学。但是对于落后国家，如俄国，究竟如何实现共产主义，特别是能否跨越资本主义的"卡夫丁大峡谷",曾经有过众多的争论。马克思和恩格斯在《共产党宣言》1882 年俄文版的序言中、在《给〈祖国纪事〉杂志编辑部的信》和《给维·伊·查苏里奇的复信》中,等等,曾经专门研究过这一问题。① 如果说,列宁找到了像俄国这样经济文化比较落后的中等发达国家通往共产主义的道路,那么马克思列宁主义的中国化就为中国这样比俄国更加落后的半殖民地半封建国家找到通往共产主义的道路奠定了基础。在社会主义和资本主义两条道路的斗争中,毛泽东和邓小平都强调社会主义道路。邓小平 1984 年 6 月 30 日在会见第 2 次中日民间人士会议日方委员会代表团谈话时,明确指出:"如果我们不是马克思主义者,没有对马克思主义的充分信仰,或者不是把马克思主义同中国自己的实际相结合,走自己的道路,中国革命就搞不成功,中国现在还会是四分五裂,没有独立,也没有统一。对马克思主义的信仰,是中国革命胜利的一种精神动力。建国以后,我们从旧中国接受下来的是一个烂摊子,工业几乎等于零,粮食也不够吃,通货恶性膨胀,经济十分混乱。我们解决吃饭问题,就业问题,稳定物价和财经统一问题,国民经济很快得到恢复,在这个基础上进行了大规模经济建设。靠的是什么?靠的是马克思主义,是社会主义。人们说,你们搞什么社会主义!我们说,中国搞资本主义不行,必须搞社会主义。如果不搞社会主义,而走资本主义道路,中国的混乱状态就不能结束,贫困落后的状态就不能改变。所以,我们多次重申,要坚持马克思主义,坚持走社会主义道路。但是,马克思主义必须是同中国实际相结合的马克思主义,社会主义必须是切合中国实际的有中国特色的社会主义。"②

【教师讲授】

1) 社会主义发展道路多样性的原因

社会主义的发展道路不是单一性的,而是多样性的。列宁在谈到向社会主义转变时指出:"一切民族都将走向社会主义,这是不可避免的,但是一切民族的走法却不会完全一样,在民主的这种或那种形式上,在无产阶级专政的这

---

① 参见《马克思恩格斯文集》(第二卷、第三卷),人民出版社 2009 年版。

② 《邓小平文选》(第三卷),人民出版社 1993 年版,第 63 页。

种或那种形态上，在社会生活各方面的社会主义改造的速度上，每个民族都会有自己的特点。”①这一论述从历史唯物主义的高度揭示了各民族发展道路的多样性、特殊性的深刻内涵，对我们正确认识社会主义建设和发展道路的多样性具有重要指导意义。

社会主义在发展过程中，由于各国国情的特殊性，即经济、政治、思想文化的差异性，生产力发展水平的不同，无产阶级政党自身成熟程度的不同，阶级基础与群众基础构成状况的不同，革命传统的不同，以及历史和现实的、国内和国际的各种因素的交互作用，社会主义发展道路必然呈现出多样性的特点。

第一，各个国家的生产力发展状况和社会发展阶段决定了社会主义发展道路具有不同的特点。实践表明，已经取得胜利的社会主义国家，作为社会主义建设起点的生产力状况虽然都比较落后，但是，各国之间也存在较大差别。这就决定了各个国家必须根据自己的生产力发展状况和所处的社会发展阶段，制定与之相适应的发展战略，采取不同的方式进行社会主义建设。

第二，历史文化传统的差异性是造成不同国家社会主义发展道路多样性的重要条件。马克思指出：“人们自己创造自己的历史，但是他们并不是随心所欲地创造，并不是在他们自己选定的条件下创造，而是在直接碰到的、既定的、从过去承继下来的条件下创造。”②各个民族的历史文化传统，是其进行活动的既定前提和基础。各个民族从历史上继承下来的经济、政治、文化条件的不同，决定了每个民族都必须从自己的实际出发，按照自己民族的特点进行社会主义建设；必须把马克思主义的基本原理与本民族的具体实践相结合，将社会主义根植于本国的土壤之中，才能取得成功。

第三，时代和实践的不断发展，是造成社会主义发展道路多样性的现实原因。时代是不断前进的，实践是不断发展的。社会主义也必然随着时代和实践的不断发展而发展。从世界范围来说，各个社会主义国家都应该根据时代

---

① 《列宁选集》(第二卷)，人民出版社 2012 年第三版修订版，第 777 页。

② 《马克思恩格斯选集》(第一卷)，人民出版社 2012 年第三版，第 669 页。

和实践发展的要求，选择适合本国国情的社会主义发展道路。从具体的国家来说，同一个社会主义国家在不同的时期，也应该根据时代和实践发展的要求，适时地调整、选择适合世情国情的社会主义发展道路。这是社会主义制度保持生机活力、永远立于不败之地的根本保证。

2）探索符合本国国情的发展道路

既然社会主义发展道路具有多样性，那么努力探索适合本国国情的社会主义发展道路，就是无产阶级执政党必须领导全国人民为之奋斗的神圣使命和光荣任务。

第一，探索社会主义发展道路，必须坚持对待马克思主义的科学态度。马克思主义经典作家并没有给我们提供各国社会主义发展道路的现成理论方案。恩格斯在评论《资本论》第一卷出版时说过：一些读者可能会以为他将从这本书里得知共产主义的千年王国到底是什么样子，谁指望得到这种乐趣，谁就大错特错了。马克思、恩格斯对未来新社会的设想所采取的科学态度和研究新社会制度的思想方法，对于在新的历史条件下探索社会主义发展道路，具有重要的指导意义。坚持以马克思主义为指导，最重要的是坚持马克思主义对于研究未来社会制度的科学方法。

第二，探索社会主义发展道路，必须从当时当地的历史条件出发，坚持“走自己的路”。立足本国国情，走自己的路，是社会主义历史经验的总结，是马克思主义的一条基本原则。各国的国情不同，情况又在不断地变化，因此，马克思主义基本原理在不同时间、不同国家的实际运用，也应该不同。“什么是社会主义、怎样建设社会主义”，是社会主义国家的执政党和当代马克思主义者面临的一个根本问题。对这一根本问题，只有坚持从本国实际出发、走自己的路，才能作出正确的回答。

第三，探索社会主义发展道路，必须充分吸收人类一切文明成果。社会主义事业是一项前无古人的空前伟大的创造性事业。社会主义要赢得与资本主义相比较的优势，就必须大胆吸收和借鉴人类社会创造的一切文明成果，吸收和借鉴当今世界各国包括资本主义发达国家一切反映现代化生产规律的先进经营方式和管理方法。当今世界是开放的世界，社会的开放性是社会进步和人类文明发展的重要标志。任何一个国家要发展，孤立起来、闭关自守是不行的，封闭只能导致落后。但借鉴不能脱离本国国情照抄照搬。在社会主义发展史上，苏联的社会主义模式曾经被神圣化、凝固化，以至于长期束缚了人们的思想，产生了严重的后果。实践证明，不同国家试图用同样的“一条道路”“一种模式”发展社会主义是行不通的。发展社会主义既不能照搬苏联社会主义的模式，更不能照搬西方资本主义国家的模式。照搬别国模式从来不能成功，这是一个被历史反复证明了的颠扑不破的真理。

(三) 社会主义在实践探索中开拓前进

【案例】

邓小平在回顾改革开放之初“左”右之争时说：“对改革开放，一开始就有不同意见，这是正常的。不只是经济特区问题，更大的问题是农村改革，搞农村家庭联产承包，废除人民公社制度。开始的时候只有三分之一的省干起来，第二年超过三分之二，第三年才差不多全部跟上，这是就全国范围讲的。开始搞并不踊跃呀，好多人在看。我们的政策就是允许看。允许看，比强制好得多。我们推行三中全会以来的路线、方针、政策，不搞强迫，不搞运动，愿意干就干，干多少是多少，这样慢慢就跟上来了。不搞争论，是我的一个发明。不争论，是为了争取时间干。一争论就复杂了，把时间都争掉了，什么也干不成。不争论，大胆地试，大胆地闯。农村改革是如此，城市改革也应如此。”①

邓小平还指出：“计划多一点还是市场多一点，不是社会主义与资本主义的本质区别。计划经济不等于社会主义，资本主义也有计划；市场经济不等于资本主义，社会主义也有市场。计划和市场都是经济手段。社会主义的本质，是解放生产力，发展生产力，消灭剥削，消除两极分化，最终达到共同富裕。就是要对大家讲这个道理。证券、股市，这些东西究竟好不好，有没有危险，是不是资本主义独有的东西，社会主义能不能用？允许看，但要坚决地试。看对了，搞一两年对了，放开；错了，纠正，关了就是了。关，也可以快关，也可以慢关，也可以留一点尾巴。怕什么，坚持这种态度就不要紧，就不会犯大错误。总之，社会主义要赢得与资本主义相比较的优势，就必须大胆吸收和借鉴人类

---

①《邓小平文选》(第三卷)，人民出版社 1993 年版，第 374 页。

社会创造的一切文明成果，吸收和借鉴当今世界各国包括资本主义发达国家的一切反映现代社会化生产规律的先进经营方式、管理方法。”①

【教师讲授】

马克思和恩格斯曾经明确指出，“实践的唯物主义者即共产主义者”。共产主义道路并不是马克思和恩格斯事先在地图上画出来的，而是走出来的。中国特色社会主义道路是中国共产党带领中国人民闯出来的。因此，在“四个自信”中，道路自信是第一位的，理论自信、制度自信、文化自信是以道路自信为基础的。

1）在实践中开拓前进是社会主义事业发展的必然要求

习近平总书记指出：“社会主义从来都是在开拓中前进的。”这是对社会主义历史进程的全面总结，也是对社会主义事业发展的深刻启示。

首先，社会主义是亿万人民群众的伟大实践。社会主义是一种思想理论，也是一种理想目标，但更重要的是，它是一种社会实践，是人民群众投身其中的历史运动。离开了改造社会、创造美好生活的社会实践，离开了亿万人民的实际行动，就不能把握社会主义的真谛。因此，我们要深刻认识社会主义的实践属性，不能把社会主义仅仅看作一种思想理论和精神价值，同时还要深刻认识社会主义实践的群众性，不把这种实践归之于个人或少数人。

其次，社会主义实践是一个不断探索的过程。社会主义是崭新的事业，没有现成的路可走，必须在实践中不断探索前进。科学社会主义一般原则无疑具有实践指导意义，但它只是指明一般的规律和主要的原则，并不能为具体问题提供现成答案。任何一个国家的社会主义者，都不能简单套用书本上的结论，也不能简单照搬他国的经验，而必须从自身国情和需要出发去进行探索。探索不是盲目摸索，不是无目的寻找，而是探索规律，力求掌握规律，不断提高实践的自觉性。通过不断的探索，就能一步步掌握社会主义建设与发展的规律，更好地把社会主义事业推向前进。

再次，实践探索中出现某种曲折并不改变社会主义的前进趋势。人类社

① 《邓小平文选》（第三卷），人民出版社 1993 年版，第 373 页。

会是从低级向高级发展的，但这种发展又不是直线式的，有时会出现某种程度的曲折甚至倒退，这也是符合历史规律的现象。列宁指出："设想世界历史会一帆风顺、按部就班地向前发展，不会有时出现大幅度的跃退，那是不辩证的，不科学的，在理论上是不正确的。"①历史进程是这样，社会主义的历史进程也是这样。从社会主义的历史看，有时凯歌行进、势如破竹，走的是平坦而顺利的道路；但有时出现曲折，走一些弯路，甚至遇到大的挫折。20 世纪末期的东欧剧变、苏联解体，就是世界社会主义运动的重大挫折。我们要对社会主义发展过程中的曲折性有正确的认识。既要认识到一定曲折的不可避免性，又要尽可能地避免某些曲折，使社会主义顺利发展；既要能够直面曲折、承认曲折，又要不因曲折而改变初衷和失去信念，还要总结经验教训，努力战胜和走出挫折，使社会主义不断发展。

最后，推进社会主义实践发展必须有开拓奋进的精神状态。社会主义事业是马克思主义政党领导人民群众创造历史伟业的实践过程，是一个不断迎接挑战、克服困难而奋勇前进的过程。要想不断推进社会主义的实践发展，就必须有马克思主义改变世界的实践品格，必须有共产党人的高度组织性和先锋模范作用，必须有人民群众的历史主动性和首创精神。在革命时期，就要有不怕牺牲、冲锋陷阵的斗争意志和英勇精神，以不屈不挠、可歌可泣的斗争去争取革命的胜利。在建设时期，就要有高度的建设热情和创业精神，积极投身社会主义建设事业，以忘我的劳动和奉献精神，把社会主义大厦一砖一瓦地建设起来。在改革时期，就要有勇于开拓创新、勇于自我革命的精神，改变一切不合时宜的体制机制和思想观念，实现社会主义制度的自我更新、自我完善。而所有这些精神集中到一点，就是要有坚定的社会主义理想信念。

2）以自信担当、开拓奋进的姿态走向社会主义光明未来

首先，正确认识 21 世纪世界社会主义的形势。东欧剧变、苏联解体使世界社会主义进入低潮时期。但苏联、东欧社会主义的失败，只是苏联模式的失败，而不是社会主义本身的失败。社会主义具有强大生命力，这种生命力归根

---

①《列宁选集》(第二卷)，人民出版社 2012 年第三版修订版，第 694 页。

结底是真理的力量，也是道义的力量。社会主义制度能够从根本上克服生产资料的资本主义私有制对生产力发展的束缚，为生产力的发展提供广阔的前景；社会主义制度能够从根本上消除资本主义导致的两极分化和不公平不公正现象，为人的发展提供可靠的保障。这是我们对社会主义保持必胜信念的坚实根据。应该看到，社会主义不仅在低潮中坚持了下来，而且不断积聚力量，实现新的发展。现在，情况已经有了新的变化。世界社会主义运动已经开始复苏，并出现区域性强劲发展，特别是中国特色社会主义成为世界社会主义运动的主要推动力量。

其次，充分估计中国特色社会主义的成功实践对世界社会主义发展的意义。经过几十年的实践探索，中国特色社会主义取得了举世瞩目的辉煌成就。中国特色社会主义进入新时代，是社会主义实践探索的新境界，在社会主义发展史上具有重要地位，不仅对中国的社会主义事业具有重大现实意义，而且对世界社会主义的发展具有广泛影响。要深刻认识到，中国特色社会主义虽然只是世界社会主义的一个方面军，但这是社会主义在一个拥有 5 000 多年文明史和 14 亿多人口的东方大国所取得的成功，是当今世界最大的社会主义国家所取得的成功。当今中国正日益走近世界舞台中央，国际影响力不断提升。中国特色社会主义的历史性成就，必将对世界社会主义的发展态势产生重大影响。可以说，中国特色社会主义的成功，特别是中国特色社会主义进入新时代，使世界人民看到了社会主义的强大活力，极大地鼓舞了人们对社会主义的信心。

最后，坚定信心，振奋精神，以开拓奋进的姿态走向社会主义光明未来。党的二十大报告对过去五年和十八大以来的十年做了总结和回顾。展望未来，社会主义的前进道路上还会有困难和挑战，但只要共产党人和人民群众坚定社会主义信念，勇于在实践中开拓前进，世界社会主义就一定能在不远的将来走向复兴。社会主义五百年的历史进程已经雄辩地证明，任何力量都阻挡不了社会主义前进的步伐。社会主义在中国走过了“雄关漫道真如铁”的昨天，走到了“人间正道是沧桑”的今天，正在走向“长风破浪会有时”的美好明天。当前，中国特色社会主义进入新时代，中国人民正在中国共产党的领导下，以自信担当的精神状态，以开拓奋进的奋斗姿态，去开辟社会主义的未来。我们深信，只要有逢山开路、遇河架桥的精神，有锐意进取、大胆探索的实践，就一定能把符合社会发展规律的社会主义事业不断推向前进，走向社会主义的光明未来。

【教学总结】

（1）社会主义初级阶段并不是一个国家都要经历的阶段，而是经济文化较为落后的中国必然要经历的阶段。中等发达国家可以直接进入社会主义中级阶段，发达国家可以直接进入社会主义高级阶段。因此，经济文化比较落后国家相对于经济文化发达的国家来说，社会主义建设具有长期性。

（2）即使同样是发达国家，由于各国状况不同，其社会主义必然具有各自的特点。而经济文化落后的国家走社会主义道路，就更是如此，因此，“条条道路通罗马”，不同国家的社会主义道路具有多样性。

（3）鲁迅先生说过，世界上本来没有路，走的人多了，也便成了路。中国道路是中国共产党带领中国人民走出来的，而不是马克思主义经典作家事先在地图上画出来的。因此，“四个自信”的顺序是不能颠倒的。

三、板书设计

科学社会主义实践及其发展
- 经济文化相对落后国家建设社会主义的长期性
- 社会主义发展道路的多样性
- 社会主义在实践探索中开拓前进

四、作业设计

为什么习近平总书记说新发展阶段不仅是社会主义初级阶段的后半段，而且是我国社会主义从初级阶段向更高阶段的迈进？

五、延伸阅读

（1）马克思、恩格斯：《〈共产党宣言〉1882 年俄文版序言》，载《马克思恩格斯文集》(第二卷),人民出版社 2009 年版。

(2) 马克思:《给〈祖国纪事〉杂志编辑部的信》和《给维·伊·查苏里奇的复信》,载《马克思恩格斯文集》(第三卷),人民出版社 2009 年版。

(3) 邓小平:《在武昌、深圳、珠海、上海等地的谈话要点》,载《邓小平文选》(第三卷),人民出版社 1993 年版。

(4) 习近平:《毫不动摇坚持和发展中国特色社会主义》,载《习近平谈治国理政》(第一卷),外文出版社 2018 年版。

(马拥军)

第七章
共产主义崇高理想及其最终实现

第一讲　展望未来共产主义新社会

一、教学说明

1. 教学目标

学习和掌握预见未来社会的科学方法论原则，领会共产主义社会的基本特征，理解共产主义的方法论原则为何是科学的，注重把握辩证唯物主义和历史唯物主义在该理论中的深刻运用。

2. 教学重点

（1）掌握预见未来社会的科学方法论原则

（2）共产主义社会的基本特征

3. 教学难点

（1）共产主义的认识误区

（2）共产主义与共产主义社会的区别与联系

4. 教学方法

线上线下相结合。通过 e-learnig 网络学习平台，提前分享上课内容，布置课前预习思考题。课堂通过案例分析、师生讨论、教师点评与讲授的方式为学生讲解具体的知识点。

5. 学时安排

3 学时

二、教学内容

【教学导入】

我们今天讲授的内容是展望未来共产主义新社会。“共产主义”一词主要有三层含义：一是指共产主义思想体系，即“马克思主义”或“科学社会主义”。二是指共产主义社会，即共产主义远大理想实现之际所建立的人类最美好的社会制度。三是指共产主义运动，即无产阶级和人民群众在无产阶级政党领导下为实现共产主义理想而奋斗的实际过程。

【案例】两种常见的认识误区——“乐观论”与“渺茫论”

当前人们对共产主义容易产生两种错误认知。一是共产主义“乐观论”。互联网技术发展到今天，尤其是大数据、物联网、人工智能、区块链的逐步推广，有人对共产主义的实现抱有盲目乐观的态度。比如，百度 CEO 李彦宏表示，“数据必须要共享出来才有价值。在百度百科上，共享经济的定义和共产主义的定义是很相似的”。可以看到，近几年，几个在互联网领域有巨大影响力的企业家都发表了与李彦宏相似的观点。为什么这不是孤立事件，为什么他们都会援引“共产主义”“有计划地生产”这些词汇，就成为了一个很重要的问题。二是不可实现的虚无论。在今天，社会发展的速度进入到了一种加速主义状态，尤其是对青年学生而言，共产主义建立的人类美好社会制度与现实生活有着一定的距离，学生在接受起来的时候容易将它与空想、乌托邦等联系起来，产生不可实现的虚无感。

【互动讨论】

共产主义“渺茫论”和“乐观论”两种倾向为何是错误的？关于共产主义的认识论误区还有哪些？

【教师讲授】在展望未来社会的问题上，是否坚持科学的立场、观点、方法成为是否正确预见未来的基本前提，也是马克思主义与空想社会主义的根本区别。马克思主义经典作家站在科学的立场上，提出并自觉运用了预见未来社会的方法论原则。

(一) 预见未来社会的方法论原则

【案例】

我们先来看两张图：一张是英国人欧文建立的新和谐公社，一张是仅仅成立了 72 天的巴黎公社。两种公社的共同点在于，它们都是一种高度自治的政治组织形式。不同的是，欧文是以社会主义理念为指导、以共同劳动、共享成果为原则而建立一个和谐的社区。巴黎公社是一种自下而上地打碎旧的国家机器、建立无产阶级政权的尝试。上面哪种是马克思所支持的方式呢？答案是第二种。马克思曾高度评价巴黎公社的历史意义，称它是共产主义理论的有力证明，称它高度体现了共产主义的革命性与实践性。

【互动讨论】

请思考：为什么欧文建立的新和谐公社是一个空想社会？为什么说巴黎公社体现了共产主义的革命性与实践性？

【教师讲授】

我们先来看第一条原则：**在揭示人类社会发展一般规律的基础上指明社会发展的方向。**

与空想社会主义不同的是，马克思、恩格斯站在无产阶级立场上，运用科学的方法，致力于研究人类社会特别是资本主义社会，揭示了社会发展的一般规律和资本主义社会的特殊规律，从而对共产主义社会作出了科学的展望。“马克思丝毫不想制造乌托邦，不想凭空猜测无法知道的事情。马克思提出共产主义的问题，正像一个自然科学家已经知道某一新的生物变种是怎样产生以及朝着哪个方向演变才提出该生物变种的发展问题一样。”①

第一，人类社会的发展是一个自然历史过程，人类社会发展的一般规律——生产力和生产关系矛盾运动的规律以及经济基础和上层建筑矛盾运动

① 《列宁选集》(第三卷)，人民出版社 2012 年第三版修订版，第 187 页。

的规律，决定了社会形态的更替和历史发展的基本趋势。

第二，在揭示人类社会发展的一般规律的基础上，马克思、恩格斯对资本主义社会发展的特殊规律进行了研究。资本主义基本矛盾以及由此而来的周期性经济危机，最终将敲响资本主义私有制的丧钟；源于剩余价值剥削而产生的劳资矛盾，使得“两个必然”成为不以人的意志为转移的客观规律。

【案例】在剖析资本主义旧世界的过程中阐发未来新世界的特点

据英国历史学家霍布斯鲍姆的考证，“共产主义”准确来说，是在18—19世纪之交的工业革命和法国大革命这一双重革命所带来的现代社会深刻变革的基础上出现的。

根据法国历史学家布罗代尔的考证，马克思其实本身在文本中很少直接说资本主义。大都说资本家社会、资本主义生产方式、资本主义大工业，资产阶级社会等，只是到了19世纪末共产主义运动展开的时候，资本主义这个说法被创造出来。通过这个小例子，我们能够看出来，马克思对资本主义的批判和描述是非常具体而详细的。

作为马克思倾其一生的伟大著作，《资本论》是资本主义社会的“解剖学”，它是19世纪工业资本主义的产儿。《资本论》讲的是什么？其实这本书就是在讲一个基本结论——资本主义生产方式和与之相适应的生产关系和交换关系。实际上，马克思写《资本论》的目的也并不是为资本家的统治作论证，其政治经济学的重大革命性变革就在于，它在“物与物”的关系背后看到和揭示出了更为深刻的“人与人”之间的剥削和压迫关系，以及这一关系中蕴藏的反抗与革命的潜能。特别是通过劳动价值论向剩余价值论的逻辑转换，《资本论》把政治经济学从一种关于“物”的科学，转变为一种关于“人”在生产中的相互关系。正是马克思对资本主义的批判性分析才使资本和劳动的关系这一全部现代社会体系所围绕旋转的轴心第一次得到了科学说明与解释。

【教师讲授】

本案例说明了第二条原则：**在剖析资本主义旧世界的过程中阐发未来新世界的特点。**

第一，马克思、恩格斯关于未来社会的预测，不是抽象地、随意地谈论未来社会，不是到哲学家们的书桌里寻找谜底，而是在科学地批判和剖析资本主义社会的过程中作出的。社会主义的反义词是个人主义。比如，空想社会主义者的目标是专注于社会不平等，以道德伦理批判的视角评判私有财产和个人主义。而共产主义的反义词是私有财产。共产主义主义者一般是无产阶级中最为激进的那部分人。比如，法国的布朗基主义。马克思没有简单地跟随空想社会主义的理论步伐，也没有简单地认同当时流行的法国共产主义的基本立场，而是在批判私有财产作为自己的理论使命和构建自由人联合体这一共同体形式上给出了自己的回答。

第二，通过历史唯物主义和剩余价值理论作为批判资本主义的逻辑支撑点，马克思发现资本主义的矛盾运动中孕育着新的社会因素，并以此对未来社会做出预见。马克思、恩格斯对资本主义批判的高明之处在于，他们不是只看到资本主义社会的弊端，而是进一步揭示出弊端的根源，揭示出资本主义发展中自我否定的力量，发现资本主义的矛盾运动中孕育着的新社会因素，并以此作出对未来社会特点的预见。

【案例】

我们开始社会主义改造的时候，应该给自己清楚地提出这些改造归根到底所要达到的目的，即建立共产主义社会。共产主义社会不仅仅限于剥夺工厂、土地和生产资料，不仅仅限于严格地计算和监督产品的生产和分配，并且要更进一步实行各尽所能、按需分配的原则。因此，共产党这个名称在科学上是唯一正确的。有一种反对意见认为，有人可能因此把我们同无政府主义者混淆起来，这种意见在中央委员会里马上就遭到了否决，因为无政府主义者从来不把自己仅仅称为共产主义者，总是附加一些东西。社会主义在这方面也是各式各样的，但是这并没有使社会民主党人同社会改良派、民族社会党人以及诸如此类的党派混淆起来。①

社会主义的导师们之所以说从资本主义到社会主义要有一整个过渡时期并不是没有原因的，他们强调新社会诞生时的那种“长久的阵痛”也不是没有缘故的，并且这新社会还是一种抽象的东西，它只有经过一系列建立这个或那

---

① 《列宁选集》(第三卷)，人民出版社 2012 年第三版修订版，第 457 页。

个社会主义国家的各种各样的、不尽完善的具体尝试才会成为现实。①

【教师讲授】

本案例说明了第三条原则：**在社会主义社会发展中不断深化对未来共产主义社会的认识。**

预见未来共产主义社会的基本特征，既要从资本主义社会中寻找灵感，更要从社会主义社会的建设与发展中寻找启示。

列宁领导了十月革命，建立起世界上第一个社会主义国家并探索了在俄国建设社会主义的道路，取得了预见未来社会的实践经验。他将社会主义社会与共产主义社会作了区分，这本身就是对共产主义社会的新认识。

我国社会主义制度的建立有70多年的历史，党领导人民投身社会主义建设，探索社会主义发展道路。在这个过程中，我们既有经验，也有教训。正是在总结历史经验的基础上，我们党对实现共产主义的长期性有了新认识，并对共产主义社会的基本特征作出了新概括。

【案例】

针对有人提出的在革命成功后应采取什么措施的问题，马克思尖锐地指出，问题提得不正确。“现在提出这个问题是不着边际的，因为这实际上是一个幻想的问题，对这个问题的唯一的答复应当是对问题本身的批判。”②

恩格斯也明确表示：“无论如何，共产主义社会中的人们自己会决定，是否应当为此采取某种措施，在什么时候，用什么办法，以及究竟是什么样的措施。我不认为自己有向他们提出这方面的建议和劝导的使命。那些人无论如何也会和我们一样聪明。”③

我们只能谈国家消亡的必然性，同时着重指出这个过程是长期的，指出它的长短将取决于共产主义高级阶段的发展速度，而把消亡的日期或消亡的具

① 《列宁选集》(第三卷)，人民出版社2012年第三版修订版，第527页。
② 《马克思恩格斯选集》(第四卷)，人民出版社2012年第三版，第541页。
③ 同上书，第539页。

体形式问题作为悬案，因为现在还没有可供解决这些问题的材料。①

习近平总书记指出："事实一再告诉我们，马克思、恩格斯关于资本主义社会基本矛盾的分析没有过时，关于资本主义必然消亡、社会主义必然胜利的历史唯物主义观点也没有过时。这是社会历史发展不可逆转的总趋势，但道路是曲折的。资本主义最终消亡、社会主义最终胜利，必然是一个很长的历史过程。"②

【教师讲授】

本案例说明了第四条原则：**立足于揭示未来社会的一般特征，而不对各种细节作具体描绘。**

马克思、恩格斯在展望未来社会时，总是只限于指出未来社会发展的方向、原则和基本特征，如推论历史发展的总趋势、批判包括空想社会主义者在内的非科学主义流派的错误观点、根据阶级斗争的实践经验总结出一般性的规律，而把具体情形留给后来的实践去回答。

在把握预见未来社会的科学方法论原则时，有两点特别需要注意。

其一，马克思所提供的构建未来社会的方法论主要是遵循西欧资本主义发展途径而制定的，后来苏联和中国等社会主义国家的实践经验已经远远超出这一框架。这要求我们在把握预见未来社会的四条科学方法论原则时，应该重点把握第三条原则，即在社会主义社会发展中不断深化对未来共产主义社会的认识。

其二，马克思只是大致预测了新社会的发展方向，对于共产主义的理解上也会随着时代的发展赋予更加丰富的内涵。中国共产党人从自己的经验中更深刻地认识到这一点："我们坚信马克思主义关于人类社会必然走向共产主义这一基本原理……我们对社会未来发展的方向可以作出科学上的预见，但未来的事情具体如何发展，应该由未来的实践去回答。我们要坚持正确的前进方向，但不可能也不必要去对遥远的未来作具体的设想和描绘。"③

---

① 《列宁选集》（第三卷），人民出版社 2012 年第三版修订版，第 198 页。
② 《习近平著作选读》（第一卷），人民出版社 2023 年版，第 84 页。
③ 《江泽民文选》（第三卷），人民出版社 2006 年版，第 293 页。

(二) 共产主义社会的基本特征

【案例】

有人认为共产主义"各尽所能、按需分配"就是有永远都吃不完的糖和享不尽的荣华富贵，有人认为共产主义就是赫鲁晓夫说的"土豆炖牛肉"，甚至有人质疑消灭私有制的合理性，认为每个人天生就是自私的。

【教师讲授】

特征一：物质财富极大丰富、消费资料按需分配

第一，社会生产力高度发展，产品极大丰富，是实现共产主义的必要条件。马克思、恩格斯在《共产党宣言》中充分肯定了资本主义在发展生产力方面的成就，并认为资本主义所创造的巨大生产力为共产主义的实现准备了物质基础。

第二，适应高度发展的社会化大生产的需要，共产主义社会在生产关系上将废除私有制，实行普遍的生产资料公有制。《共产党宣言》中有一句名言："共产党人可以把自己的理论概括为一句话：消灭私有制。"

第三，与生产资料的社会占有相适应，共产主义社会将按照自然资源的情况和社会成员的需要，对生产进行有计划的组织和管理。

第四，在共产主义社会，个人消费品的分配方式是"各尽所能，按需分配"。马克思认为，在共产主义的第一阶段只能实行"各尽所能，按劳分配"，进入高级阶段后才能实现按需分配。社会主义社会实现了"各尽所能，按劳分配"的原则，第一次以人的劳动而不是特权或资本作为分配的标准，这是一个巨大的历史进步，但它仍有其历史的局限性。就其用"劳动"代替资本作为分配标准而言是平等的，但就其把"劳动"这同一个标准运用在不同情况的人身上而言又是不平等的。

【互动讨论】

马克思在《共产党宣言》中指出，"有人反驳说，私有制一消灭，一切活动就会停止，懒惰之风就会兴起。"请问消灭私有制会导致懒惰吗？

【案例】

案例 1："阶级消亡论"的认知是否背离了马克思的阶级理论？

20 世纪 90 年代以来，在全球化加速发展和东欧剧变的冲击下，以工党为代表的西方各社会民主党经历了以“第三条道路”为标志的一次重大转型，强调工人阶级的衰落，将中间阶层作为自身社会基础。改革派认为，20 世纪 70 年代以来，西方工业资本主义国家的阶级结构和阶级成分发生变化，那种在大规模工厂中劳动的、人口集中的、庞大的无产阶级已经不存在了。过去的左和右的范畴，左的范畴诸如工会和产业工人阶级，右的范畴诸如资本主义和资产家阶级，等等，都应该抛弃掉，因为它们在解释新的现实上不再有效了。基于这种对社会结构的认知，工党进行面向新中间阶层的“现代化”改革，放弃了马克思主义意义上的阶级和阶级斗争，认为西方社会内部的两极分化并不是阶级分化，而是一种文化现象，较富裕的中间群体才是社会结构中的绝大多数，进而主动为中产阶级代言，完成从“阶级党”向“人民党”的转型。不仅是英国工党，在同一时期，德国社会民主党、法国社会党和瑞典的社会民主党也进行了从“阶级党”向“人民党”的转型，这里的“人民”主要就是指中间阶层。

案例 2：政治国家消亡的条件

列宁在马克思观点的基础上，对国家消亡的经济基础做了进一步阐述，他认为，“国家完全消亡的经济基础就是共产主义的高度发展，那时脑力劳动和体力劳动的对立已经消失，因而现代社会不平等的最重要的根源之一也就消失，而这个根源光靠把生产资料转为公有财产，光靠剥夺资本家，是决不能立刻消除的”①。

恩格斯在驳斥反权威主义者时对国家消亡历史过程的概括和总结。“所有的社会主义者都认为，政治国家以及政治权威将由于未来的社会革命而消失，这就是说，公共职能将失去其政治性质，而变为维护真正社会利益的简单的管理职能。”②

【教师讲授】

特征二：社会关系高度和谐，人们精神境界极大提高

马克思、恩格斯在论述未来社会时，总是依循科学性与人本性或真理尺度

---

① 《列宁选集》（第三卷），人民出版社 2012 年第三版修订版，第 197 页。
② 《马克思恩格斯选集》（第三卷），人民出版社 2012 年第三版，第 277 页。

与价值尺度的辩证统一。在他们的眼中，理想社会的状态不仅是人的物质生活的充分满足，也是精神生活的极大丰富。

第一，在共产主义社会，阶级和国家将会消亡。阶级是在社会发展到一定阶段上产生的，一个阶级对另一个阶级的经济剥削和政治压迫是人类社会中不平等现象的重要根源。在共产主义社会，社会不再会因为经济利益的不同而划分为不同的社会集团并进行相互间的斗争。国家将会消亡，作为阶级压迫工具的军队、警察、监狱等将失去作用。在共产主义社会，在没有阶级和国家的情况下，仍然需要一定的社会管理结构来对社会进行组织和管理。但这种社会管理机构只具有人们自我管理的性质，而不再具有政治压迫和暴力镇压的功能。

第二，在共产主义社会，由于社会生产力的巨大发展，工业与农业、城市与乡村、脑力劳动与体力劳动的差别——“三大差别”必将归于消失，社会呈现和谐状态。而且，社会与自然之间也将达成和谐。人与自然的和谐并不是人类放弃对自然的改造和利用，而是以合乎自然发展规律的方式来改造和利用自然。

第三，与社会生产力的高度发展和社会关系的高度和谐相联系，人们的精神境界得到极大提高。这是共产主义新人的重要体现。

【案例】

人们周围的、至今统治着人们的生活条件，现在受人们的支配和控制，人们第一次成为自然界的自觉的和真正的主人，因为他们已经成为自身的社会结合的主人了。人们自己的社会行动的规律，这些一直作为异己的、支配着人们的自然规律而同人们相对立的规律，那时就将被人们熟练地运用，因而将听从人们的支配。人们自身的社会结合一直是作为自然界和历史强加于他们的东西而同他们相对立的，现在则变成他们自己的自由行动了。至今一直统治着历史的客观的异己的力量，现在处于人们自己的控制之下了。只是从这时起，人们才完全自觉地自己创造自己的历史；只是从这时起，由人们使之起作用的社会原因才大部分并且越来越多地达到他们所预期的结果。这是人类从必然王国进入自由王国的飞跃。[①]

---

① 《马克思恩格斯选集》(第三卷)，人民出版社 2012 年第三版，第 815 页。

——学习马克思，就要学习和实践马克思主义关于人类社会发展规律的思想。马克思科学揭示了人类社会最终走向共产主义的必然趋势。马克思、恩格斯坚信，未来社会“将是这样一个联合体，在那里，每个人的自由发展是一切人的自由发展的条件”，“无产者在这个革命中失去的只是锁链。他们获得的将是整个世界。”马克思坚信历史潮流奔腾向前，只要人民成为自己的主人、社会的主人、人类社会发展的主人，共产主义理想就一定能够在不断改变现存状况的现实运动中一步一步实现。马克思主义奠定了共产党人坚定理想信念的理论基础。我们要全面掌握辩证唯物主义和历史唯物主义的世界观和方法论，深刻认识实现共产主义是由一个一个阶段性目标逐步达成的历史过程，把共产主义远大理想同中国特色社会主义共同理想统一起来、同我们正在做的事情统一起来，坚定中国特色社会主义道路自信、理论自信、制度自信、文化自信，坚守共产党人的理想信念，像马克思那样，为共产主义奋斗终身。①

中国式现代化是物质文明和精神文明相协调的现代化。物质富足、精神富有是社会主义现代化的根本要求。物质贫困不是社会主义，精神贫乏也不是社会主义。我们不断厚植现代化的物质基础，不断夯实人民幸福生活的物质条件，同时大力发展社会主义先进文化，加强理想信念教育，传承中华文明，促进物的全面丰富和人的全面发展。②

【教师讲授】

特征三：实现每个人自由而全面的发展，人类从必然王国向自由王国飞跃

实现人的自由而全面的发展，是马克思主义追求的根本价值目标，也是共产主义社会的根本特征。

如何理解人的发展？共产主义社会不是庸俗的物质社会，不是物质享受型的社会，而是一个以“人的发展”为导向、克服了人的异化状态的社会。第一，从社会形态的角度来说，马克思认为，那时，人摆脱了自然经济条件下对

---

① 习近平：《在纪念马克思诞辰200周年大会上的讲话》，人民出版社2018年版，第16—17页。

② 习近平：《高举中国特色社会主义伟大旗帜　为全面建设社会主义现代化国家而团结奋斗——在中国共产党第二十次全国代表大会上的报告》，人民出版社2022年版，第22—23页。

“人的依赖性”,也摆脱了商品经济条件下对“物的依赖性”,实现了人的“自由个性”的发展。第二,从时间的占有角度来说,自由时间的大大延长为人的自由而全面的发展提供了广阔的前景。在共产主义社会,人们只需要从事较少时间的劳动,就能为社会创造出足够的物质财富。这样,人们就可以有大量的自由时间来从事科学、艺术等活动,从事自己感兴趣的活动,从而极大地促进自身全面素质的提高。第三,从劳动的社会性质来说,在共产主义社会,劳动不再是单纯的谋生手段,而成为“生活的第一需要”。第四,从异化到解放的角度来看,共产主义社会实现了人类解放,人类将最终从支配他们生活和命运的异己力量中解放出来,实现从必然王国向自由王国的飞跃,开始自觉地创造自己的历史。从这时起,人类真正实现了从必然王国进入自由王国的飞跃。

【延伸思考】

当前大数据时代下,共产主义社会虽然不能马上实现,但是不是离我们的生活更近了?

有文章指出,社会的信息化、智能化,为马克思所设想的共产主义社会奠定了坚实的物质基础,特别是,智能社会与共产主义社会具有一些相似的基本特征。

第一,随着智能科技的快速发展,特别是智能机器人、智能化生产流水线等先进生产工具的广泛应用,产业结构正在持续调整,智能产业已经崛起成为新的、重要的经济增长点;经济发展不断转型升级,劳动生产率空前提高,所提供的产品和服务日益丰富;一个生产力高度发达、物质财富极其丰富的时代正在向我们款款走来。而生产力高度发达、物质财富极其丰富,不仅是马克思所畅想的实现共产主义的基本条件,而且也为满足全体人民不断增长的物质和文化需求,甚至实现马克思所向往的“按需分配”提供了前所未有的可能性。

第二,信息或知识正在成为最重要的经济和社会资源,成为生产力系统中最为重要的生产要素。一般而言,在农业时代(封建社会),土地是最重要的生产资料;在工业时代(资本主义社会),资本(包括货币资本、物质资本等)是最重要的生产资料。随着智能时代的到来,信息采集、存储、加工、传输,特别是知识创新日益成为生产力的主导要素,信息、知识等无形资本在生产中的作用凸显出来,成为越来越重要的经济资源。而与土地、资本相比,信息、知识的显著特征就在于它具有可共享性。在农业社会、工业社会中，土地、资本等生产资料的所有权是既定的，具有明确的排他性、不可分享性。如果掌握土地所有权的地主或者拥有资本的资本家失去了相应的所有权，他就破产了，不再拥有它了。而信息、知识则迥然不同，它是可以分享、共享的。信息、知识甚至具有“共享增益”的特点，垄断的程度越高、时间越长，相对价值越小；反之，共享的范围越广、人数越多，相对价值越大。而信息、知识成为最重要的经济和社会资源，并具有不排他的可共享性，这令“生产资料公有制”在人类历史上第一次变得简单了。

第三，信息技术、智能技术的快速发展和应用，高度发达的计划经济有可能得以实现。计划和市场哪一个更合理、更先进？我们即使依据常识进行判断，也应该选择计划，只不过这里有一个前提条件，即必须能够准确地收集、整理生产者、消费者以及流通领域的详尽信息（大数据），依据科学的方法、模型制定合理的计划，并且能够不断适应市场的变化及时进行调整，否则，计划就会远不如市场那只“看不见的手”有效。而在智能时代之前，在一个足够大的市场环境中，人类根本没有能力满足计划所需要的条件，既不可能搜集、掌握详尽的市场大数据，又不可能理性地进行分析、准确地进行判断，更不可能根据市场的瞬息变化做出快速反应。然而，运用智能社会强大的信息化、智能化工具，却完全可以及时捕捉市场大数据，瞄准消费者丰富、多样、多变的需求，开展个性化的订制型生产，并利用发达的物流系统及时送达消费者手中。如此这般，快速、准确把握市场需求的计划经济就有可能施行，并极大地提高劳动生产效率，减少市场无序波动产生的浪费。

第四，随着生产的智能化，产业结构不断调整、升级，拥有甚至超越某些部分人类智能的机器正在替代人，从事那些繁重、重复、单调的工作，或者肮脏、有害、有毒、危险环境中的工作；而且，正在尝试一些曾经认为专属于人类的工作，比如新闻报道、语言翻译、审案断案、教书育人、诊断手术、写诗画画、作曲弹琴，等等。由于智能机器人的生产简便易行，智能机器人不计较工作时间，甚至比人更加“专注”“勤劳”“任劳任怨”，因而可以胜任的工作岗位越来越多。如此一来，一些素质较差、缺乏创造力的劳动者可能逐渐失去劳动的价值，结构性失业潮难以避免。然而，社会智能化的这一负面效应背后，却隐藏着这样的积极效应，即大量的劳动可以交给智能机器完成，需要人来承担的工作日益减少。只要社会顶层设计相应调整，就可以打破异化人的旧式分工，让人们从被动的、繁重的、重复的、单调的劳动中解放出来，从肮脏、有毒、有害、危险的劳动环境中解放出来，将少量的劳动岗位和职责交给那些真正热爱这一职位的人，让他们自主自觉地、兴味盎然地去做，让劳动在人类历史上第一次成为"人的第一需要"。

第五，在智能时代的产业升级和经济转型过程中，生产过程日益自动化、智能化，智能机器人日益普遍地代替人从事各种工作，这不仅大幅提高了劳动生产率，而且大量节约了人力和人的劳动时间，增加了人的自由活动时间，从而为人和社会的自由全面发展提供了可能。众所周知，人与社会的自由全面发展是以自由时间为前提的。在早期文明进化史上，由于生产力水平比较低下，人类不得不花费几乎全部时间进行物质生活资料的生产，拥有的自由时间极其有限。以剩余劳动为基础的自由时间的出现，使少数人通过占有剩余劳动而从繁重的物质生产活动中摆脱出来，形成了"不劳动的阶级"。他们通过占有剩余劳动，从而占有了整个社会的自由时间；而大多数人则被迫承担整个社会的劳动重负，沦为终身从事物质生产的"劳动阶级"。"劳动阶级"创造了自由时间，却丧失了从事精神娱乐活动的时间和自我提升的可能性。而智能时代的到来，不仅满足了人们自由全面发展所必需的各种消费需求，而且逐步减少人们的必要劳动时间，普遍地增加了人们自由全面发展所需要的自由时间。这使人们有时间培养自己的兴趣（如体育运动或旅游）和爱好（如文艺创作或歌剧欣赏），发挥自己的力量和才能（如绘画或编制程序），持续地进行自我提升。反之，人们的兴趣、爱好、力量和才能的发展，不仅能促进科学技术和生产力水平的进一步提高，促进社会物质生产条件也进一步得以改善，而且这是人与社会的自由全面发展的题中之义。①

【教学总结】

（1）马克思主义经典作家站在无产阶级的立场上，提出并自觉运用了预

---

① 孙伟平：《智能社会与共产主义社会》，《华中科技大学学报（社会科学版）》2018 年第 4 期。

见未来社会的方法论原则。即在揭示人类社会一般规律的基础上指明社会发展的方向；在剖析资本主义旧世界的过程中阐发未来新世界的特点；在社会主义社会发展中不断深化对未来共产主义社会的认识；立足于揭示未来社会的一般特征，而不对各种细节作具体描述。

(2) 马克思主义经典作家依据科学的方法论原则，揭示了共产主义社会的基本特征，可以从三个方面把握共产主义社会的基本特征：物质财富极大丰富；消费资料按需分配；社会关系高度和谐，人的精神境界极大提高；实现每个人自由而全面的发展，人类从必然王国向自由王国飞跃。

(3) 进入21世纪以来，马克思、恩格斯揭示的预见共产主义社会的方法论和共产主义的基本特征依然是科学和正确的，这就要求我们要以发展的历史的眼光看待共产主义的实现问题，既不能因为共产主义的短暂消沉而放弃它的基本立场，也不能因为共产主义的再次复兴而武断认为共产主义的实现是不久的事情。共产主义的实现是一个长期的历史过程。

三、板书设计

- **展望未来共产主义新社会**
  - 预见未来社会的方法论原则
    - 未来向度
    - 现实向度
  - 共产主义社会的基本特征
    - 生产力与生产关系高度和谐
    - 社会关系高度和谐
    - 实现人的自由全面发展

四、作业设计

(1) 既然共产主义理想的实现是历史的必然，为什么又要人们去努力追求？既然共产主义的最终实现是个漫长的过程，为什么又说“共产主义渺茫”论是错误的？请用自己所学习到的预见未来社会主义的科学方法论原则予以正确解答。

(2) 如何理解“共产主义社会，将是物质财富极大丰富，人民精神境界极大提高，每个人自由而全面发展的社会”？

五、延伸阅读

(1) 弗·恩格斯：《社会主义从空想到科学的发展》，载《马克思恩格斯选集》（第三卷），人民出版社2012年第三版。《马克思恩格斯文集》第8卷，选读《社会主义从空想到科学的发展》部分，人民出版社2009年版。

(2) 杨金海、李惠斌主编：《马克思主义经典作家关于资本主义、社会主义、共产主义社会一般理论的基本观点研究》，人民出版社2017年版。

（李　健）

第二讲　共产主义远大理想与中国特色社会主义共同理想

一、教学说明

1. 教学目标

本讲聚焦于中国特色社会主义共同理想与共产主义崇高理想的关系问题，引导学生用辩证历史唯物主义的方法论把握二者是阶段性理想与最终理想的关系；中国特色社会主义共同理想是中国历史发展的产物，这一理想和共产主义远大理想有着内在联系。当代大学生应该把握这一历史发展的规律，从自我做起，从现在做起，在追求崇高理想的过程中实现自己的人生价值。

2. 教学重点

（1）坚持远大理想与共同理想的辩证统一

（2）坚定理想信念，投身新时代中国特色社会主义伟大事业

3. 教学难点

（1）阐释理想信念对于我们党和国家的重要意义

（2）帮助学生理解共同理想和远大理想之间的内在联系；阐明实现共产主义崇高理想与建设中国特色社会主义共同理想是统一的

（3）引导学生理解实现中华民族伟大复兴是中华民族的最高利益和根本利益，因而也是几代青年的利益所在

（4）鼓舞青年在实践锻造中不断增强做中国人的志气、骨气、底气，让革命薪火代代相传，自觉担当尽责，将实现中华民族伟大复兴的信念内化于心、外化于行

4. 教学方法

综合运用课堂讲授、课堂讨论、案例分析、e-learning 网络学习平台等教学方式。通过课堂讨论，鼓励学生从自身角度，从身边事例中阐述有理想、有本领、有担当的青年一代，激发学生对于此问题的内在理解，找到内心动力；运用案例分析，用具有说服力的真人真事，鼓舞同学们书写无愧于时代的青春之歌和精彩人生。

5. 学时安排

3 学时

二、教学内容

(一) 坚持远大理想与共同理想的辩证统一

【教学导入】

在党的二十大报告中，习近平总书记多次提到"理想信念"问题。在谈及全面从严治党时，他说道：要"推动全党坚定理想信念、严密组织体系、严明纪律规矩"；谈到中国式现代化是物质文明和精神文明相协调的现代化时，报告又强调，要"大力发展社会主义先进文化，加强理想信念教育，传承中华文明，促进物的全面丰富和人的全面发展"；在关于广泛践行社会主义核心价值观的问题上，更是指出，要将"推动理想信念教育常态化制度化"，足见理想信念问题的重要性。回顾过去十年，2013 年 1 月 5 日，习近平总书记在新进中央委员会的委员、候补委员学习贯彻党的十八大精神研讨班上明确提出："共产党员特别是党员领导干部要做共产主义远大理想和中国特色社会主义共同理想的坚定信仰者和忠实践行者。"2016 年 10 月，党的十八届六中全会会议公报明确提出："共产主义远大理想和中国特色社会主义共同理想，是中国共产党人的精神支柱和政治灵魂，也是保持党的团结统一的思想基础。"2017 年 10 月，党的十九大报告强调："革命理想高于天。"同时重申，"共产主义远大理想和中国特色社会主义共同理想，是中国共产党人的精神支柱和政治灵魂"，并指明"要把坚定理想信念作为党的思想建设的首要任务，教育引导全党牢记党的宗旨”。在我们党百年奋斗历程中的诸多成功经验中，最基本的要素之一，就在于筑牢精神支柱和强化政治灵魂。党总能牢牢坚守远大理想，同时又将它们具体化为每个时期的纲领和路线，继而制定一系列适合当时革命情境的方针和政策，并领导人民实现。可谓仰望星空，心怀北斗，脚踏实地，不懈奋斗，一步步实现自己的历史任务。

【教师讲授】

理想信念对我们党和国家到底意味着什么？为什么说中国共产党的成立是理想选择的产物？

中国共产党诞生于中华民族遭遇空前民族危亡之际。1840 年鸦片战争之后，由于外敌的入侵和国内封建统治的黑暗，中华民族遭遇了前所未有的劫难，深处任人宰割、四分五裂的危难局面。一些先进的中国人开始寻求救国救民的道路，但无论是学习西方的洋务运动、戊戌变法，抑或旧式的资产阶级民主革命，都没有找到使中华民族摆脱民族危机、实现国家富强的可行道路。

1）坚定理想信念是中国共产党与生俱来的内在精神品质

在中国工人队伍不断壮大、十月革命等因素的影响下，经过五四运动、思想论争，逐步形成了以新文化运动的代表陈独秀、李大钊，左翼青年骨干代表毛泽东、周恩来，同盟会会员吴玉章、董必武等三支马克思主义队伍。由此，马克思主义作为一种信仰就根植于中国，而其中所内含的共产主义远大理想就成为中国共产党人的理想信念。中国共产党一大通过的纲领表明，中国共产党成立之初就高举起共产主义伟大旗帜，把实现共产主义的社会制度作为党的最高理想。1920 年上海早期共产党组织成立之初拟定的《中国共产党宣言》中就明确提出：“共产主义者的目的是要按照共产主义者的理想，创造一个新的社会。”在 1921 年中国共产党第一次全国代表大会上，我们党就确定了“以无产阶级革命军队推翻资产阶级”“消灭阶级”“废除资本私有制”的政治纲领，表明中国共产党从建党一开始就旗帜鲜明地把社会主义和共产主义确定为自己的理想追求。在 1922 年召开的党的二大上，我们党更是明确地把“渐次达到一个共产主义的社会”确定为自己的最高纲领。可见，对马克思主义的信仰和对共产主义的信仰，从中国共产党成立之日起就成为其与生俱来的精神基因。在其后长达百年的革命、建设、改革事业中，坚定理想信念始终是中国共产党最为可贵的精神品质。

2）坚定理想信念是中国共产党创造历史伟业的精神动力

新中国成立以后，尽管我们党所处的环境发生了改变，中国共产党成为执掌全国政权的执政党，但中国共产党对理想信念的坚守和追求没有变。在理想信念的感召下，中国共产党逐渐发展成为拥有 9 500 多万名党员，领导着 14 亿多人口的，具有重大全球影响力的世界第一大执政党，成为坚持和发展中国特色社会主义、实现中华民族伟大复兴的坚强领导核心。

现如今，百年大党依然风华正茂、朝气蓬勃，靠的就是对理想信念的坚守。一个政党，如一个人一样，最宝贵的是历尽沧桑，还怀有一颗赤子之心。正是这颗赤子之心，才使我们党成为始终走在时代前列、人民衷心拥护、勇于自我革命、经得起各种风浪考验、朝气蓬勃的马克思主义执政党。

中国共产党百年奋斗史，就是一部为中国人民谋幸福、为中华民族谋复兴的奋斗史。正是因为中国共产党始终坚守自己的初心和使命，才能团结带领中国人民创造一个又一个彪炳史册的人间奇迹。新民主主义革命时期，中国共产党领导中国人民经过浴血奋战，推翻了压在中国人民头上的“三座大山”，建立了新中国，实现了人民解放、民族独立，使中国人民从此站了起来。社会主义革命和建设时期，中国共产党带领中国人民建立了社会主义制度，进行了社会主义建设的艰苦探索，在一个人口众多的落后的农业国，建成了相对独立、完整的工业体系和国民经济体系，为改革开放和社会主义现代化建设奠定了坚实的物质基础。改革开放和社会主义现代化建设新时期，中国共产党把马克思主义基本原理与中国具体实际和时代特征相结合，开创了中国特色社会主义事业，取得了中国特色社会主义建设的伟大成就，使中国经济总量跃居世界第二，中国的综合国力、国际影响力有了巨大提升。党的十八大以来，中国特色社会主义进入新时代，以习近平同志为核心的党中央高扬理想信念的旗帜，以伟大自我革命引领伟大社会革命，推动党和国家的事业发生了历史性变革、取得了历史性成就。脱贫攻坚战取得全面胜利，全面建成小康社会目标如期实现，中国特色社会主义事业进入新发展阶段，全面建设社会主义现代化国家展现出光明的前景。

【互动讨论】

从《觉醒年代》等主旋律影视作品中，你看到了早期共产党人的哪些理想信念？

近年来，涌现出了许多符合主旋律的影视剧并受到了广大观众的喜爱，如电视剧《觉醒年代》《山海情》《跨过鸭绿江》，电影《悬崖之上》《长津湖》等。《觉醒年代》以从 1915 年《青年杂志》问世到 1921 年《新青年》成为中国共产党机关刊物为贯穿，通过李大钊、陈独秀、毛泽东、周恩来、陈延年、陈乔年、邓中夏、赵世炎等人为中国寻找出路的种种探索、思想交锋和思想文化界的一系列重大事件，再现了从新文化运动到中国共产党成立这段波澜壮阔的历史。该剧讲述了陈独秀、李大钊等一批思想觉醒的先驱努力唤醒民众、探索救国之路的历史故事。新时代千帆竞发，新征程百舸争流。在民族复兴的伟大征程中，广大青年要以《觉醒年代》先进革命先烈为楷模，始终保持"觉醒"的头脑，调整心态，集中精力，胸怀国家有担当，实施远大抱负有追求，放飞青春梦想有奋斗，为实现第二个百年奋斗目标而努力奋斗。

【教师讲授】

为什么看似遥远的共产主义远大理想与我们当前每一天的奋斗、每个时期的纲领和路线是紧紧联系在一起的？

1）共产主义最高纲领与不同历史阶段最低纲领的辩证统一

中国共产党的理想信念是将坚持最高纲领与最低纲领、远大理想与具体目标统一起来。实现共产主义是远大理想，是最高纲领，需要全人类形成命运共同体，共同努力实现现实的人的自由而全面的发展；党在不同历史阶段的具体纲领、方针、路线又称最低纲领或基本纲领。

中国共产党第一次全国代表大会通过的《中国共产党第一个纲领》，依据马克思主义对"实现共产主义是一个漫长的历史过程"的基本论断，就已体现最高纲领和最低纲领的统一。例如，该纲领除了规定党的名称、性质、政治路线和组织路线之外，还明确规定了"消灭资本家私有制，没收机器、土地、厂房和半成品等生产资料，归社会公有"这种符合共产主义最终目标的要求，同时提出当时的具体行动任务——"革命军队必须与无产阶级一起推翻资本家阶级的政权，必须支援工人阶级，直到社会阶级区分消除为止"，以及必须"承认无产阶级专政，直到阶级斗争结束，即直到消灭社会的阶级区分”。这样的思路成为我们党治国理政的重要指导，一直得到延续。例如，邓小平在 1986 年谈到理想信念具有层次性、阶段性时说，“我认为，最重要的是人的团结，要团结就要有共同的理想和坚定的信念……我们共产党人的最高理想是实现共产主义，在不同的历史阶段又有代表那个阶段最广大人民利益的奋斗纲领”[①]。共产主义是远大理想，是社会主义的高级阶段；中国特色社会主义是当代中国处于社会主义初级阶段的科学判断，是共产主义远大理想的具体化。积极投身于中国特色社会主义的伟大实践是我们这一代人的社会责任。

2）远大理想与共同理想既具有内在的一致性，又有所区别

两者具有内在的一致性。最高纲领是方向，是我们最终要实现的目标；最低纲领是为实现最高纲领而在不同历史阶段所要做的工作，或应采取的步骤、手段和方法。两者构成了伟大事业的不同方面。同时，如果独立地来看最低纲领，它又可以构成一个时期的目标，其实现还有更具体的步骤、手段和方法。由此我们可以一步步积少成多，聚沙成塔，历经不同过程而最终实现我们的总目标。所谓“不积跬步，无以至千里；不积小流，无以成江海”，最低纲领和最高纲领体现了具体的每一步和整个过程的一致关系。

但两者之间又有区别，甚至在短期内还会呈现出一定的矛盾性。一方面，我们要清楚远大理想的目标不可动摇和改变；另一方面，也必须了解阶段性目标必须随着现实形势而变化。比如，新民主主义革命时期，党一方面坚持共产主义信念，另一方面在不同阶段依据当时的革命需要对资产阶级采取不同政策。总的来说，党对民族资产阶级采取又联合又斗争的政策，对官僚资产阶级采取反对和斗争的政策。其中，在抗日战争时期，为维护和巩固抗日民族统一战线，党对前者采取团结和争取的政策，对后者则采取联合的政策，甚至对参与抗日的封建势力地主阶级，也采取了保护、团结的减租减息政策，而非土地革命时期的消灭政策。抗日战争时期的策略与新民主主义革命反封建、反官僚资本主义的主旨显然不合，但却是抗战任务的需要。可见，坚持同一个远大目标并不影响不同时期、不同形势下执行不同的具体目标和任务，并为此制定

---

① 《邓小平文选》（第三卷），人民出版社 1993 年第二版，第 137 页。

不同的方针、政策和策略。

两者的区别也要有底线和限度。最低纲领的“变通”“调整”不能改变最终目标，更不能扼杀最终目标的实现。这意味着，最低纲领只能在“工具”层面，从现实出发，推动既定事业的实现，它仍是整个事业长链条中的一环，为最终目标服务，否则“变通”就变成了背叛。从这个意义上说，“底线思维”非常重要：凡事都要在底线允许的范围内进行。

(二) 坚定理想信念，投身新时代中国特色社会主义伟大事业

【互动讨论】

坚定理想信念，投身新时代中国特色社会主义伟大事业。

近年来，“精致的利己主义”“佛系”“躺平”常常成为与青年关联的关键词，造成此局面的重要原因是青年将“小我”与“大我”、自我与社会、个人梦与中国梦加以割裂。青年如何才能够跳脱“小我”的局限，正确认识自己与社会、与国家共同体的关系，自觉担起新时代青年的历史使命、民族大义和社会责任？

【教师讲授】

习近平总书记在党的二十大报告中指出：“当代中国青年生逢其时，施展才干的舞台无比广阔，实现梦想的前景无比光明。”[①]让人深受鼓舞、倍感振奋。针对青年问题和青年工作，习近平总书记多次鼓励广大青年要树立共产主义远大理想和中国特色社会主义共同理想，把个人成长与社会进步、国家富强紧紧联系在一起，不断增强为实现中华民族伟大复兴中国梦而奋斗的信念和决心。这些论述深刻地揭示了青年与国家共同体的关系、青年与时代的关系，具有深厚的马克思主义思想渊源，是马克思主义个体观、共同体观与中国国情以及当代青年具体实际的结合。

社会主义社会中，个人利益与国家利益是对立统一的关系。

在现代性所暴露的诸多矛盾与冲突中，“个体的主体性”与“社会共同体”

① 习近平：《高举中国特色社会主义伟大旗帜　为全面建设社会主义现代化国家而团结奋斗——在中国共产党第二十次全国代表大会上的报告》，人民出版社2022年版，第71页。

之间的矛盾最为突出。黑格尔通过对“市民社会”的分析，揭露了个人利益与公共利益的冲突，他认为，市民社会是个人私利的战场，是一切人反对一切人的战场。为了扬弃分裂，实现和解，黑格尔尝试用其历史哲学加以调和。黑格尔找到了既能保留主体性原则，又能克服社会生活共同体分裂的“伦理共同体”，即国家。遗憾的是，黑格尔的保守性使得“他用现存的东西冒充国家本质”①，把君主立宪制视为解决超越利己主义个人与社会公共生活对立的最终方案。

马克思批判性地继承了黑格尔的考察，如果说黑格尔让人们意识到个人的利益与权利一直存在于社会习俗、文化传统以及社会共识中，那么马克思则在其政治经济学的分析框架中指出，在资本主义社会，共同体那些社会常规具有剥削性与异化特征，在其中的个人表面上似乎拥有了某种自由，但事实上，人们只是变得更加不自由，因为他们更加屈从于物的力量。资本主义社会共同体是个人实现其私人利益的手段和工具，在这样的社会经济结构中，无论理论上是个人原则优先还是共同体原则优先，到了具体的现实社会关系中，它们都只能屈从于私有财产、个人利益最大化和资本积累的物化逻辑。个人是异化的个人，共同体是在外在财富规律作用下结成的虚假共同体，两者之间有着难以调和的对立关系。也就是说，是物的力量指挥着人与人，人与共同体之间的关系。

为此，马克思提出，只有彻底超越物化世界，才能拥有真正的人的状态、人的关系以及自由人联合的共同体。依据马克思的设想，共产主义中的个人不是作为私有财产的拥有者而存在，而是作为人的本质力量的全面占有者而存在。在其中，个人私利与公共善、个人的特殊性与共同体的普遍性之间不再是对立的状态，个人原则与共同体原则具有内在的一致性。这样的联合内在地蕴含着一种克服个人与社会共同体分裂的设想，人们不再把“社会”当作抽象的东西同个人对立起来。在真正的共同体中，每个人可以通过自己有意识的自由活动，获得实现自己全部本质的机会，而并不妨碍他人的发展，每个人的自由发展成为一切人自由发展的条件，个人的自由在共同体中得以实现。正

---

① 《马克思恩格斯全集》(第3卷)，人民出版社2002年第二版，第80页。

是在这个意义上，马克思提出，个人作为有个性的存在与其社会性存在是同一的，而不是二元的。

进入20世纪之后，尽管很多资本主义国家试图通过不同手段调和个人与共同体之间的紧张关系，如支持机会平等，保障公民权利与政治权利的平等，建立社会福利保障机制，等等，但从马克思主义的立场来看，这些措施都只是某种补偿性措施，只是支持了某种形式的平等，本质上，它们都未能触碰物质不平等，资源占有不平等的根本问题。只要私有制的生产关系没有废除，那么真正的优良共同体就无法建立，个人与共同体之间的冲突就会不断爆发。事实上，这些年西方主流资本主义国家不断暴露出的深刻社会矛盾，如身份政治危机，社会共识撕裂问题等都反映了资本主义国家在这一问题上难以克服的弊端。

诚然，我国目前还处于社会主义初级阶段，距离马克思设想的真正共同体理想还有很大差距。但从马克思个人与社会辩证统一的关系中，我们认识到，引导青年人正确理解自己与国家的关系；明确生活于社会之中并与社会中的其他人交往，是每个人实现自身发展的必要前提；清楚自身的价值、追求、理想需要在共同体中才能得以实现等等，都对青年成长以及国家发展至关重要。从2013年习近平总书记《在实现中国梦的生动实践中放飞青春梦想》提出的，加强青年价值观教育就是要引领青年积极投身于实现中华民族伟大复兴的历史征程中，与全国人民一道同心共筑中国梦；到2017年《决胜全面建成小康社会　夺取新时代中国特色社会主义伟大胜利》中写到的："青年一代有理想、有本领、有担当，国家就有前途，民族就有希望"的重要论断；再到党的二十大报告中"青年强，则国家强"的精当概括中，我们都能看到，党和国家引导个人目标与社会目标互为条件、互为目的、共同促进的理念导向。青年人应以自己的劳动与贡献来满足他人和社会的需要，将个人的价值不断转化为社会价值；同时，青年作为个体也在他人与社会的贡献与发展中获得自身需要，不断充实和丰富个人价值。理解了个体利益与国家利益在根本上的一致性，当青年再深思诸如实现中华民族伟大复兴是中华民族的最高利益和根本利益，因而也是几代青年的利益所在等表述时，就不会再将其视为空洞的教条，外在的说教，这些话语会真正成为青年人自我鞭策、奋发图强的信条与引导，激励当代青年成长与成才。

【互动讨论】

当代青年要自觉担当尽责，将实现中华民族伟大复兴的信念内化于心、外化于行。

处于物欲膨胀、价值多元、风云变幻的时代，当代青年如何抵制“拜金主义”“享乐主义”等对于个人追求的物化理解？如何克服“极端个人主义”“历史虚无主义”等拘泥小我，脱离现实的短浅目光？青年怎样才能认识到自己内心的深层需求，去主动“追求更有高度、更有境界、更有品位的人生”？怎样鼓励青年超越空谈走向实干，积极投身火热的社会实践？

【教师讲授】

第一，青年应该努力摆脱“物役”，探寻个人的深层需要，追求个人的全面发展。

资本主义社会中，个人自主性与创造性的劳动成为了服务于财富的增长的手段，物的发展优先于人的发展，或者说，人的发展是按照如何才能最大限度地增加物质积累来规划的，人成为了物的工具，被物所奴役。物质财富的积累固然是人的基本需要，但不是人的全部需要，更不是人的最高需要和最终动机，因此，挣脱人对物的依赖至关重要。马克思正是看到了资本主义社会中物质力量对于人的异化，才提出要使人从物质需要的片面性与压迫性中解脱出来，恢复人与自然界、与他人之间全面丰富的关系。因此我们要从克服物役，消除异化的角度来理解“拜金主义”“享乐主义”以及“极端个人主义”等的狭隘性。

在资本主义的生产关系中，“把他们连接起来的惟一纽带是……需要和私人利益”[①]，大家因利而聚、因利而散，每个人都将他人看作限制自身发展的对象，在人与人相互分离，相互对抗的经济关系之上，不同利益集团之间的冲突，个人与共同体之间的冲突必然发生。对于这些问题，我们需要历史地看待，并坚信，在生产力充分发展，生产关系不断进步的基础上，人的需求、人的价值选择都会呈现出不一样的形态，以往社会形态中的矛盾也会随之消解。而作为

① 《马克思恩格斯全集》(第 3 卷)，人民出版社 2002 年第二版，第 185 页。

生活在当下的个人，我们需要警惕物欲主义、消费主义的价值取向，警惕那种将诸如“经济人”“利己主义”等概念普遍化、永恒化的倾向，摆脱“单向度”的价值导向，为自己个性与精神的全面发展保留空间，用自己的实践力量与精神力量来对抗片面的物质追求。

弗洛姆曾经指出，对于历史唯物主义思想最大的误读之一便是，将物质财富视为人的主要动机，这是对马克思的肤浅理解，“马克思的学说并不认为人的主要动机就是获得物质财富；不仅如此，马克思的目标恰恰是使人从经济需要的压迫下解脱出来，以便他能够作为具有充分人性的人”①。在马克思思想的指导下，中国式现代化道路与西方资本主义国家的现代化道路的根本不同之处在于，它固然也致力于发展经济，但不把发展经济视为唯一目的。党的十九大报告指出，中国特色社会主义进入新时代，我国社会主要矛盾已经转化为人民日益增长的美好生活需要和不平衡不充分的发展之间的矛盾。这意味着，我们要在继续推动发展的基础上，更好满足人民多方面日益增长的需要，更好推动人的全面发展、社会全面进步；总之，经济的发展、社会的发展，都是使人的丰富的、多层次的需要得到充分满足的手段和条件。

青年在成长过程中，应该努力跳出物欲主义、利己主义的短浅目光，用清醒的头脑思考人生，用智慧的力量创造未来。《在庆祝中国共产主义青年团成立100周年大会上的讲话》中，习近平总书记指出，“要从政治上着眼、从思想上入手、从青年特点出发，帮助他们早立志、立大志”，并鼓励青年人“担当使命任务，到新时代新天地中去施展抱负、建功立业，争当伟大理想的追梦人，争做伟大事业的生力军，让青春在祖国和人民最需要的地方绽放绚丽之花”。这是立足于马克思主义人学理论，为当代青年正确认识自身，实现个人价值所提供的指导。青年人不仅要关注自身的物质生活状态，还要关注自身的精神生活状态；不仅要关心自身现实状态，而且要关心人的潜在状态、发展状态。我们的需求往往比表面上的经济需要、物质需要更深层，更宽广，唯有在对自我需求的全面认知下，我们才能够跳出诸多现实问题的琐碎困扰，到更加广阔的舞

① 弗洛姆：《马克思关于人的概念》，复旦大学哲学系现代西方哲学研究室编译，复旦大学出版社1983年版，第23页。

台上发现自身潜力，发挥自身价值。

第二，自觉担当尽责，将实现中华民族伟大复兴的信念内化于心、外化于行。

习近平总书记在对青年谈践行社会主义核心价值观时指出，“青年要从现在做起，从自己做起”，“使社会主义核心价值观成为自己的基本遵循，并身体力行大力将其推广到全社会去”①，《在庆祝中国共产主义青年团成立100周年大会上的讲话》中，他更是反复提到“奋斗”“行动”“磨砺”等词，鼓舞青年“在思想洗礼和实践锻造中不断增强做中国人的志气、骨气、底气，让革命薪火代代相传”，自觉担当尽责，将实现中华民族伟大复兴的信念内化于心、外化于行。

如何才能做到内化于心、外化于行呢？从个体的角度来看，我们每个人都应该意识到，一个现实的个人是可以通过自己的实践活动不断创建和变革对象性的关系的，如果个人能够自觉自为地建构自己的社会关系，就能够参与到多种的创造性劳动中，成倍地放大个体能力，实现自我价值。对于青年，每一代人都有自己的际遇和机缘，都要在自己所处的时代条件下谋划人生、创造历史。习近平总书记在多个场合谈到，当代青年只有把人生理想融入国家和民族的事业中，才能最终成就一番事业。凝练有力的话语背后蕴藏着习近平总书记在当代中国的具体语境下，为当代中国青年摆脱片面追求，找寻人生更大舞台，探寻更多人生可能性，实现个人全面发展提供的思想引领。

我们还看到，党和国家把青年的发展嵌入整个时代发展的线索中，既立足当前又着眼长远。2014年，习近平总书记曾对青年学生说：“现在在高校学习的大学生都是20岁左右，到2020年全面建成小康社会时，很多人还不到30岁；到本世纪中叶基本实现现代化时，很多人还不到60岁。也就是说，实现‘两个一百年’奋斗目标，你们和千千万万青年将全过程参与。”②目前，我们已经胜利实现了第一个百年奋斗的伟大目标，为青年的进一步发展奠定了良好的物质基础。到第二个百年奋斗目标实现之时，我国将建成富强民主文明和谐美丽的社会主义现代化强国，实现中华民族伟大复兴。

---

① 《习近平谈治国理政》(第一卷)，外文出版社2018年版，第172页。
② 同上书，第175页。

习近平总书记在党的二十大报告中，指明了以中国式现代化推进中华民族伟大复兴的战略目标。人的现代化是现代化最为根本与核心的问题，对于青年的培养和塑造关乎中国的未来，中华民族的未来。习近平青年观作为中国化时代化的马克思主义青年观，引领当代中国青年不负韶华、奋发有为，自觉将个人理想融入国家发展和民族复兴伟大事业，是青年投身全面建设社会主义现代化国家实践，绽放绚丽青春之花的思想基础和行动指南。

【教学总结】

（1）共产主义远大理想，作为马克思主义的核心内容，是人类社会发展的最高目标。它追求的是一个完全消除阶级差别、私有制，以及实现物质财富极大丰富、人民精神境界极大提高、每个人自由而全面发展的社会。这种理想体现了人类社会的最高价值追求，是共产党人的永恒追求。

（2）中国特色社会主义共同理想，则是在中国具体国情下，对共产主义远大理想的阶段性实现。它强调坚持和发展中国特色社会主义，实现中华民族的伟大复兴。这一理想包括了政治、经济、文化、社会、生态等各个方面的全面发展，旨在实现国家的富强、民主、文明、和谐，以及人民的幸福安康。

（3）共产主义远大理想是方向和目标，它引导着中国特色社会主义共同理想的实现；而中国特色社会主义共同理想则是实现共产主义远大理想的必经之路，它反映了我国社会主义初级阶段的历史任务，是通向共产主义的桥梁。

三、板书设计

- **远大理想与共同理想的辩证统一**
  - 理想信念的重要意义
    - 内在品质
    - 精神动力
  - 最高纲领与最低纲领—辩证统一
    - 本质一致
    - 有所区别
- **投身新时代中国特色社会主义伟大事业**
  - 个人利益与国家利益辩证统一
  - 摆脱“物役”，追求个人全面发展
  - 担当尽责，将信念内化于心、外化于行

四、作业设计

(1) 请谈谈在未来理想社会的认识上，马克思主义经典作家与空想社会主义者的本质区别。

(2) 既然共产主义理想的实现是历史的必然，为什么又要人们去努力追求？既然共产主义的最终实现是一个漫长的过程，为什么又说“共产主义渺茫论”是错误的？请用马克思主义的辩证观点予以解答。

(3) 中国特色社会主义进入了新时代，为了不辜负这个伟大的时代，当代大学生应该怎样确立和追求自己的人生理想？

五、学生阅读书目推荐

(1) 习近平：《在实现中国梦的生动实践中放飞青春梦想》，载《习近平谈治国理政》(第一卷)，外文出版社 2018 年版。

(2) 习近平：《在庆祝中国共产主义青年团成立 100 周年大会上的讲话》，人民出版社 2022 年版。

(3) 习近平：《青年要自觉践行社会主义核心价值观》，载《习近平谈治国理政》(第一卷)，外文出版社 2018 年版。

(李牧今)

图书在版编目(CIP)数据

马克思主义基本原理教学讲义/韩欲立,刘少明主编.—上海：复旦大学出版社,2024.8
(2025.7重印)
(望道教学文库)
ISBN 978-7-309-16567-8

Ⅰ.①马… Ⅱ.①韩… ②刘… Ⅲ.①马克思主义理论-高等学校-教学参考资料 Ⅳ.①A81

中国版本图书馆 CIP 数据核字(2022)第 198833 号

马克思主义基本原理教学讲义
MAKESIZHUYI JIBEN YUANLI JIAOXUE JIANGYI
韩欲立 刘少明 主编
责任编辑/张 鑫

复旦大学出版社有限公司出版发行
上海市国权路 579 号 邮编：200433
网址：fupnet@fudanpress.com http://www.fudanpress.com
门市零售：86-21-65102580 团体订购：86-21-65104505
出版部电话：86-21-65642845
常熟市华顺印刷有限公司

开本 787 毫米×960 毫米 1/16 印张 17 字数 260 千字
2025 年 7 月第 1 版第 2 次印刷

ISBN 978-7-309-16567-8/A·53
定价：58.00 元
